Johannes W. Rohen

Eine funktionelle und spirituelle Anthropologie

Johannes W. Rohen

Eine funktionelle und spirituelle Anthropologie

unter Einbeziehung der Menschenkunde Rudolf Steiners

Mit Illustrationen von Jörg Pekarsky

Verlag Freies Geistesleben

Der Abdruck der Wortlaute Rudolf Steiners erfolgt mit freundlicher Genehmigung der Rudolf Steiner Nachlassverwaltung, Dornach / Schweiz.

ISBN 978-3-7725-2098-3

1. Auflage 2009

Verlag Freies Geistesleben
Landhausstraße 82, 70190 Stuttgart
Internet: www.geistesleben.com

Einbandentwurf: Thomas Neuerer
Einbandfoto: Alf Jacob Nilsen © Bioquatic Photo (Blickwinkel)
Druck: DZA Druckerei zu Altenburg GmbH, Altenburg

Herrn Dr. Henning Drecoll gewidmet

Danksagung

Für die sorgfältige drucktechnische Ausführung meiner Abbildungen möchte ich dem Grafiker, Herrn Jörg Pekarsky, ganz herzlich danken.

Frau Lisa Köhler möchte ich auch an dieser Stelle nochmals sehr herzlich für die unermüdliche und äußerst effektive Hilfe bei den Schreib- und Korrekturarbeiten danken.

Frau Professor Elke Lütjen-Drecoll und Herrn Dr. Henning Drecoll verdanke ich viele wichtige Hinweise und Textkorrekturen, was mir den Mut gegeben hat, das Ganze überhaupt zu publizieren.

Dem Verlag selbst möchte ich an dieser Stelle gerne auch nochmals meinen Dank dafür aussprechen, dass er es auf sich genommen hat, ein so schwieriges und sicher für viele Leser auch problematisches Buch zu publizieren.

J. W. Rohen, Ostern 2009

Inhalt

Vorwort

Dieses Buch hat eine lange Vorgeschichte, die bis in meine Jugendzeit zurückreicht. Nachdem ich Ostern 1940 in Köln mein Abitur bestanden hatte, wurde ich zunächst zum Reichsarbeitsdienst eingezogen. In der Gruppe von Gleichaltrigen, die, wie ich, studieren wollten, kam es bald zu außerordentlich intensiven Diskussionen über religiöse und philosophische Fragen. Abend für Abend vertieften wir uns mit großer Emotionalität in die verschiedensten philosophischen Probleme, wobei alle erreichbare Literatur von Nietzsche bis Schopenhauer und Heidegger herangezogen wurde. Ich war damals voll tiefster Gläubigkeit, hatte intensiv über Dogmatik und Glaubenslehren nachgedacht und wollte eigentlich Mönch werden, um nicht nur diese Lehren nach außen zu vertreten, sondern auch Gutes zu tun. Aber in meiner Seele tobten die Zweifel, sodass viele der Dogmen wie Steine auf meiner Brust lagen – unverständlich, unerklärbar, unannehmbar und drückend.

Einer der Kameraden pflichtete mir immer bei, wenn ich meine Zweifel vorbrachte und überhaupt die menschliche Erkenntnisfähigkeit in Frage stellte. War es Schicksal oder Zufall – es stellte sich heraus, dass er in Köln in derselben Straße wohnte wie meine Eltern, sodass wir uns rasch anfreundeten und uns nach der Entlassung zum Studium öfter besuchten. Er hatte bei den Diskussionen – das erlebte ich damals sehr stark – immer etwas zurückbehalten, was er nicht sagte. Hatte er noch andere Erkenntnisse, wusste er mehr als wir, welche philosophischen Quellen musste er im Hintergrund haben?

Als ich ihn dann in Köln zu Hause besuchte, lösten sich diese Rätsel. Seine Mutter hatte übersinnliche Fähigkeiten, von denen sie auch offen mit mir sprach. Ihr Mann war gestorben, aber sie hatte immer noch geistig mit ihm Kontakt und besprach (geistig) mit ihm viele ihrer Probleme. Die Gestapo hatte damals – auch in Privathaushalten – alle Bücher Rudolf Steiners beschlagnahmt und öffentlich verbrannt. Diese Frau aber hatte ihre Exemplare retten können und gab mir freimütig alles, was ich lesen wollte. *Die Geheimwissenschaft im Umriss* und *Wie erlangt man Erkenntnisse der höheren Welten?* waren meine erste Begegnung mit dem Lebenswerk Rudolf Steiners.

Ich verschlang diese Bücher – oft halbe Nächte hindurch lesend – und der ganze Glaubensfanatismus fiel plötzlich von mir ab. Es wirkte in meiner Seele wie eine Erlösung von den langjährigen Erkenntnisqualen. Vor allem brachte die Reinkarnationslehre Rudolf Steiners, die sich ja grundlegend von den buddhistischen Lehren unterscheidet, den erkenntnistheoretischen Durchbruch. Jetzt wurden auch die Dogmen verständlich. Gesetzmäßigkeiten der Entwicklung wurden erkennbar, aber auch erforschbar. Das war eine Aufgabe.

Ich wurde dann im Juni 1941 eingezogen, und kam, da ich die Sanitätslaufbahn eingeschlagen hatte, zu einer Marine-Sanitätskompanie, die in Freiburg stationiert war, wo ich – abgesehen von den Fronteinsätzen während der Semesterferien – Medizin studieren konnte. In Wiesneck, das man von Freiburg aus mit dem Fahrrad erreichen konnte, lernte ich bald Dr. Friedrich Husemann kennen, der mir stolz seine große Steiner-Bibliothek zeigte. Die Gestapo habe sie nicht beschlagnahmt, da er erklärt habe, er brauche diese Bücher für seine psychiatrisch-medizinische Arbeit. Husemann schenkte mir gleich bei unserer ersten Begegnung Steiners *Einleitungen zu Goethes Naturwissenschaftlichen Schriften*. Ich habe dann während meiner ganzen Studienzeit in Freiburg regelmäßig die Vorträge Husemanns in Wiesneck besucht und viele meiner geisteswissenschaftlichen Probleme mit ihm und seinen Mitarbeitern, vor allem Paul Michaelis, diskutieren können.

In Breslau, wohin ich Ende des Krieges kommandiert wurde, fand ich eine große anthroposophische Arbeitsgruppe vor, der auch Ärzte und Pädagogen angehörten. Diese Kollegen gaben mir nicht nur weitere Bücher von Rudolf Steiner, so z.B. *Die Philosophie der Freiheit* und den Vortragskurs *Geisteswissenschaft und Medizin*, sondern führten mit mir auch lange, tiefgreifende Gespräche über meine Erkenntnisprobleme.

Nach dem Krieg hatte mich das Schicksal zunächst nach Stuttgart verschlagen. Hier lernte ich Emil Bock kennen. Gottfried Husemann lud mich ein, im Priesterseminar Vorträge über meine Ideen zur Embryonalentwicklung des Menschen und zur Metamorphosenlehre Rudolf Steiners zu halten. Daraus wurde eine mehrjährige Tradition, die zur Weiterentwicklung meiner Ideen viel beigetragen hat. Gleichzeitig besuchte ich das Lehrerseminar der Waldorfschule Stuttgart, wo ich die Pädagogen Ernst Bindel, Erich Schwebsch, Herbert Grohmann, Ernst Weißert und viele andere kennenlernte und oft Gelegenheit bekam, tiefe Gespräche über die Menschenkunde Rudolf Steiners zu führen. Mit Otto Julius Hartmann (Graz) entstand in meiner

Stuttgarter Wohnung ein regelmäßig tagender Gesprächskreis. Die hier diskutierten Ideen wurden dann für Hartmann später die Grundlage für sein Buch über die Menschenkunde.

In Stuttgart schrieb ich (1946–1948) dann auch mein erstes Manuskript über die Wirbelmetamorphose Goethes im Zusammenhang mit der Reinkarnationslehre Steiners. Es entstand auch ein größeres Manuskript über die Umkehrung der Raumdimensionen im Herzen und über die phylogenetische Entwicklung des Herz-Kreislauf-Systems unter dem Gesichtspunkt der Ich-Entwicklung des Menschen. Ich hatte oft Gelegenheit, diese Ideen mit Stuttgarter Ärzten und Freunden zu diskutieren, fand auch vielfache Anerkennung, da meine Vorstellungen an verschiedenen Stellen über das hinausgingen, was Steiner damals zu diesen Themenkreisen gesagt hatte. Ich habe aber diese Manuskripte nicht veröffentlicht. Die neuen Ideen sollten in mir noch weiter ausreifen.

Als 1949 in Mainz dann meine wissenschaftliche Laufbahn begann, widmete ich mich zuerst der Entwicklung einer Morphologie des Menschen unter funktionellen Gesichtspunkten. Die Anatomie war ja damals als Lehrfach hauptsächlich deskriptiv. Funktionelle Gesichtspunkte waren zwar bei A. Benninghoff, dessen Lehrstuhl ich dann 1964 in Marburg übernehmen konnte, schon angeklungen, aber noch nicht konsequent in die Teilgebiete der Anatomie (Histologie, Neuroanatomie, Embryologie usw.) eingebracht worden. Die Dreigliederungslehre Rudolf Steiners, deren entscheidende Bedeutung für ein Verständnis des menschlichen Organismus – ja des Menschenwesens selbst – bis heute immer noch nicht umfassend genug erkannt worden ist, hat mich damals intensiv beschäftigt. Im Zusammenhang mit den praktischen Unterrichtserfahrungen sind daraus auch allmählich meine verschiedenen Lehrbücher entstanden, in denen die funktionelle Dreigliederung der großen Organsysteme des Organismus zur Kernidee der jeweiligen Darstellungen geworden ist.

Während meines einjährigen Forschungsaufenthaltes in den USA (1959/1960) hatte ich mehrfach Gelegenheit, auch mit Dr. Ehrenfried Pfeiffer über meine «spirituellen Probleme» zur Menschenkunde Rudolf Steiners zu sprechen. Pfeiffer hatte ja Steiner noch persönlich erlebt und viele, oft sehr detaillierte Angaben für seine Arbeit von ihm erhalten. Unsere Gespräche waren für meine Arbeit an der Menschenkunde sehr fruchtbar.

Im jetzt vorgelegten Buch habe ich versucht, die Dreigliederungslehre bis in esoterische Dimensionen hinein zu erweitern – teilweise auch über Steiner hinausgehend, was nicht als Überheblichkeit aufgefasst werden möge, sondern nur als Anregung für weitergehende «Forschungen» gedacht ist.

An dem vorliegenden Buch habe ich – auch in der Erlanger Zeit – immer weiter gearbeitet. Wenn ich mich jetzt entschlossen habe, diese Ideen zu publizieren, ist der Grund dafür nicht nur mein hohes Alter, sondern auch die Erkenntnis, dass die Zeit drängt, neue Ideen in dieser Richtung ernst zu nehmen und ein neues Verständnis des Menschenwesens zu entwickeln, sind doch die Vorboten des «apokalyptischen Zeitalters» bereits deutlich am Horizont der Geschichte erkennbar geworden.

Erlangen, Ostern 2009 *J. W. Rohen*

Einleitung

Die Menschenkunde Rudolf Steiners beruht auf okkulten Erfahrungen, die außer in den 28 Buchveröffentlichungen, vor allem in den über 300 Bänden des fast unübersehbaren Vortragswerkes publiziert sind.

Man kann im Lebenswerk Steiners drei große Phasen unterscheiden. Die erste umfasst das philosophische Werk (etwa 1882–1900). Im Vordergrund stand hier die philosophische Auseinandersetzung mit den Denkern seiner Zeit. Das Hauptwerk dieser Periode ist *Die Philosophie der Freiheit* (1894; GA 4). Um die Jahrhundertwende ereignete sich dann in der Seele Steiners ein einschneidender Umschwung, den er in seiner Autobiografie mit folgenden Worten beschreibt:

«In der Zeit, in der ich die dem Wort-Inhalt so widersprechenden Aussprüche über das Christentum tat, war es auch, dass dessen wahrer Inhalt in mir begann, keimhaft vor meiner Seele als innere Erkenntniserscheinung sich zu entfalten. Um die Wende des Jahrhunderts wurde der Keim immer mehr entfaltet. Auf das geistige Gestanden-Haben vor dem Mysterium von Golgatha in innerer, ernstester Erkenntnisfeier kam es bei meiner Seelen-Entwicklung an.» (GA 28, S. 366).

Nach diesem gewaltigen inneren Umschwung begann eine zweite große Lebensphase. Sie reicht etwa von 1902–1913. In dieser Zeit entstanden als Hauptwerke *Theosophie* (1904. GA 9) und *Die Geheimwissenschaft im Umriss* (1910. GA 13). In umfassender Weise wurden hier erstmals okkulte Forschungsresultate mitgeteilt, die – wie eigens betont wird – ihrem Inhalt nach schon seit Jahrtausenden in der Menschheit bekannt waren, aber in früheren Zeiten von den Eingeweihten in den Mysterien immer mit großer Sorgfalt geheim gehalten worden sind, da die Menschheit noch nicht reif war, dieses Wissen in ihr Denken aufzunehmen. In den alten Kulturen wurden den gewöhnlichen Menschen die okkulten Inhalte nur in Form von Mythen, Sagen oder Märchen zugänglich gemacht, um sie damit auf das in späterer Zeit zu erwartende intellektuelle Verstehen vorzubereiten. Das Verdienst Steiners ist nicht nur die Erforschung dieser Inhalte selbst, sondern vor allem deren Einkleidung in begriffliche Formen, die vom gegenwärtigen Menschen – auch ohne eigene übersinnliche Erfahrungen – erfasst und verstanden werden können. Es ist ein begriffliches Gedankengebäude entstanden, das aus sich selbst heraus verstanden werden kann, ohne zu einem «blinden Glauben» zu zwingen. Bei einem genaueren Studium dieses gewaltigen Lebenswerkes bemerkt man bald, dass die verwendeten Begriffe Abbilder lebendiger Ideen sind, d.h. sie sind keine erstarrten philosophischen Definitionen, mit denen man fechten kann, sondern bewegliche, immer wieder sich wandelnde Gedankenelemente, die sich gegenseitig stützen und deren Evidenz erst durch die gedankliche Arbeit mit ihnen erlebbar wird.

Die dritte Phase im Schaffen Rudolf Steiners beginnt mit der Gründung der Anthroposophischen Gesellschaft (1913), der aber Steiner selbst bis zu der berühmten Weihnachtstagung (1923/24) zunächst nicht als Mitglied beigetreten ist. Er wollte nur Lehrer und Berater der Mitglieder dieser Gesellschaft sein, mit deren Gestaltung und Verwaltung dagegen nichts zu tun haben. In diese Phase fallen vor allem die Bemühungen, die okkulten Forschungsergebnisse im pädagogischen, sozialen, künstlerischen und praktischen Bereich (Schule, Landwirtschaft, Medizin usw.) fruchtbar zu machen. Durch den vorzeitigen, unerwartet eingetretenen Tod des erst 64-Jährigen blieben diese Bemühungen fast auf allen Gebieten im Keime stecken, sodass die Arbeiten in der letzten Lebensphase Steiners Fragmente geblieben sind. Ein diese Phase charakterisierendes Hauptwerk ist nicht mehr entstanden. Es wird immer ein Geheimnis bleiben, warum Steiner das bereits 1910 begonnene Werk, das 1951 unter dem Titel *Anthroposophie – Ein Fragment* (GA 45) aus dem Nachlass herausgegeben worden ist, nicht vollendet hat, obwohl bereits Fahnenkorrekturen für die ersten Kapitel vorlagen. In einem Vortrag am 2.10.1920 (GA 322, S. 92) führt Steiner dazu aus, dass er manches, was er in diesem Buche darstellen wollte, in Vorträgen mitteilen konnte, weil man «im mündlichen Vortrage ... noch eher die Möglichkeit hat, die Sprache so zu drehen und zu wenden und durch Wiederholungen für ein Verständnis zu sorgen, sodass man die Mängel unserer Sprache, die solch übersinnlichem Wesen noch nicht gewachsen ist, nicht so stark fühlt. Aber als ich dann ... aufschreiben wollte, um es zu einem Buche zu formen, ... da stellte sich das Merkwürdige heraus, dass das äußerlich Erlebte bei seinem Hineintragen in das Innere etwas so Sensitives wurde, dass die Sprache nicht die Worte hergab. Und ich glaube, fünf bis sechs Jahre lag der Anfang des Gedruckten, mehrere Bogen, in der Druckerei. Ich konnte, weil ich das Ganze in dem Stil fortschreiben wollte, wie es angefangen war, einfach, weil die Sprache zunächst das nicht hergab für meine damalige Entwicklungsstufe, was ich erreichen wollte, nicht weiter schreiben. Später ist eine Überlastung mit Arbeiten gekommen, und ich konnte bis jetzt [Oktober 1920!] dieses Buch noch nicht fertigmachen.»

Ein halbes Jahr später, am 22.3.1921 in Stuttgart (GA 324, S. 108–110) kam Steiner nochmals auf das geplante Buch (GA 45) zu sprechen und sagte zusammengefasst Folgendes:

«Ich habe damals so viel vorgetragen von dieser Anthroposophie, als sich eben meiner Geistesforschung ergeben hatte ... Ich schickte die ersten Bogen an die Druckerei ... und schrieb auch eine Zeit lang weiter»... aber es ergab sich dann die Notwendigkeit, eine besondere Art «des imaginativen, inspirierten Erkennens» auszubilden. Dabei ergaben sich aber erhebliche Schwierigkeiten. Es wurde «immer klarer und klarer», dass man ein solches Buch erst vollenden kann, «wenn man innerlich anschauend darauf kommt zu sehen, wie man dasjenige, was man da wirklich in innerer Schau als geistig-seelische Tätigkeit arbeitend im Nervensystem erblickt, so weit fortsetzen kann, wo man innerlich an einen Punkt kommt ... , wo man dann deutlich merkt, die ganze von außen nach innen vorrückende geistig-seelische Tätigkeit, die kreuzt sich. Aber indem sie sich kreuzt, ist man dann nicht mehr frei in der Ausübung dieser Tätigkeit ... . Man merkt, dass das Ganze eine Veränderung erfährt. Man läuft ein in ein stärkeres Festgehaltenwerden im imaginativ-inspirierten Vorstellen. Konkret gesprochen ..., wenn man dazu kommt, durch Imagination, die durchinspiriert ist, das Sehorgan aufzufassen, dann setzt sich diese Tätigkeit nach dem Inneren fort, dann tritt eine Kreuzung ein und dann umfasst man mit dieser Tätigkeit, mit der man erst hier das Auge umfasst hat, ein anderes Organ. Es ist im wesentlichen die Niere. Und so für die anderen Organe ...

... die Schwierigkeit besteht nämlich darin, dass man zunächst immerfort zurückgeworfen wird ... Man muss tatsächlich sich immer wieder und wiederum vornehmen, ich möchte sagen, die Kraft des Vorstellens, des inneren Arbeitens in der Seele an der Liebe zur äußeren Natur zu verstärken ... man geht in sich hinein, aber man wird immer wieder zurückgestoßen, und man bekommt eigentlich statt etwas, was ich mit dieser Innenschau bezeichnen möchte, dieses, was nicht richtig ist. Man muss das überwinden, was sich da als ein Zurückschlagen entwickelt.»

Nicht nur diese erkenntnismäßigen Schwierigkeiten, sondern auch die Überlastung mit anderen Aufgaben haben dann verhindert, dass Steiner in der dritten großen Phase seines Wirkens eine neue, auf okkulten Forschungsergebnissen basierende Morphologie des Menschen geschrieben hat.

Zwar wurden bereits im März 1911 in Prag ein Vortragszyklus mit dem Titel *Eine okkulte Physiologie* (GA 128) und 1919 im Zusammenhang mit der Gründung der ersten Waldorfschule in Stuttgart für die potenziellen Lehrer ein Zyklus über *Allgemeine Menschenkunde* (GA 293) sowie in den Jahren 1919 – 1924 zahlreiche Vorträge für Mediziner, Priester und Landwirte gehalten, die viele esoterische, menschenkundliche Hinweise enthalten, aber zu einer Buchveröffentlichung über dieses Thema ist es nicht mehr gekommen. Lediglich das mit Ita Wegman zusammen verfasste Buch *Grundlegendes für eine Erweiterung der Heilkunst* wurde noch kurz vor dem Tod Steiners fertiggestellt (GA 27).

Der gewaltige, eigentlich menschenkundliche, esoterische Impuls, der ein neues Verständnis der Strukturen des menschlichen Organismus bringen sollte, blieb also ein Fragment. Verschiedentlich taucht in Vorträgen die Forderung auf, dass eine «okkulte Anatomie» noch geschrieben werden müsse, aber Steiner selbst hat sie uns leider nicht hinterlassen. Vielleicht wäre sie noch geschrieben worden, hätte Steiner länger gelebt und wäre er nicht durch die Gesellschaftsprobleme «entkräftet» worden.

Hinzu kommt noch ein – auch von Kennern des Steiner'schen Werkes wenig beachtetes Problem – nämlich das des Zusammenhanges zwischen dem, was auf Golgatha geschehen ist, und dem, was in Zukunft mit dem menschlichen Organismus geschieht, d.h. die Frage, was der Auferstehungsleib Christi eigentlich für die Evolution des menschlichen Organismus und für die Evolution der Erde bedeutet. Im Jahre 1911 beginnt Steiner erstmalig in dem Vortragszyklus *Von Jesus zu Christus* (GA 131) über das menschliche «Phantom» und das Auferstehungsereignis zu sprechen. In den Osloer Vorträgen (1913; *Das Fünfte Evangelium*, GA 148) wird dann das Golgatha-Geschehen mit der menschlichen Geburt, und die bei der Johannestaufe erfolgte Verbindung des Christuswesens mit dem Jesusleib mit der «Empfängnis» (Konzeption) verglichen. Die in den Jahren vor dem I. Weltkrieg (1909–1913) entwickelte, radikal neue und ungeheuer tief greifende Aspekte erschließende

Christologie, die ja im gesamten Lebenswerk Rudolf Steiners eine zentrale Rolle gespielt hat, besitzt auch bedeutende menschenkundliche Aspekte, die aber gleichfalls bisher kaum beachtet, geschweige denn weiterentwickelt worden sind.

Wenn im vorliegenden Buch (in aller Bescheidenheit und Ehrfurcht) in dieser Richtung versucht wird, einiges über das Wesen des menschlichen Organismus und seiner Organe aus dem umfangreichen Werk Steiners zusammenzustellen und mit den gegenwärtigen wissenschaftlichen Ergebnissen zu vergleichen, so ist das noch keine «okkulte Anatomie», vielleicht aber doch eine kleine Hilfe für ein Verständnis der Lebensprozesse des menschlichen Organismus, und eine Anregung, in dieser Richtung weiterzuarbeiten, um letztlich die für den Menschen so existenziell wichtigen Fragen beantworten zu können, nämlich: Welche Bedeutung hat der Mensch für die Evolution der Welt und seiner selbst, und welche Bedeutung hat die Erscheinung des Christuswesens auf der Erde für die Evolution von Mensch und Erde?

Es werden später hoffentlich Eingeweihte kommen, die tiefere Einsichten haben. Aber vielleicht können sie auf den wenigen, hier gegebenen – noch ganz bescheidenen – Bausteinen aufbauen und dann eines Tages eine wirklich ganz auf okkulten Forschungsergebnissen beruhende Menschenkunde schaffen, die dann natürlich auch die Grundlage für eine wahrhaft esoterische Medizin und Pädagogik abgeben würde.

I. Die Wesensglieder des Menschen

Was von einem Menschen, der einem gegenübertritt, als Erstes und gewissermaßen am vollständigsten erfasst wird, ist die Gestalt, die Physis oder Statur. Und doch ist das, was Steiner den physischen Körper oder physischen Leib nennt (GA 9) nur sehr schwer zu verstehen, denn das, was vom Menschen den Raum ausfüllt, Gewicht hat, atmet und sich bewegt, ist im Grunde das Erscheinungsbild einer Vielzahl von Prozessen und Elementen und keineswegs nur materieller Natur. Tritt der Tod ein, löst sich der physische Leib auf. Er wird also während des Lebens durch andere Prozesse, die in ihm und durch ihn wirken, in seiner Gestalt erhalten. Was er selbst im eigentlichen Sinne darstellt, bleibt ein Geheimnis. Das Erscheinungsbild täuscht etwas vor, was zunächst als solches gar nicht erkennbar ist. Bei der Besprechung des Phantomproblems und des Auferstehungsleibes Christi wird uns diese Frage noch eingehender beschäftigen.

Dass der physische Körper in seiner äußeren Erscheinung am Leben erhalten wird und sich nicht in seine materiellen Bestandteile auflöst, verdankt er einem Wesensglied, das Steiner als *Ätherleib* oder *Lebensleib* bezeichnet hat. Der Ätherleib ist das strukturgebende und strukturerhaltende Prinzip in allen lebenden Organismen, wie z.B. den Pflanzen, die wachsen, regenerieren oder degenerieren, sich fortpflanzen und verändern, metamorphosieren oder sich anpassen, kurz, «lebendig» sind (GA 9). Mit «Lebenskraft» meint Steiner jedoch nicht das, was die Vitalisten Ende des 19. Jahrhunderts darunter verstanden haben, sondern ein Organisationsprinzip, das im Organismus gestaltend wirkt und dessen Lebensprozesse bis ins Kleinste organisiert und steuert. Wenn z.B. der Knochen sich an wechselnde Belastungen funktionsgerecht anpassen kann, geschieht dies durch Umbauvorgänge im Knochengewebe, bei denen z.B. Kalziumsalze an bestimmten Stellen aufgelöst, an anderen wieder abgelagert werden, ohne dass dabei das Konstruktionsprinzip des Knochens aufgegeben wird. Dieses strukturerhaltende Element ist der Ätherleib, der daher eine ähnliche Größe und Form hat wie der physische Leib. Er ist mit physischen Augen nicht sichtbar, kann aber mit übersinnlichen

Wahrnehmungsorganen als ein sich ständig in Bewegung befindendes, farbig vielfältig differenziertes Gebilde in Form eines Pentagramms wahrgenommen werden. Steiner hat dies einmal wie folgt beschrieben:

«Das Pentagramm ist ... ein Bild für das Wirken von ... Kräfteströmungen, die im Ätherleib des Menschen sich finden. Es geht eine gewisse Kräfteströmung beim Menschen vom linken Fuß hinauf nach einem bestimmten Punkt des Kopfes, von da zum rechten Fuß, von da zur linken Hand, von da durch den Leib, durch das Herz zur rechten Hand, und von da zurück zum linken Fuß ... Das Pentagramm ist eine ätherische Wirklichkeit, nicht ein Symbol, sondern eine Tatsache.» (GA 101, S. 207).

Steiner hat «dieses innerlich Tätige im Organismus», das den Ätherleib darstellt, auch als einen «zeitlichen Leib» (Zeitleib), keinen «räumlichen Leib» charakterisiert (GA 214, S. 130). Über das Wesen der *Zeit* haben wir auch heute noch immer keine rechten Vorstellungen. Wir messen die Zeit an den räumlichen Veränderungen innerhalb unseres Planetensystems, d.h. linear. Die Zeit ist jedoch etwas viel Komplexeres, vor allem aber ein eigener Wesensbereich, der zutiefst mit dem Ätherischen zu tun hat.

Mit dem Raum/Zeit-Problem beschäftigt sich die frühest erhaltene Abhandlung Steiners mit dem Titel *Einzig mögliche Kritik der atomistischen Begriffe*, die der damals Einundzwanzigjährige verfasst hat. Steiner schickt diese Abhandlung an Professor Fr. Theodor Vischer und bemerkt dazu in seinem Begleitbrief: «Von einer Korrektur des Zeitbegriffes hat man wirklich das Heil der Wissenschaften in mannigfacher Hinsicht zu erwarten.» Und in der Abhandlung heißt es dann:

«Eine große Anzahl falscher Vorstellungen ist namentlich durch die unrichtigen Begriffe von Raum und Zeit in Umlauf gekommen. Wir müssen diese beiden Begriffe daher einer Diskussion unterwerfen. Die mechanische Naturerklärung benötigt zur Annahme ihrer Atomenwelt außer den in Bewegung begriffenen Atomen noch den absoluten Raum, ein leeres Vakuum, und eine absolute Zeit, das ist einen unveränderlichen Maßstab des Nacheinander. Was ist aber Raum? [...] Wie der Raum nur etwas an den Gegenständen, so ist auch die Zeit nur an und mit den Prozessen der Sinnenwelt gegeben. Sie ist denselben immanent. An sich sind beide bloße Abstraktionen ...»

Wir wollen entsprechend die Zeit nicht als ein Absolutes, unveränderlich Gegebenes ansehen, sondern als ein Phänomen, das mit den Lebewesen in Erscheinung tritt und zu ihnen gehört, wie die Räumlichkeit ihrer Existenz nach auch. In den *Einleitungen zu Goethes Naturwissenschaftlichen Schriften* (1884–1897; GA 1) bemerkt Steiner:

«... dass die Zeit erst da auftritt, wo das Wesen einer Sache in die Erscheinung tritt. Die Zeit gehört der Erscheinungswelt an. Sie hat mit dem Wesen selbst noch nichts zu tun. Dieses Wesen ist nur ideell zu erfassen ... Das Wesen einer Sache kann nicht zerstört werden; denn es ist außer aller Zeit und bedingt selbst die letztere.»

Der prozessuale Charakter des Zeitlichen ist besonders eindrucksvoll am Phänomen der biologischen Rhythmen zu erkennen. Die heutige Chronobiologie unterscheidet zirkadiane, zirkaseptane, zirkaannale u.a. Rhythmen, die zwar alle nicht ganz exakt im Tages-, Wochen- oder Jahresrhythmus ablaufen, aber doch Gesetzmäßigkeiten eigener Art darstellen. Der Arbeitsrhythmus der Leber, der Menstruationszyklus der Frau, die 7-Jahresperioden der Reifungsprozesse des Lebens – immer handelt es sich um eigenständige Prozesse des Lebendigen, die sich nicht aus dem dabei involvierten Materiellen erklären lassen.

Der moderne Mensch wird natürlich an dieser Stelle sofort auf das Genom verweisen, in dem ja alle diese «ätherischen» Lebensprozesse, wie Vererbung, Rhythmik und Entwicklung, als «Programm» fixiert seien. Es ist natürlich richtig, dass die Chromosomen mit ihrer DNA ein genetisches Programm enthalten, das vom Organismus «nur» abgerufen zu werden braucht, um die entsprechenden Entwicklungsvorgänge in Gang zu setzen. Man hat diesen DNA-Code berechtigterweise mit einer Schrift verglichen, die insgesamt einen Text darstellt, der dann die «Befehle» für die notwendigen Lebensprozesse in der jeweiligen Entwicklungsphase erteilen soll. Derjenige, der sich mit diesen Erklärungen zufriedengibt, übersieht einen kardinalen Denkfehler. Wer liest denn diese Schrift – und wer erteilt letztlich die «Befehle»!? Ein chiffrierter Code hat ja keinen Inhalt – wie der Computer mit seinen zwei Zeichen (ja und nein oder + und –) zwar alles ver- und entschlüsseln kann, aber über die Bedeutung, d.h. den eigentlichen Inhalt, natürlich niemals etwas aussagen kann. Im Genom haben wir zwar eine «Geheimschrift des Lebendigen», nicht aber das Lebendige selbst vor uns. Der Ätherleib ist es, der diese Schrift entziffern und in «Befehle» umsetzen kann.

Wenn der Mensch die genetischen Texte entziffert und in andere Organismen einbringt, imitiert er das Ätherische, das im Leben die jeweiligen Anordnungen trifft. Er benützt dasselbe Werkzeug, dieselben Mechanismen wie die

Natur auch, nur dass das «Organisierende» nicht der Ätherleib des jeweiligen Organismus, sondern der Mensch ist. Niemals würde der Hammer (das Werkzeug) auf die Idee kommen, den Nagel in die Wand zu schlagen – Ort und Zeit des Einschlagens bestimmt ein übergeordnetes System nach einem (übergeordneten) Plan, nämlich der Mensch, der Werkzeug und Mechanismen kennt, bzw. der Ätherleib, der den genetischen Code lesen und sinnvoll zum Einsatz bringen kann.

Das Eingreifen der Lebenskräfte kann auf jeder Ebene des Organismus eindrucksvoll beobachtet werden. Wenn das Leben erlischt und der Tod eintritt, folgen die zellulären Vorgänge den Gesetzen des Unlebendigen, die Ionengradienten verschwinden, die Stoffe, z.B. Calcium, Natrium, Kalium usw., verteilen sich wie in der äußeren Natur. Solange die Zelle lebt, muss sie Energie aufwenden, um die Konzentrationsunterschiede zwischen Zellinnerem und Umgebung aufrechtzuerhalten. Die Zellmembranen enthalten z.B. spezifische Enzyme (z.B. ATPasen), die ständig gegen das «Absterben» der Zelle durch Eindringen von Wasser und Salzen ankämpfen, d.h. pumpen müssen, um die Zelle funktionsfähig zu erhalten. Alle Lebensprozesse innerhalb des Organismus basieren auf solchen *gerichteten* energieverbrauchenden Stoffströmen, die sofort aufhören, wenn der Tod eintritt. Die Gesamtheit dieser Stoff- und Flüssigkeitsströmungen im Organismus beruht auf der Tätigkeit des Ätherleibes. Er ordnet dieses lebendige, bewegte Geschehen und benützt dabei die intra- und extrazellulären Mechanismen, wie z.B. die sog. informationsgesteuerte Proteinbiosynthese, die Ionenpumpen, die in den Trennwänden der verschiedenen Kompartimente gelegenen Ionenkanäle usw. Hier ist keine magische Hand, die aus einem unsichtbaren Bereich in die molekularen Prozesse eingreift (das wäre ja wieder Vitalismus), sondern die zeitliche (und natürlich auch räumliche) Struktur dieser molekularen Systeme selbst ist das, was hier als Äther- oder Lebensleib bezeichnet wird. Es handelt sich um eine zeitliche Ordnungsstruktur, die dem rein Physikalischen übergeordnet ist, ja die physikalisch-chemischen Gesetze benützt, um ein höheres Ordnungsgefüge hervorzubringen.

Der *Empfindungsleib* (Astralleib) ist das nächsthöhere Wesensglied des Menschen, das nun schon als ein Teil der Seele anzusehen ist. Durch die Außenwelt angeregt, entstehen in der menschlichen Seele Empfindungen, wie Freude, Zorn, Trauer, aber auch Triebe und Leidenschaften, die sich zum Teil auf die körperlichen Vorgänge stützen, zum Teil aber auch rein seelisch in Erscheinung treten. Derjenige Teil der Empfindungen, der im Seelischen selbst lebt, macht nach Steiner (GA 9, S. 42) die eigentliche *Empfindungsseele* aus, während der stärker an das Organische gebundene Teil der Empfindungswelt, wie z.B. das Triebhafte, das mit den Fortpflanzungsprozessen zusammenhängt, den Empfindungsleib ausmacht. Der Empfindungsleib bildet daher in gewissem Sinne eine Einheit mit dem Ätherleib (dem «feineren Teil des Ätherleibes»). Der «gröbere Teil des Ätherleibes» bildet dagegen mehr eine Einheit mit dem physischen Leib. Der Empfindungsleib ist in gewissem Sinne zusammen mit den Ätherkräften, die im Körperlichen wirken, eine organische Struktur, daher der Begriff Leib, während die Empfindungsseele, die mehr zum Geistigen hin orientiert ist, freier, d.h. vom Leiblichen unabhängiger ist, sowie auch (für den okkulten Blick) den Empfindungsleib etwas überragt.

Während sich nun das Tier weitgehend seinen Empfindungen überlässt und danach reflektorisch-zwanghaft reagiert, besitzt der Mensch die Fähigkeit, über seine Empfindungen und Wahrnehmungen nachzudenken. Er kann sich über seine Empfindungen Gedanken bilden (GA 9, S. 42). Natürlich kann er sich auch – wie das Tier – «blindlings» seinen Trieben und Emotionen überlassen; er kann sich gehen lassen und unbeherrscht und unkontrolliert reagieren, wie z.B. bei einer Vergewaltigung, aber auch bei Angstreaktionen oder Hunger- und Durstzuständen. Ein großer Teil unserer gegenwärtigen Zivilisation beruht auf der Fähigkeit des Menschen, die Denkkräfte zur Befriedigung persönlicher Wünsche und Gelüste einzusetzen. Die Entwicklung der vielfältigen Kommunikations- und Transportmittel, die gewaltige Unterhaltungsindustrie sowie die unendlich vielen Mittel, unsere Sinnesempfindungen zu reizen und zu befriedigen, beruhen im Grunde alle darauf, dass die Denkkräfte für die Empfindungsseele und den Empfindungsleib eingesetzt werden, d.h. diese gewissermaßen «durchdringen».

Der Mensch kann andererseits aber auch lernen, durch sein Denken die in seinem Inneren auftretenden Empfindungen zu beherrschen und zu verändern. Er kann aus ihnen etwas über die Welt und natürlich auch über sich selbst lernen. Schließlich kann er das Denken auch dazu benutzen, neue Empfindungsmöglichkeiten zu schaffen. In der menschlichen Seele existiert also noch ein Funktionsbereich, der sich von der reinen Empfindungswelt abgrenzt. Steiner hat ihn als den Bereich der *Verstandes- oder Gemütsseele* bezeichnet (GA 9, S. 43).

Nun ist das Denken aber außerdem auch noch in der Lage, sich von der

Empfindungswelt zu lösen und die Weltgesetze als solche zu erkennen. Auch die in den Empfindungen auftretenden Gesetzmäßigkeiten können dem Menschen durch das Denken bewusst werden. Wenn der Mensch z.B. eine wissenschaftliche Wahrheit durchschaut hat, kann er darüber begeistert oder erschrocken sein, er kann sich freuen oder – wenn sie nicht seinen Wünschen oder vorgefassten Meinungen entspricht – traurig sein, immer aber handelt es sich um einen objektiven, von seiner Seelenwelt unabhängigen Bereich, der ihm durch das Denken erschlossen wird und der weniger mit dem Menschen als mit der Welt zu tun hat. Hier kommen die Weltgesetze dem Menschen zum Bewusstsein. Steiner nennt diesen Teil der Seele daher *Bewusstseinsseele* (GA 9, S. 47). Ist die Verstandesseele noch in die Affekte und Triebe «verstrickt», so ist die Bewusstseinsseele hingegen davon unabhängig. Sie ist ein höheres Element in der Seele, zu dem sich der Mensch erst allmählich durchringen muss. Wenn dem Menschen durch das Denken z.B. die Gesetze der physischen Welt bewusst werden, kann er sie auch anwenden. Die richtig konstruierte Brücke hält die errechneten Belastungen aus – was zeigt, dass das menschliche Bewusstsein in den Bereich der physischen Weltgesetze eingedrungen ist, d.h. dass der Mensch die hier geltenden Wahrheiten richtig erkannt und die Gesetzmäßigkeiten durchschaut hat. Das Bewusstwerden dieser in der Welt (aber auch im Menschen selbst) waltenden Gesetzmäßigkeiten erfolgt in der Bewusstseinsseele, nicht so sehr in der Verstandes- und Empfindungsseele.

In der Kulturentwicklung der Menschheit ist die Bewusstseinsseele in größerem Umfang erst in der Neuzeit richtig zur Entwicklung gekommen. Wir befinden uns heute noch mitten in diesem gewaltigen Entwicklungsprozess, durch den – um nur ein Beispiel aus der Fülle des Möglichen zu nennen – dem Menschen *erstmalig* (seit Millionen Jahren seiner Existenz) die Erde als Planet zum Bewusstsein gekommen ist. Man denke nur an die gigantische Bewusstseinserweiterung, die dadurch zustande gekommen ist, dass ein Mensch seinen Fuß auf den Mond setzen und die Erde als den «blauen», lebendigen Weltenkörper von außen anschauen konnte.

Ein Verständnis für die früheren Kulturperioden ist für den heutigen Menschen deshalb so schwierig, weil er sich nicht vorstellen kann, dass die Bewusstseinsseele früher noch nicht ausgebildet war und die Menschen vor allem mit den Kräften der Verstandes- und Empfindungsseele lebten. In der ägyptischen Kulturperiode dominierte noch weitgehend die Empfindungsseele (s. bes. F. Teichmann, 1978). Ein bewusstes Ich-Erleben war nur bei den Pharaonen und den Priester-Eingeweihten entwickelt, ähnlich wie in den mittel- und südamerikanischen Kulturen, z.B. der Mayas, Toltecs, Mixtecs, Inkas usw., nur höchste Würdenträger, bei den Inkas eben der Inka, ein individuelles Bewusstsein entwickelt hatten. Hätten die mittelamerikanischen Völker damals auf der gleichen Bewusstseinsstufe wie die erobernden Spanier gestanden, wären die politischen Ereignisse des 16. Jahrhunderts wohl anders verlaufen.

In der griechisch-römischen Kulturperiode war nach Steiner die Verstandes- oder Gemütsseele das dominierende Seelenglied. Die gegenüber der ägyptischen Periode neu erwachten Verstandeskräfte erklären die besonderen kulturellen Leistungen der Griechen und Römer in der Antike in eindrucksvoller Weise (s. F. Teichmann, 1985). Mit den Verstandeskräften erwachte damals erstmalig auch ein Ich-Erleben, was sich bei den Römern dann vor allem in der Rechtsetzung und Rechtsprechung niedergeschlagen hat.

Die drei genannten Seelenbereiche (Empfindungs-, Verstandes- und Bewusstseinsseele) ermöglichen es dem Wesenskern des Menschen, dem «Ich», sich selbst als geistiges Wesen zu erleben. Mit den Kräften der Bewusstseinsseele wendet sich das Ich der Geistwelt zu und entwickelt dadurch ein höheres Wesensglied, das *Geistselbst* oder *Manas*. Mit den Kräften der Empfindungsseele verbindet sich das Ich mit dem Ätherleib und dem Körper. Wenn das Ich aber die Triebe und Leidenschaften beherrschen und umwandeln lernt, werden darin die höheren, d.h. geistigen Elemente sichtbar. Der Mensch erschließt sich ein höheres Wesensglied, *Lebensgeist* oder *Budhi* genannt, das als ein umgewandelter Äther- oder Lebensleib angesehen werden kann. Gelingt es dem Menschen mit seiner Ich-Kraft (in ferner Zukunft) auch die hier lebenden Prozesse zu vergeistigen, entsteht der *Geistesmensch* oder *Atma*. Geistselbst, Lebensgeist und Geistesmensch sind das heute erst in Andeutungen vorhandene Geistelement; physischer Leib, Äther- und Seelenleib das eigentlich Leibliche am Menschen. Dazwischen entfaltet sich der Bereich der Seele, die nach unten in das Körperliche, nach oben in das Geistige hineinreicht. Wir kommen damit zu einer Neungliederung, die sich aus der Dreigliederung in Leib, Seele und Geist als eine mehr ins Detail gehende Differenzierung ableiten lässt (GA 9, S. 57). Empfindungsseele, Verstandes- und Bewusstseinsseele sind die eigentlichen Seelenbestandteile des Menschen. Hier entstehen die Motive unseres Handelns, während Instinkt,

Trieb und Begierde mehr im Leiblichen ihre Wurzeln haben (GA 293, S. 62 ff.). Wenn Instinkt, Trieb und Begierden vom Ich erfasst und geläutert werden, entstehen in der Seele höhere Motive für das Handeln, die nicht nur auf das leibliche Wohl ausgerichtet sind. Betrachtet man die höheren Wesensglieder hinsichtlich ihrer Willensnatur, so kommt man zu Kräften, die Steiner mit den Worten Wunsch, Vorsatz und Entschluss charakterisiert hat (GA 293, S. 65).

Leib	1. Physischer Leib	– (Instinkt)
	2. Lebensleib (Ätherleib)	– (Trieb)
	3. Empfindungsleib (Astralleib)	– (Begierde)
Seele	4. Empfindungsseele	
	5. Verstandes- oder Gemütsseele	– (Motiv)
	6. Bewusstseinsseele	
Geist	7. Geistselbst (Manas)	– (Wunsch)
	8. Lebensgeist (Budhi)	– (Vorsatz)
	9. Geistesmensch (Atma)	– (Entschluss)

Nun ist die Abgrenzung der Empfindungsseele vom Empfindungsleib beim heutigen Menschen noch schwierig, sodass sich beide auch unter dem Begriff des Astralleibes zusammenfassen lassen, wenngleich der Astralleib im engeren Sinne eigentlich der Empfindungsleib ist (GA 9, GA 293). Fasst man die Tatsache ins Auge, dass z.B. Hormonwirkungen außer körperlichen Veränderungen auch seelische Komponenten besitzen oder dass seelische Reaktionen mit Hormon- oder Wirkstoffveränderungen einhergehen, so versteht man die engen Verknüpfungen, die auf dieser Ebene leibliche und seelische Vorgänge besitzen. Natürlich sind auch für die eigentlichen Seelenregionen, die Steiner in Empfindungs-, Verstandes- und Bewusstseinsseele untergliedert, leibliche Grundlagen vorhanden – bei den Verstandes- und Bewusstseinsvorgängen natürlich in erster Linie das Nervensystem, aber hier ist es vor allem der Persönlichkeitskern, das *Ich*, das an den seelischen Prozessen beteiligt ist, ja die jeweiligen Vorgänge beherrscht oder verändert.

Da eine Abgrenzung der Bewusstseinsseele vom Geistselbst heute noch nicht möglich ist, benötigt man einen übergeordneten Begriff, der dem Wesen dieser beiden mehr im Geistigen liegenden Wesensglieder gerecht werden kann. Es würde sich anbieten, hier von einem «höheren Ich» zu sprechen, das dann auch in die eigentliche geistige Dimension hineinreichen würde. Davon ließe sich dann das «niedere Ich» oder Ego abgrenzen, das über den Verstand mehr nach unten orientiert sein und vornehmlich in die sinnliche Leiblichkeit hineinwirken würde.

Das *Ich* muss als der zentrale Wesenskern des Menschen aufgefasst werden. Bleibt es dem Leiblichen verhaftet, wirkt es egoistisch und verhärtend, strebt es in das Geistige hinauf, erschließt es dem Menschen höhere Kräfte, die letztlich nicht nur auf den menschlichen Organismus, sondern auch auf die Welt erlösend und umgestaltend wirken können.

Wenn man die beim heutigen Menschen noch kaum entwickelten Differenzierungen an den Grenzen von Leib und Seele bzw. von Seele und Geist berücksichtigt, ergibt sich eine Siebengliederung der Wesensglieder (GA 9, S. 60), die wir wegen ihrer Übersichtlichkeit der folgenden Darstellung zugrunde legen wollen.

1. Physischer Leib
2. Ätherleib
3. Astralleib
4. Ich als Seelenkern
5. Geistselbst (als verwandelter Astralleib)
6. Lebensgeist (als verwandelter Ätherleib)
7. Geistesmensch (als verwandelter physischer Leib)

Das Ich, als der zentrale Seelenkern, wirkt einerseits über Empfindungen und Wollen in das Leibliche, andererseits über das Bewusstsein in das Geistige hinein. Es ist die göttliche Ursubstanz, die in den Menschen hineingelegt worden ist. Das sind die «Pfunde» («Talente»), mit denen der Mensch wuchern soll, um damit – aus freiem Entschluss – sich selbst und die Welt zu verwandeln. Das Ich ist der eigentliche Angel- oder Vegetationspunkt der Evolution, von dem aus sich nicht nur der Leib des Menschen, sondern auch das Physische der Welt im Sinne einer Vergeistigung weiterentwickeln kann. Die Natur ist in ihren Gesetzlichkeiten erstarrt. Geistiges kann hier kaum noch direkt verändernd einwirken. Nur das menschliche Ich lebt sowohl im Physischen wie im Geistigen. Von hier aus kann daher über die Brücke des Seelischen Geistiges in die Welt und den Menschen einfließen, sodass schließlich ein neuer Kosmos geboren werden kann – wenn auch natürlich nicht von heute auf morgen.

II. Wesensglieder und Dreigliederung des menschlichen Organismus

Die Organe und Gewebe des menschlichen Organismus werden selbstverständlich von allen charakterisierten Wesensgliedern «bewohnt», aber doch in unterschiedlicher Weise. Das Kernstück des physischen Leibes ist natürlich das Knochensystem. Hier herrscht das Feste, das Mineralische und Substanzielle vor. Aber z.B. das strukturbestimmende Element des Knochens, das Kalzium, kommt in jeder Zellmembran vor. Besonders im Nervensystem, das als ein stark «physisch» gewordenes Organsystem angesehen werden muss, spielen Kalziumkanäle, Natrium- und Kaliumionen eine dominierende Rolle. Zwar gibt das Knochensystem dem gesamten Körper eine dauerhafte Gestalt, aber das «Mineralische» durchzieht den ganzen Körper, sodass der «physische Leib» etwas viel Komplexeres ist, als es auf den ersten Blick den Anschein hat. Steiner versteht unter dem physischen Leib die «geistige Struktur» des Körpers, seine Gestalt oder Architektur, die auch erhalten bleibt, wenn die Stoffe ausgewechselt werden oder etwa im Tod verschwinden. Die wahre Natur des physischen Leibes zu begreifen, gehört mit zu den schwersten Aufgaben der Esoterik.

Der *Ätherleib* lebt dagegen hauptsächlich in den Säfteströmungen des Organismus. Beim Erwachsenen besteht der Körper je nach Lebensalter aus 70–90 % Wasser, das zum Teil in den Körperflüssigkeiten (Lymphe, Blut) zirkuliert, zum Teil in den Zellen – an Eiweiß gebunden – vorkommt, zum Teil aber auch im Zwischengewebe (Bindegewebe, interzelluläre Matrix) lokalisiert ist. Während das Blut nur etwa 4–6 l ausmacht, sind in den Körperzellen (intrazellulär) ca. 30 l, und im Zwischengewebe (interzellulär) ca. 10–12 l Wasser gebunden. Wie das Körperwasser ist der Ätherleib in ständiger Bewegung. Alle Regenerations- und Lebensprozesse haben im Grunde die ätherischen Kräfteströmungen zur Voraussetzung.

Schwieriger ist die Bedeutung des *Astralleibes* für den Organismus zu erfassen. Der Astralleib ist die Grundlage des Seelischen im Menschen (Triebe, Empfindungen, Leidenschaften usw.). Als übergeordnetes Wesensglied prägt er seine Impulse dem Ätherleib ein. Er steuert und regelt die Lebensströme. Durch das Nervensystem können uns die seelischen Prozesse bewusst werden. Die bewusste oder auch unbewusste Empfindungsfähigkeit des Menschen beruht vornehmlich auf der Funktion nervöser Strukturen, die diese Prozesse nicht nur steuern, sondern auch wahrnehmen können und die daher die wichtigste physische Grundlage für die astralischen Prozesse abgeben.

Das *Ich* lebt dagegen nach Steiner vor allem im Blut. Das Blut, das praktisch alle Organe und Gewebe durchströmt und mit Leben erfüllt, ist das «Organ» oder «Werkzeug des Ich» (GA 128, S. 161). Während das Nervensystem strukturell weitgehend fixiert und gewissermaßen unbeweglich ist, ist das Blut ein ständig sich in Bewegung befindendes Organ, das über eine ungeheure Anpassungs- und Entwicklungsmöglichkeit verfügt, ohne dabei seine Integrität und Konstanz als Organsystem aufzugeben. Im Nervensystem spielen die informativen Steuerungen oder, wie Steiner sich ausdrückt, das «innere Licht», beim Blut die Wärme die entscheidende Rolle. Über die Wärme kann das Ich sowohl – nach oben – in die seelisch-geistigen Bereiche als auch – nach unten – in die Leiblichkeit verändernd einwirken. Das Blut-Kreislaufsystem mit dem Herzen in der Mitte muss daher nach Steiner als das eigentliche Zentralorgan für das Menschenwesen schlechthin angesehen werden. Von hier kann die weitere evolutive Entwicklung von Mensch und Welt ausgehen.

Das Ich lebt aber nicht nur im Blut, wie der Astralleib nicht nur im Nervensystem zu Hause ist. Jedes Organ, ja jede Zelle wird von *allen* Wesensgliedern durchsetzt, aber in unterschiedlicher Weise. So ist die Leber vor allem ein Organ des Ätherleibes, worauf schon die verhältnismäßig hohe Regenerationskraft dieses Organs hinweist. In der Niere dominieren dagegen die astralischen Kräfte, und im Herzen konzentrieren sich alle Wesensglieder, aber insbesondere die Ich-Kräfte. In der Milz, bei der «das Physische sehr wenig in Betracht kommt ... haben wir ein sehr geistiges Organ» (GA 128, S. 95) vor uns, das Steiner einmal «sogar geradezu das Organ des Geistselbst» (GA 218, S. 80) genannt hat. Wenn man bedenkt, dass die Eingeweihten früherer Kulturen die Milz mit dem Planeten Saturn in Zusammenhang gebracht haben, d.h. mit demjenigen Planeten, der unser Sonnensystem abschließt und gegenüber dem Universum abgrenzt, sozusagen individualisiert, andererseits die Milz durch ihre zentrale Stellung im Immunsystem ebenfalls eine entscheidende Rolle für die Individualisierung des menschlichen Organismus und dessen (stoffliche) Abgrenzung von anderen Organismen spielt, gewinnt man vielleicht eine erste Verständnisgrundlage für diese Zusammenhänge.

Funktionelle Dreigliederung und Wesensglieder

Die Organe sind Teile von Organsystemen, die sich wieder zu übergeordneten Funktionssystemen zusammenschließen. Bereits 1911 hat Steiner von drei großen Systemen gesprochen (GA 128) und diese zu den Seelenkräften in Beziehung gesetzt. In seinem Buch *Von Seelenrätseln* (1917) wurden dann erstmals die physischen und die geistigen Abhängigkeiten der Menschen-Wesenheit «skizzenhaft» dargestellt und damit, wie Steiner ausdrücklich betont, «die Ergebnisse einer 30 Jahre währenden geisteswissenschaftlichen Forschung verzeichnet» (GA 21, S. 150). Demnach muss man, wenn man die Beziehungen des Seelischen zum Leiblichen verstehen will, von der Gliederung in Vorstellen, Fühlen und Wollen ausgehen.

«Die körperlichen Gegenstücke zum Seelischen des Vorstellens hat man in den Vorgängen des Nervensystems ... zu sehen. ... das Fühlen muss man in Beziehung bringen zu demjenigen Lebensrhythmus, der in der Atmungstätigkeit seine Mitte hat und mit ihr zusammenhängt ... und die leibliche Grundlage für das als Wollen in der Seele Erlebte, sind die Stoffwechselvorgänge.» (GA 21, S. 152; Anhang 1).

Damit hat Steiner mit den traditionellen Vorstellungen, wonach alles Seelische auf physiologischen Vorgängen im Nervensystem basiert, in entscheidender Weise gebrochen. Es ist nicht mehr ein einziges Organsystem, das die Grundlage für unser seelisches Erleben ist, sondern der *ganze* Mensch mit all seinen Organen und Geweben. Zwar wird die Tatsache nicht geleugnet, dass unser Bewusstsein erlischt, wenn das zentrale Nervensystem funktionsuntüchtig wird. Aber aus der Feststellung, dass das Gehirn uns die Dinge der Umwelt zum Bewusstsein bringt und auch unser Vorstellen von uns selbst und unseren Intentionen ermöglicht, darf man nicht schließen, dass alle übrigen Organe und Systeme des Körpers keinerlei Beziehung zur Seelenwelt hätten, quasi nur Marionetten an den Fäden des Steuerungsorgans Gehirn wären.

Unser Atmungssystem reagiert z.B. sehr sensibel auf Veränderungen im seelischen Erleben. Lungen und Bronchien bilden verschiedene regulatorisch wirkende Eiweißkörper, die den Austausch zwischen Luft und Blut in der Lunge bei seelischen Erregungen verändern können. Beim Fühlen herrscht im Allgemeinen ein träumender, halbwacher Bewusstseinszustand vor, der sich physisch auf rhythmische Vorgänge stützt, wie sie hauptsächlich durch das Atmungs- und Kreislaufsystem vermittelt werden.

Der Grad des Bewusstseins, den die verschiedenen Seelentätigkeiten entwickeln, ist außerordentlich verschieden. Das Wollen vollzieht sich immer weitgehend unbewusst; was wir dabei erleben, ist lediglich die Willensvorstellung, und nur diese basiert auf nervösen Prozessen. Was im Muskel vorgeht, der sich bei einer Handlung zusammenzieht, bleibt vollständig im Dunkeln. Es wird damit klar, dass wir drei psycho-physische Elementarvorgänge vor uns haben, die den gesamten Organismus, jede Zelle und jedes Organ durchziehen und dadurch die Grundlage für unser ganzes Seelenleben sind.

In den 1911 gehaltenen Vorträgen über *Okkulte Physiologie* (GA 128) hatte Rudolf Steiner die bei den drei elementaren Seelenvorgängen ablaufenden physiologischen Prozesse bereits sehr detailliert beschrieben. Beim Vorstellen spielt sich im Gehirn ein Vorgang ab, der vergleichbar ist dem Auskristallisieren eines Salzes aus einer gesättigten Lösung. Beim Fühlen finden dagegen feine Prozesse statt, die etwa so sind, «wie wenn ein Flüssiges halbfest wird». Wir haben es zu tun «mit einem Übergehen gewisser Teilchen im Blut aus einem mehr flüssigen Zustand in einen dichteren Zustand. Die Substanz selber wird durch eine Art Gerinnung in einen dichteren Zustand gebracht. Dem hellseherischen Auge zeigt sich das wie ein Sichbilden kleiner Flöckchen ...». Dagegen ist «der unseren Willensimpulsen entsprechende physische Prozess eine Art Erwärmungsprozess», wobei Temperaturerhöhungen eine Rolle spielen (GA 128, S. 133/134). Man sieht, dass die Grundvorgänge wiederum nervöse, rhythmische oder Stoffwechselprozesse sind, die zwar in allen Zellen des Körpers vorkommen, auf die sich aber einige große Funktionssysteme spezialisiert haben.

Auf diesem Hintergrund hat sich bei Steiner später die *Dreigliederungslehre* entwickelt, die dann zu einem Grundstein der gesamten anthroposophischen Menschenkunde geworden ist. Leider blieb aber, wie dargestellt, die Ausarbeitung dieser Dreigliederungslehre bei Steiner ein Fragment.

Geht man von den drei elementaren Lebensprozessen und den zugehörigen seelischen Korrelaten aus, kommt man zu einer funktionellen Dreigliederung des menschlichen Organismus in drei große Systeme: 1. das Nerven-Sinnessystem, das die Grundlage aller Denkvorgänge ist; 2. das rhythmische System, das vor allem das Atmungs- und Kreislaufsystem umfasst und Grundlage des Fühlens ist; und 3. das Stoffwechsel-Gliedmaßensystem, das aus dem Verdauungs- und Exkretionssystem sowie den Gliedmaßen besteht und die körperliche Basis für die Realisierung von Willensimpulsen abgibt.

Die Zentralorgane des Nervensystems (Gehirn usw.) sind in der Schädelhöhle, die des rhythmischen Systems in der Brusthöhle und die Stoffwechselorgane hauptsächlich in der Bauchhöhle untergebracht. Man könnte daher vereinfachend vom Kopfpol (Kopfmensch, oberer Bereich), vom Brustmenschen (mittlerer Bereich) und Stoffpol (unterer Bereich, Stoffwechselmensch) sprechen. Oberes und Unteres sind funktionell polar. Das rhythmische System (Mittleres) steht ausgleichend und verbindend in der Mitte. Auch wenn das Nerven-Sinnessystem (das «Obere») sich vor allem im Kopf konzentriert, durchzieht es doch den ganzen Organismus, sodass sich die nervösen Prozesse nicht nur im Kopfbereich abspielen, sondern im gesamten Körper. Dasselbe gilt auch für die beiden anderen großen Systeme des dreigegliederten Organismus. Man kann also keine horizontalen Schnitte machen und dadurch «Oberes, Mittleres und Unteres» scharf voneinander trennen. Es handelt sich um Funktionsprinzipien, die den ganzen Organismus durchziehen und sich vielfach durchdringen. So besitzt also auch das Gehirn ein Stoffwechsel- und ein rhythmisches System, wie andererseits auch das Stoffwechsel-Gliedmaßensystem rhythmische und nervöse Funktionselemente enthält. Wenn man einmal die elementare Natur dieser drei großen Funktionsprinzipien erkannt hat, wird es keine Schwierigkeiten mehr bereiten, sie in jedem Organsystem, ja letztlich in jeder Zelle voneinander zu unterscheiden.

Auch der *Grad der Bewusstheit* ist in den drei Bereichen verschieden. Im Kopfbereich liegen die großen Sinnesorgane und das Gehirn. Hier herrscht der höchste Grad an Bewusstheit (Wachbewusstsein). In der Brusthöhle liegen Herz und Lungen, die Zentralorgane des rhythmischen Systems. Hier kommt es nur zu einem träumenden, halbwachen Bewusstsein, wie es für das Fühlen charakteristisch ist. Bauch- und Beckenhöhle enthalten die wichtigsten Stoffwechselorgane, den Magen-Darmtrakt, Leber, Nieren, Geschlechtsorgane usw. Von der Tätigkeit dieser Organe, die Grundlage des Willens sind, haben wir mit Ausnahme der Geschlechtsorgane kein Bewusstsein. Der hierher gehörende Teil des Nervensystems, das autonome oder vegetative Nervensystem, arbeitet unbewusst und autonom. Die Willensprozesse vollziehen sich bewusstseinsmäßig im Dunkeln.

Wie hängen nun die vier *Wesensglieder* mit diesen drei großen Funktionssystemen zusammen? Wir haben schon gesehen, dass letztlich alle Organe von allen Wesensgliedern durchzogen sind, wenn auch in unterschiedlicher Differenzierung. In der Gestalt des Kopfes erreicht der physische Leib seine größte Vollkommenheit.

«Die Kopfform zeigt sich physisch als etwas Abgeschlossenes. ... Der Brustteil verbirgt schon sehr viel von sich ... er ist Leib nach rückwärts, Seele nach vorwärts; ... die Gliedmaßen haben Beziehung zur Welt.» (GA 293, S. 141).

Im Stoffwechsel-Gliedmaßensystem ist gewissermaßen alles in Bewegung, hier sind die Wesensglieder, vor allem Ich und Astralleib, im Stofflichen tätig. Der physische und ätherische Leib erstarren nicht in eine feste Form wie beim Kopf. Da der Kopf mit Gehirn und Sinnesorganen eine relativ unveränderliche Gestalt angenommen hat, sozusagen auskristallisiert ist, sind Astralleib und Ich hier unabhängiger vom physischen Leib. Sie umschweben gewissermaßen den Kopf wie eine Aura. Bei den Gliedmaßen ist es umgekehrt. Hier wirken Ich und Astralleib immer in die Energie- und Bewegungsprozesse hinein, während die Gestalt der Bewegungsorgane ständig verändert wird. Die rhythmischen Prozesse von Atmung und Kreislauf im Brustbereich bilden eine Mitte, da sie durch die alles verbindende Blutzirkulation ein Eintauchen und wieder Herauslösen der höheren Wesensglieder in die bzw. aus den physisch/ätherischen Leibern ermöglichen. Einatmung ist zugleich Verbindung von Ich und Astralleib mit dem Physisch/Ätherischen, Ausatmung die Lösung daraus.

Von hier aus fällt auch ein neues Licht auf den *Schlaf-Wach-Rhythmus*. Einschlafen bedeutet nach Steiner eine Lösung von Astralleib und Ich aus dem Körper. Würde der Ätherleib auch mit herausgehen, träte der Tod ein. Man versteht, warum man den Schlaf den Bruder des Todes genannt hat. Beim Aufwachen ziehen Ich und Astralleib wieder in den Körper ein, was oft – z.B. im Traum – als ein Eintauchen in Wasser oder ein Hineingleiten in ein dunkles Rohr, einen Tunnel oder eine Schlucht erlebt wird. Träume, soweit sie aus dem Körperlichen kommen, sind immer Grenzphänomene, die beim Hinein-

oder Herausgleiten der höheren Wesensglieder in das Physisch/Ätherische im Übergangsbereich entstehen. Wahrträume sind anderer Art. Sie entstehen unabhängig von den leiblichen Vorgängen.

III. Stoffwechselsystem

1. Ernährungsstrom und Wesensglieder

Die Ernährung als physiologischer Vorgang gibt uns sowohl wissenschaftlich als auch esoterisch heute immer noch große Rätsel auf. Eines kann man jedoch mit Sicherheit sagen, die Nahrungsstoffe werden als solche *nicht* zur Bildung der Körpersubstanz verwendet, sondern durch den Verdauungsvorgang im Magen-Darmkanal komplett abgebaut und in ihre Elementarbausteine zerlegt, bevor diese dann in das Innere des Organismus gelangen. Die mit der Nahrung aufgenommenen Stoffe werden vom Organismus nur als Anregung benützt. Dieser baut dann selbst mithilfe der Elementarbausteine dieser Stoffe die benötigten körpereigenen Substanzen auf. Der Organismus würde krank werden, wenn die Stoffe der Nahrung *direkt,* d.h. unverändert, in ihn eindringen würden. Fremdeiweiße z.B., in den Körper gelangt, können Allergien oder schwere Immunkrankheiten hervorrufen.

Die mit der Nahrung aufgenommenen Stoffe werden von den *Zellen der Darmwand (Enterozyten)* gewissermaßen «angeschaut» und entweder stufenweise abgebaut oder unverändert ausgeschieden. Dieser hoch differenzierte Wahrnehmungsprozess führt dazu, dass Absonderungsprozesse in den Drüsen des Darmes angeregt werden, die die schrittweise Auflösung der aufgenommenen Stoffe mitsamt ihren ätherischen und astralischen Anteilen, soweit noch vorhanden, bewirken. Nur die weitgehend «nackten» Bausteine der Nahrungsstoffe werden dann durch die Darmwand hindurchgeschleust und im Organismus zu körpereigenen Stoffen synthetisiert.

Die Ernährung stellt also primär eine Art Vergiftung dar, die nur dadurch nicht zur Krankheit wird, dass die Darmwand eine streng bewachte Schranke darstellt, durch die nur kontrollierte Elemente, nämlich die bei der Verdauung entstandenen Bausteine der Naturstoffe, nicht diese selbst, hindurchgelassen werden. Bei den Eiweißkörpern sind es die Aminosäuren, bei den Zuckern die Mono- und Disaccharide, bei den Fetten die Fettsäuren und Triglyzeride. Nur Wasser und Salze werden durch einen aktiven Transport rasch und weitgehend unverändert durch die Zellen der Darmwand ins Blut eingeschleust. Man sieht, dass das, was die Qualität der Stoffe ausmacht, d. h. das, wodurch sie in der Pflanze oder in tierischen Organismen ihre Wirkungen ausüben – man denke etwa an Hormone oder Wirkstoffe –, durch die Verdauung vollständig verloren geht, ja verloren gehen muss, damit die Integrität des Organismus nicht gefährdet wird. Was durch die Darmwand hindurchgegangen ist, sind also nur die unschädlichen und wirkungslosen Elementarbestandteile der Nahrungsstoffe, aus denen dann der Organismus sein eigenes «Haus» baut.

Die aus dem Abbau der Eiweiße stammenden Aminosäuren und die aus dem Abbau der Zucker stammenden Mono- und Disaccharide werden von der Darmwand aus durch die Pfortader, die alle venösen Gefäße des Darmes zusammenfasst, zur *Leber* transportiert. Die Leber ist die große «chemische Küche», in der diese Substanzen gewissermaßen «wieder belebt» und zu körpereigenen Substanzen resynthetisiert werden können. Hier werden diese Stoffe dann auch vom Ätherleib erfasst und «wesensgerecht» in den menschlichen Organismus eingefügt. Ein Großteil der im Blute zirkulierenden *Eiweißkörper* stammt aus der Leber, die aber auch die «wieder belebten» Aminosäuren an die Körperorgane und Zellen weitergibt, wo diese dann ihrerseits zu den spezifischen Eiweißkörpern resynthetisiert werden.

Die Leber besteht aus Millionen kleiner Läppchen, die im Querschnitt eine sechsseitige Struktur aufweisen (Abb. 1). Das Pfortaderblut strömt von der Peripherie dieser Läppchen ins Zentrum, wo die abführende Vene lokalisiert ist. Da die Gefäße der Leberläppchen keine geschlossene Wandung besitzen, kann hier Blutflüssigkeit austreten und in die Lymphgefäße übergehen. Ein Großteil der Körperlymphe stammt aus der Leber. Das Lymphsystem des Körpers hat ja die Fähigkeit, Fremdstoffe, die in den Körper gelangt sind, durch Immunreaktionen unschädlich zu machen. Sollten doch über die Pfortader körperfremde Stoffe in die Leber gelangt sein, kann die Leber diese Stoffe verstoffwechseln oder über die Lymphe in das Lymphgefäßsystem und damit in das Immunsystem des Körpers einschleusen. Die Leber ist daher eine große, den Körper schützende Barriere, die verhindern kann, dass schädigende Fremdstoffe ins Blut und damit in den Organismus eindringen. Die Leber hat zwar nicht die Fähigkeit, selbst Antikörper gegen Fremdstoffe zu bilden – das ist eine Funktion des Immunsystems –, aber sie kann z.B. die in der Darmwand gebildeten Antikörper in ihren Zellen konzentrieren und diese dann durch die Galle in den Darm abscheiden. Dadurch wird auch die Abwehrkapazität der Darmwand selbst gegen körperfremde Stoffe erheblich gestärkt.

Auch im *Zuckerstoffwechsel* spielt die Leber eine große Rolle. Die in der Darmwand resorbierten Elementarbausteine der Kohlenhydrate werden in der Leber zu Glykogen synthetisiert und – wenn nötig – gespeichert oder ins Blut abgegeben. Die Leber kontrolliert zusammen mit dem Inselorgan der Bauchspeicheldrüse sehr genau den Blutzuckerspiegel und damit auch den Energiehaushalt des Körpers. Steigt oder sinkt der Blutzuckerspiegel zu stark, kann Bewusstlosigkeit eintreten. Die Leber wird auch dadurch zu einer entscheidenden Schranke für unser bewusstes Erleben der Welt.

Die in der Darmwand abgebauten und anschließend wieder neu synthetisierten *Fette* gelangen nicht in die Leber, sondern in die Lymphgefäße des Darmes. Diese bringen die energiereichen Stoffe dann zu den Lymphknoten und weiter zu den Fettgeweben des Körpers (z.B. Bauchwand) oder auch zu den Organen selbst. Durch die Gallensäuren, die die Leber durch die Gallengänge in den Darm absondert, werden die Fette emulgiert und für die Resorption vorbereitet (Näheres s. S. 49).

Zusammenfassend können wir daher sagen: Das durch die Pfortader aus dem Darm in die Leber einströmende Blut enthält die Elementarbausteine der Stoffe, die aber erst noch mit Lebenskräften erfüllt und zu körpereigenen Stoffen umgewandelt werden müssen, bevor sie in die allgemeine Blutzirkulation übergehen können. Die Leber ist daher insoweit ein Kontrollorgan und eine Barriere zugleich. Sie ermöglicht es daher auch, dass die höheren Wesensglieder des Menschen in die Stoffeswelt des Körpers eingreifen können.

Angesichts der Komplexität des Verdauungsvorganges fragt man sich, welchen Sinn dieser Stoffabbau im Darmkanal eigentlich hat und ob es nicht viel einfacher wäre, die Substanzen, die letztlich durch die Darmwand ins Blut übertreten, von der Außenwelt direkt zu übernehmen und in den Körper an den passenden Stellen einzubauen?

Hier stoßen wir auf ein bedeutendes Urphänomen der menschlichen Existenz, soweit diese sich auf das Stoffliche gründet. Wir werden, wenn wir die

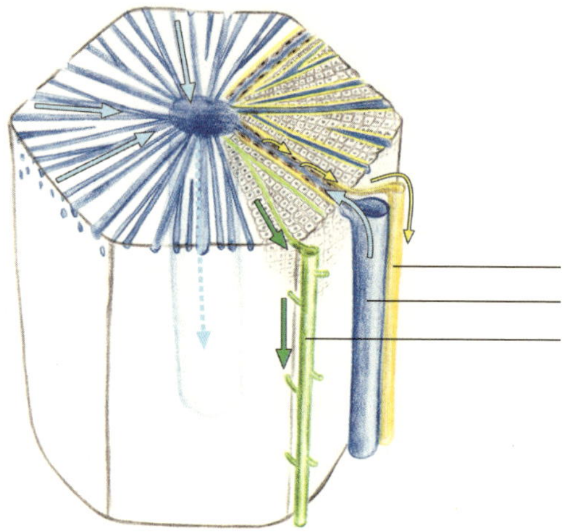

Abb. 1. Schema vom Aufbau eines Leberläppchens. Das Pfortaderblut (blau) fließt von peripher nach zentral durch das Leberläppchen. Die Gefäße innerhalb des Läppchens sind offen, sodass hier die Blutflüssigkeit hindurchtreten und als Leberlymphe (gelb) peripherwärts in die Lymphgefäße abfließen kann. Die Gallenflüssigkeit, die von den Leberzellen abgesondert wird, strömt von zentral nach peripher in die Gallengänge (grün), die am Rande des Leberläppchens liegen. Somit existieren in der Leber zwei Strömungen, der Blutstrom von peripher nach zentral und der Gallenstrom von zentral nach peripher.

Funktion der Sinnessysteme zu besprechen haben, auf ein ähnliches Urphänomen im nichtstofflichen, informativen Bereich stoßen. Die Grundfrage, um die es hier geht, ist die nach der Bedeutung des physischen Leibes und seiner stofflichen Integrität für die Entwicklung des Menschen. Wenn der Mensch überhaupt noch entwicklungsfähig ist, dann muss es doch auch die Körperlichkeit sein, die sich – durch den Geist verwandelt – zu höheren Formen weiterentwickeln kann. An der Auseinandersetzung mit der materiellen Welt schult sich der Geist und entwickelt dadurch auch die leibliche Grundlage zu höheren Daseinsformen weiter.

Daher darf nichts Fremdes, das dem Menschengeist seinen Einfluss auf die Körperlichkeit nehmen würde, in den Körper eindringen. Jedoch kann die Hereinnahme der Stoffe der Außenwelt in den Verdauungskanal dem Organismus die Möglichkeit erschließen, die Stoffeswelt kennenzulernen und – daran geschult – die eigene Innenwelt umzugestalten. Durch den Abbau der Substanzen und ihren substanziellen Wiederaufbau hat der Organismus erfahren, was in der Welt an stofflichen und seelischen Elementen existiert, und damit hat er auch sein eigenes Wesen, seine eigenen Kräfte und Strukturen von der stofflichen Seite her neu erlebt.

Nehmen wir an, wir essen ein Stück Fleisch. In diesem Stück lebt zunächst noch etwas von der Astralität des Tieres. Die Verdauung besteht nun darin, zunächst einmal diese Astralität, dann auch das am Nahrungsstoff hängende Ätherische und schließlich noch die Struktur der Substanzen selbst «wegzunehmen», sodass von dem im Nahrungsstoff lebenden Tierischen zum Schluss nichts mehr übrig geblieben ist. Die am Nahrungselement hängenden Qualitäten sind bei einer gesunden Verdauung komplett eliminiert worden. Bei pflanzlicher Nahrung ist der Vorgang ähnlich, nur fehlt hier weitgehend das Astralische.

Der Organismus muss aber dann, wie oben dargestellt, jenseits der Darmwand die aufgenommenen Bausteine der Nahrungsstoffe wieder mit ätherischen und astralischen Qualitäten versehen, die er bei der Verdauung weggenommen hatte. Er muss sie mit seiner eigenen Astralität und seinen eigenen ätherischen Kräften begaben, um sie so zur physischen Grundlage seiner eigenen Wesensglieder zu machen. Ernährung ist damit letztlich nur eine Anregung für die Tätigkeit der eigenen Wesensglieder, die – auf der stofflichen Ebene – durch den digestiven Stoffabbau die Natur der Wesen unserer Umwelt kennenlernen, um daran selbst die Kräfte zu entwickeln, die eigene Körperwelt mit den eigenen Kräften zu durchdringen und zu gestalten. Das ist ein ganz ähnlicher Prozess, wie er auch in den Sinnesorganen – hier allerdings nicht auf substanzieller, sondern nur auf informativer Ebene – abläuft, können wir doch auch Sinneseindrücke nicht wirklich in uns hineinlassen, sondern müssen sie als Anregung (Reize) benutzen, um selbst Wahrnehmungsbilder aus dem eigenen Inneren hervorzubringen und dadurch zu erkennen.

Die Integrität des menschlichen Innenraumes ist heilig. Hier darf nichts «Fremdes» eindringen. Das Fremde ist aber als Anregung nötig, die eigene Entwicklung voranzutreiben, denn jede neue Auseinandersetzung bringt auch neue Erfahrungen und damit neue Entwicklungsmöglichkeiten mit sich.

Stoffaufbau und Wesensglieder

Die Stoffe, die die Darmwand passiert haben, sind gewissermaßen nackt, sie haben ihre ätherischen und astralischen Qualitäten abgelegt. Es handelt sich nur noch um Elementarbausteine des Lebens. Diese strömen nun mit dem Pfortaderblut in die Leber hinein, wo sie ihre neue «Ätherhülle» bekommen. Die *Leber* ätherisiert gewissermaßen diese Stoffe, indem sie die Bausteine umbaut oder zu körpereigenen Stoffen synthetisiert. Sie schleust sie dabei gleichzeitig in den Ätherleib ein. Der menschliche Ätherleib bekommt auf diese Weise die Möglichkeit, mit diesen Stoffen zu arbeiten, d.h. sie in seine Kräfteströmungen einzugliedern. Die Stoffe sind jetzt auch Elemente des eigenen Ätherleibes geworden. Die Leber mit ihrer verhältnismäßig großen Regenerationskraft vollzieht ihre Funktionsprozesse nicht kontinuierlich, sondern arbeitet in einem regelmäßigen 24-stündigen Rhythmus, der dem Sonnenrhythmus entspricht und mit der jeweiligen Ortszeit übereinstimmt. Die beiden Grundprozesse der Leber, nämlich einerseits der Stoffaufbau, andererseits die Gallenbildung, wechseln sich in einem regelmäßigen (zirkadianen) Rhythmus ab. Die substanzbildende, ins Stoffwechselgeschehen eingeschaltete Arbeitsphase erreicht nachts (gegen 2 bis 3 Uhr), die Gallenbildung tagsüber (gegen 14 und 15 Uhr) ihren Höhepunkt. Tagsüber dominieren damit die Aufbauprozesse, sodass das Lebergewicht etwas zunimmt, nachts überwiegen mehr die sekretorischen Absonderungsprozesse (Gallenabsonderung), was wiederum zu einer Abnahme des Lebergewichtes führt. Damit spiegelt sich im Arbeitsrhythmus der Leber der Sonnenrhythmus wieder.

Die Leber war für die Eingeweihten früherer Kulturen im menschlichen Organismus dasselbe, was im Kosmos der Jupiter war. Sie wurde noch bis in die Zeit von Paracelsus als das lebenspendende Organ angesehen, in dem sich das Pneuma physikon, der «Geist des Physischen» mit den aus dem Darm aufgenommenen Stoffen vereinigt und dann mit dem Blut der Venen in den Körper strömt. Die Leber ist dem Herzen unmittelbar vorgeschaltet, sodass das Herz die zweite Station des Blutes ist, die nunmehr von den ätherisierten Substanzen erreicht wird (Abb. 2).

Im *Herzen* kommt das Blut aber dann in eine ganz neue organismische Region. Hier sprachen die Alten von dem Pneuma zootikon, dem «Geist der Empfindungen und Emotionen», wie sie auch im Tierreich walten. Das ist zunächst schwer verständlich.

Das Herz hat innerhalb des vom Blut durchströmten physischen Leibes eine Sonderstellung, was weiter unten noch genauer zur Darstellung kommen soll.

Wenn die vom Organismus neu gestalteten Nahrungselemente mit dem Blutstrom aus der Leber in die Hohlräume des Herzens kommen, werden sie nicht nur mit dem eigentlich Nichträumlichen, d.h. Kosmisch-Ätherischen durchsetzt, das sich auch in den Zeitstrukturen des Rhythmus manifestiert, sondern auch sensibilisiert für das empfindungsmäßig Astralische, das ihnen aber dann von anderen Organen eingeprägt werden muss.

Rudolf Steiner hat diese neue Stufe, an der vor allem Lungen und Nieren beteiligt sind, einmal wie folgt charakterisiert (GA 218, S. 71/72):

«Wenn die Nahrungsmittel vom Mund in den Darm gelangen, gehen allmählich die letzten Spuren der Außenwelt verloren, aber sie werden neu belebt bis zum Herzen hin. Das Neubeleben bedeutet eben, dass sie von unserem Ätherleib aufgenommen werden. Sie würden nun aber zu wenig den Charakter des Irdischen haben» [sodass wir, wenn nur diese Prozesse vorhanden wären, Wesen sein müssten], «die bis zum Herzen hin bloß Mund- und Verdauungsapparat haben, und dann müssten wir anfangen, Engel zu sein, denn es würde unser Ätherleib die Nahrungsmittel aufnehmen und ganz auflösen. Wir würden nicht irdisch sein können. Wir müssten dann so herumfliegende Münder mit anhängenden Schlünden sein, und Magen und Darm und Herz noch haben, und dann ... würde das alles von unserem Ätherleib aufgenommen werden. ... Wir würden nicht Erdenmenschen sein können. Dass wir es sein können, dass wird dadurch bewirkt, dass nun der Sauerstoff der Luft aufgenommen wird ... dadurch bleibt weiter für uns die Möglichkeit, dass wir irdische, fleischliche Menschen sind hier auf Erden zwischen Geburt und Tod.»

Offenbar sind die *Lungen* dasjenige Organsystem, das die Auflösung oder das vom Herzen ausgehende Verströmen der Ätherkräfte verhindert und den Impuls zum «Irdischwerden», d.h. zur Bildung physischer Substanzen in den Organismus bringt. Dabei spielen nach Steiner nicht nur die Atmungsprozesse, sondern auch die der Lunge eigenen «Bildungskräfte», die mit einem originären pulmonalen Kohlenstoffprozess zusammenhängen, eine wichtige Rolle (Abb. 2).

«Die Lunge muss in zweifacher Weise im menschlichen Organismus betrachtet werden. Erstens ist sie ja das Organ für den Atmungsvorgang. Aber,

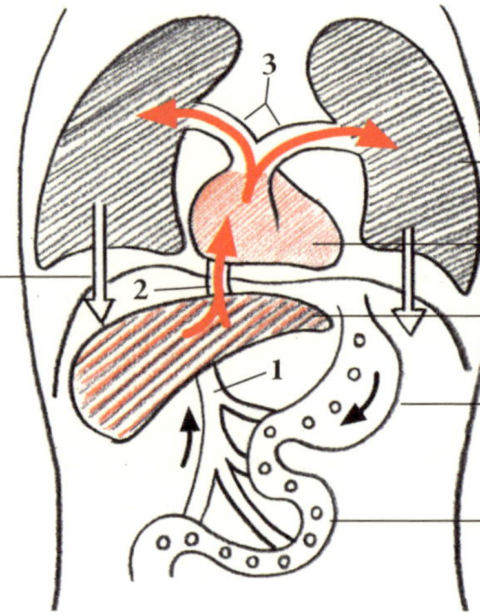

Abb. 2. *Der Nahrungsstrom aus dem Magen- und Darmkanal wird in der Leber und im Herzen «ätherisiert»*. Von der Lunge aus werden die Ätherströme (rot) dann zum physischen Leib hin umgewendet («Erdebildungsprozess», helle Pfeile).

1 Pfortader; 2 Untere Hohlvene (V. cava inf.); 3 Lungenarterien.

so sonderbar es klingt, sie ist, ich möchte sagen, dieses Organ für den Atmungsvorgang nur auf äußerliche Weise. Sie ist zu gleicher Zeit das Organ, welches reguliert, tief innerlich im Menschen den Erdbildeprozess» (GA 312, S. 224).

Was darunter zu verstehen ist, bleibt zunächst rätselhaft. Offenbar meint Steiner jene Kräfte, die im Organismus zur Bildung fester Strukturen, also vor allem des Knochensystems beitragen.

Die *Lunge* nimmt unter den großen Organen in vielfacher Hinsicht eine Sonderstellung ein. Sie entwickelt sich aus dem embryonalen Darmrohr – formal zunächst wie eine Speicheldrüse. Dabei wachsen die Drüsenknospen bäumchenartig nach einem Muster aus, wie es auch beim Pflanzenwachstum vorkommt (Prinzip der sympodialen Dichotomie). Aber dann wird (meist schon vor der Geburt) das ganze Drüsenbäumchen hohl und nach Einsetzen der Atmung mit Luft gefüllt. Der vom Organ eingenommene Raum wird gewissermaßen weggenommen; die Lunge öffnet sich für das Luftförmige. Im Allgemeinen vermeidet der Körper das Auftreten von Luft im Gewebe (sog. Horror vacui). Luftblasen im Blut können tödlich sein. Luft im Gewebe wird

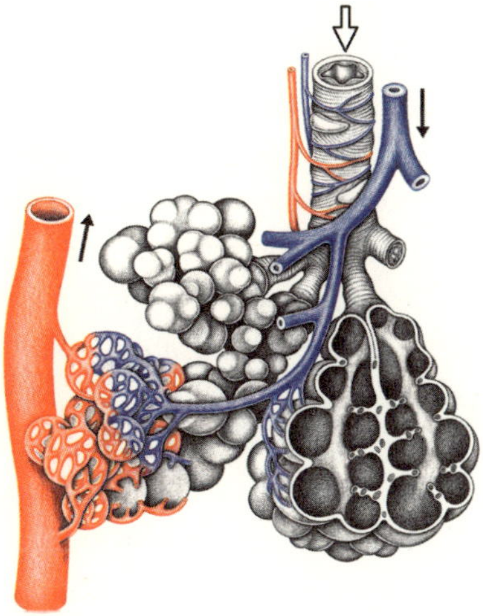

Abb. 3. Schema vom Aufbau der Lungen. Die Lungenbläschen werden engmaschig von Blutgefäßen umhüllt. Die Lungenarterien (blau) bringen das «verbrauchte» Blut zu den Lungenbläschen, wo der Gasaustausch erfolgt, sodass die abführenden Gefäße (Lungenvenen, rot) wieder sauerstoffreiches Blut in den Körper transportieren können. Die Luftzufuhr erfolgt durch die Atemwege (Bronchien, heller Pfeil).

sofort resorbiert und beseitigt. In der Lunge ist die Luft dagegen ein strukturbestimmendes Element. Da, wo sonst raumerfüllendes Gewebe liegt, befindet sich Luft (Abb. 3). Dadurch, dass die Lunge sozusagen als Organ aus dem Raum herausgetreten ist, d.h. sich hohl macht, kann sie wahrscheinlich die Kräfte für das Raumergreifen, für das Irdischwerden des Organismus hereinholen. Der Sauerstoff ermöglicht die inneren «Verbrennungsvorgänge», die für die Energieumsätze in Zellen und Geweben nötig sind. Ohne eine ausreichende Sauerstoffversorgung können weder Muskulatur noch Gehirn Arbeit leisten. In jeder Zelle sind schließlich die zur Erhaltung des Lebens nötigen Stofftransporte und Energieumsätze von der Sauerstoffzufuhr abhängig, auch wenn es in gewissem Umfang auch noch Vorgänge ohne Sauerstoffatmung (anaerob) gibt.

Die Lunge ist sozusagen ein Organ, das unmittelbar für die Umwelt offen ist. Sie holt den Sauerstoff in uns hinein und ermöglicht uns dadurch, Erdenbürger zu werden. Die Oxydation der Gewebe des Körpers führt letztlich zum Stoffumsatz im Körper, d.h. zum Irdischwerden. Ohne Sauerstoff wäre Leben auf der Erde nicht möglich.

Im Gegensatz zum Darmkanal ist die Lunge ein offenes System, das die Luft, sozusagen ohne Abwehr- oder Umgestaltungsprozesse, in den Körper hineinholt. Natürlich bildet das Geruchsorgan am Beginn der Atmung eine gewisse Kontrolle, auch besitzt die Lunge selbst Zellen, die Fremdstoffe, die mit der Atmung in den Körper zu gelangen drohen, abwehren können. Aber die Luft selbst diffundiert normalerweise frei in uns hinein.

Da aber der Einatmung unmittelbar die Ausatmung folgt, entsteht ein rhythmisches Geschehen, das für das menschliche Leben auf der Erde zum zentralen, substanzerhaltenden Lebensprozess wird. Der Atemrhythmus überträgt sich letztlich über das Herzorgan auf alle Gewebe und Organe des Körpers und wird damit zur Lebensgrundlage des Körpers selbst.

Mit der Einatmung nehmen wir den Sauerstoff, aber auch den Stickstoff auf. Bei der Ausatmung wird die im Stoffwechsel frei gewordene Kohlensäure ausgeschieden. Während der Sauerstoff überall im Organismus die Stoffwechselaktivitäten stimuliert, also die Inkarnationstendenz fördert, neigt die Kohlensäure dazu, sich mit anderen Substanzen zu verbinden und feste Strukturen zu bilden. Der Knochen enthält große Mengen von kohlensaurem Kalk in Form von Hydroxylapatit. Aber auch bei anderen Formbildungsprozessen spielt die zurückgehaltene, nicht ausgeatmete Kohlensäure eine Rolle. Vielleicht handelt es sich dabei um das, was Steiner mit «Kohlenstoffprozess» gemeint hat.

An anderer Stelle (GA 321, S. 219) bringt Steiner diese Kräfte mit dem Lebensäther in Zusammenhang (vgl. auch GA 130, S. 104). Wörtlich heißt es: «Jetzt kommt die Notwendigkeit, dass dasjenige, was nun von unserem Ätherleib aufgenommen ist, von Sauerstoff durchtränkt ist, sodass wir irdische Menschen sein können, dem astralischen Leib eingefügt werden muss. ... Es muss jetzt die Tätigkeit entwickelt werden, dass alles das, was sich da bis zur Herz-Lungentätigkeit herausgebildet hat, vom ganzen Organismus aufgenommen wird, aber so, dass der astralische Leib dabei etwas zu tun hat. Diese Tätigkeit vermittelt das Nierensystem des Menschen, das nun dasjenige absondert, was unbrauchbar ist von den Stoffen, die aufgenommen werden, aber das übrige in den ganzen Organismus auf Wegen leitet, die die heutige Physiologie gar nicht eigentlich beschreibt, die aber vorhanden sind.» (GA 218, S. 72).

Mit diesen Worten hat Steiner auf eine neue Dimension, die der «Nahrungsstrom» im Menschen erreichen muss, um wirklich Nahrung zu

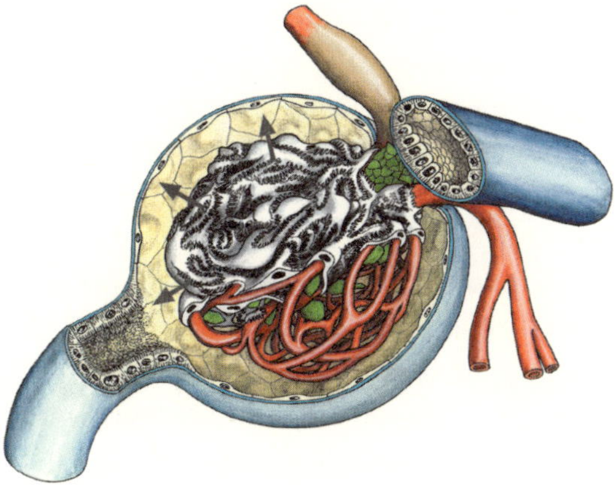

Abb. 4. Schema eines Nierenkörperchens mit seinem Gefäßknäuel (Glomerulus, rot). Durch die schlitzförmigen Spalten der Deckzellen auf den Blutgefäßen tritt die Blutflüssigkeit (ohne Zellen und Eiweißkörper) in den Hohlraum des Nierenkörperchens über (Pfeile).

werden, hingewiesen. Die Überleitung des inneren Atmungsprozesses, den die Lungen vollziehen, bis in die Dimension des Körperlichen, besorgen die *Nieren* (Abb. 4 und 5). Diese rätselhaften Organe an der hinteren Wand der Bauchhöhle sind nicht nur Harnbildungsorgane, sondern Teil eines viel umfassenderen Kräftesystems, das den ganzen Körper durchzieht. Man bedenke doch nur, dass jeden Tag 1.500 – 1.800 l Blut durch die Nieren fließen, wovon 150 – 180 l/Tag von den rund 1,2 Mill. kleinen Gefäßknäueln (Glomeruli), die in jeder Niere vorhanden sind, in das Kanälchensystem abfiltriert werden. Da aber 98 – 99 % dieser Flüssigkeit von den Nierenkanälchen (Tubuli) sofort wieder in das Blut zurückresorbiert werden, werden letztlich nur rund 1,5 l Harnflüssigkeit ausgeschieden. Die Ausscheidung ist also kein einfaches Absondern von in Flüssigkeit gelösten Stoffen aus dem Blut, sondern ein *Nicht-Zurücknehmen* ins Blut von bereits Abgesondertem. Man stelle sich diesen ungeheuren Flüssigkeitsstrom einmal lebendig vor. Jeden Tag werden das gesamte Blutplasma (die Blutzellen und Eiweiße werden nicht abfiltriert) 60-mal, die gesamte Gewebeflüssigkeit 10-mal und das gesamte Körperwasser rund 4-mal durch die Nieren hindurchgeschleust. Diese riesigen Flüssigkeitsmengen zirkulieren täglich durch die Nierenkörperchen (Glomeruli) (Abb. 4). Hier werden die feinen, knäuelartig vernetzten Blutgefäße von Zellen eingeschlossen, die schlitzartige Poren haben. Dadurch können nur Flüssigkeiten und niedermolekulare Stoffe hindurchtreten, Zellen und Eiweißkörper werden in den Blutgefäßen zurückgehalten. Ist diese Blutflüssigkeit dann in das Kanälchensystem der Niere (Tubulusapparat) abgesondert, können die Stoffe dort, sozusagen wie von außen, «angeschaut werden». Dieses «Wahrnehmen» ermöglicht es dann, die noch brauchbaren von den nicht mehr brauchbaren Elementen zu unterscheiden und das nicht mehr Brauchbare nicht ins Blut zurückzunehmen. Die Ausscheidung wird dadurch, wie gesagt, zu einem Nichtzurücknehmen, der Nierenprozess damit auch zu einem Wahrnehmungsvorgang. Die Nieren sind gewissermaßen zwei große Augen, die nach innen schauen und das gesamte Flüssigkeitssystem des Körpers beobachten und kontrollieren.

Diese Kontrolle bezieht sich vor allem auf die im Flüssigen gelösten Salze (Kochsalz, Kalzium und Phosphate). Kalziumphosphate und Kalziumkarbonate werden vor allem in den Knochen abgelagert und sind damit für die Bildung der menschlichen Gestalt besonders wichtig. Dadurch, dass die Niere ständig das gesamte Flüssigkeitssystem des Körpers durch sich hindurchströmen lässt, kann sie den Salzgehalt der Körperflüssigkeiten konstant und das Körperwasser lebendig erhalten. Eine Versalzung würde Verhärtung und Verknöcherung, eine «Entsalzung» ein Zu-Leicht-Werden und Auflösung bedeuten. Kalzium und Phosphate sind diejenigen Stoffe, die diese beiden polaren Prozesse repräsentieren. Die Niere vermag Resorption bzw. Ausscheidung dieser beiden Stoffe u.a. durch ein Hormon zu regeln, das mit dem Lichtstoffwechsel zu tun hat, nämlich das Vitamin D3-Hormon (Kalzitriol). Durch Sonnenbestrahlung (UV-Strahlen) wird in der Haut eine Vorstufe dieses Vitamins gebildet, das dann durch Leber und Nieren seine endgültige Form erhält. Mit Hilfe dieses Wirkstoffes kann die Niere dann zusammen mit dem Hormon der Nebenschilddrüsen (Parathyrin) den Blut-Kalzium- und Phosphatspiegel konstant halten und die Resorptions- bzw. Ausscheidungsprozesse für Kalzium und Phosphate so regeln, dass die Knochen ihre normale Festigkeit behalten. Sinkt der Blut-Kalzium-Spiegel, tritt eine Entkalkung der Knochen (Osteoporose) sowie eine Übererregbarkeit der Muskulatur und des Nervensystems (Tetanie) ein. Man sieht, dass mit unserem Mineralhaushalt auch ein Großteil unserer inneren Empfindungsfähigkeit und nervösen Erregbarkeit zusammenhängt. Die in der Niere durch die Ausscheidung von mineralischen Stoffen (Kalzium, Phosphate, Kochsalz) frei werdenden Kräfte sind Kräfte, die zum Kopf ausstrahlen und auch für das denkende Bewusstsein benötigt werden. Rudolf Steiner spricht in

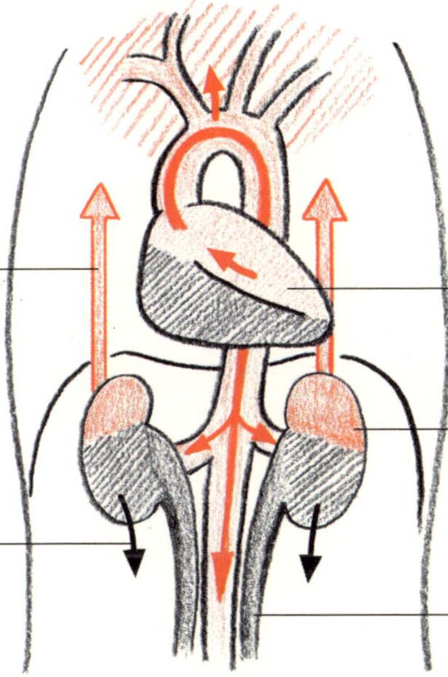

Abb. 5. Die vom Herzen ausgehenden Ätherströme werden in den Nieren zum Astralleib weitergeführt. Daraus resultiert die Nierenstrahlung nach oben zum Kopf hin (rot). Die Harnausscheidung (nach unten) erfolgt durch die Harnleiter (schwarze Pfeile).

diesem Zusammenhang davon, dass wir «tatsächlich in unserem Organismus – staunen Sie, aber es ist so – originäres Licht entwickeln» (GA 312, S. 216). Dies sei ein entscheidender Unterschied zwischen Mensch und Tier, da das Tier diese bewusstseinsbildenden Lichtkräfte nicht besitze. Natürlich dringt das Sonnenlicht nicht durch die Haut in uns ein, sondern erzeugt dort nur chemische Wirkungen (GA 312, S. 226), aber es ist doch denkbar, dass dadurch im Inneren, vor allem über die Nieren, eine «originäre Lichtbildung» angestoßen wird, die die Grundlage für unser vorstellendes Wachbewusstsein abgibt.

Ein zweiter Funktionskreis der Nieren hängt mit dem Eiweißstoffwechsel zusammen. Das Endprodukt des Eiweißstoffwechsels, der Harnstoff, wird von den Nieren ausgeschieden. Mit Hilfe der Eiweißkörper (Enzyme, Hormone, Wirkstoffe) kann der Organismus die ätherischen Lebensprozesse steuern, gestalten und umgestalten.

Bei jeder Absonderung im Körper werden aber dann diejenigen Kräfte frei, die vorher mit diesen Stoffen verbunden waren. Durch die Harnausscheidung der Niere werden also Kräfte frei, die dann auf dem Blutwege auch nach oben, zum Kopf hin ausstrahlen. Dies ist die von Steiner beschriebene *Ätherstrahlung* der Nieren. Im Nervensystem können diese Ätherkräfte dann als Gestaltungskräfte verwendet werden. Wir müssen uns vorstellen, dass vom Kopf ständig plastische Gestaltungskräfte ausgehen, die in den Organismus einstrahlen und den Organen ihre äußere Form geben, ähnlich wie ein Bildhauer seinem Objekt plastizierend eine Form gibt. Die Substanz dieser Gestaltungen, sozusagen das Material, ist das, was von unten, von den beiden Nieren nach oben ausstrahlt und was Steiner mit dem Stickstoffprozess in Verbindung bringt (GA 218, S. 73). Dieses Kräftegeschehen vollzieht sich vor allem im Astralleib.

Ein dritter Funktionskreis, in den die Niere involviert ist, hängt mit der *Blutbildung* zusammen. Tritt in den Geweben des Körpers Sauerstoffmangel auf, sozusagen eine innere Atemnot, stimuliert die Niere durch Bildung eines spezifischen Wirkstoffes (Erythropoietin) die Blutbildung im Knochenmark. Die Niere strahlt also nicht nur Kräfte für die vom Gehirn ausgehenden Gestaltungsprozesse nach oben, sondern unterstützt auch die inneren Atmungsvorgänge, durch die das Ich in den Stoffwechsel eingreifen kann, denn der Sauerstofftransport erfolgt durch die roten Blutkörperchen (Erythrozyten), die im Knochenmark gebildet werden.

Damit erreichen wir die vierte und letzte Station des «Nahrungsstromes», der jetzt vom Astralleib in den Bereich des Ichs und des Geistselbst übergeführt werden muss. Dieser Schritt wird nach Steiner vom Leber-/Gallesystem (Ich-Dimension) und von der Milz (Geistselbstdimension) vollzogen (GA 218, S. 76 u. 80). Hier spielt nicht so sehr die Leber als Stoffwechselorgan, sondern die Leber mit ihrer Fähigkeit der Gallenbildung eine Rolle (Abb. 6).

Das Blut ist das «Werkzeug» des Ich. Das Blut macht in den «Ernährungsorganen einen Prozess durch, durch den es erst das vollständige Werkzeug des menschlichen Ich in der physischen Welt sein kann» (GA 128, S. 160). Um sich zu vervollständigen und zu erneuern, wirkt das Ich mit seinem Organ, dem Blut, bis in die Anfänge des Ernährungsprozesses hinein. Indem das (noch unreine) Pfortaderblut in die Leber «eintritt und dort aus sozusagen verändertem Blut die Galle bereitet wird und die Galle sich wiederum unmittelbar dem Nahrungsstrom entgegenstellt [...] stemmt sich – in dem umgewandelten, veränderten Blut – dem Nahrungsstrom entgegen das Ich.»

Nun dient die Galle, die durch die Gallengänge in den Zwölffingerdarm (Duodenum) fließt, einmal, wie wir oben gesehen haben, der Resorption der Fette durch den Darm. Das ist hauptsächlich die Funktion der Gallensäuren. Zum anderen enthält die Galle aber auch die Gallenfarbstoffe, die Abbauprodukte des roten Blutfarbstoffes (Hämoglobin) sind, der durch seinen Eisengehalt zentral mit der Verankerung der Ich-Organisation im Blute zusammenhängt.

Betrachten wir zunächst das prozessuale Geschehen im Zusammenhang mit den *Gallensäuren*. Die Bausteine der Nahrungsstoffe (nicht diese selbst) gelangen durch die Darmwand in die Pfortader und mit dieser in die Leber, die diese dann zum Teil wieder resynthetisiert. Dabei handelt es sich aber nur um die Bausteine der Eiweiße und Kohlenhydrate. Die Leber hat die Fettverdauung aus sich heraus in den Dünndarm verlagert. Sie stemmt sich dieser sozusagen durch die Sekretion der Gallensäuren entgegen und verhindert dadurch, dass die Fette in das Pfortaderblut übertreten und damit in die Leber gelangen. Die in der Darmwand resynthetisierten Fette strömen nämlich in die Lymphgefäße des Darmes und nicht in das Pfortaderblut. Die Leber rückresorbiert die in den Darm abgesonderten Gallensäuren zu 80 % aus dem Pfortaderblut und schickt sie dann erneut mit der Galle in den Darm (entero-hepatischer Kreislauf; Abb. 6).

Dies ist ein eindrucksvolles Bild: Die zwischen Leber und Darm im Kreise zirkulierenden Gallensäuren verhindern, dass die Leber mit der Fettverdauung unmittelbar in Berührung kommt, denn die Fettverdauung wurde ja ganz nach außen, nämlich in die Darmwand selbst, verlagert. Die Fette sind die energiereichsten Stoffe und würden das Blut, wenn sie direkt in Pfortader und Leber einströmten, zu stark in das Irdische hinunterziehen. So werden sie zunächst von dem Lymphsystem aufgenommen, gewissermaßen in der Sphäre des Ätherischen filtriert und «geläutert», bevor sie dann – tröpfchenweise – allmählich in das Venenblut übergehen.

Die zweite Seite des Gallensystems hängt mit dem *Hämoglobinstoffwechsel*, d.h. den Gallenfarbstoffen, zusammen (Abb. 6). Fette und Zucker sind die eigentlichen Energielieferanten für die Aktivitäten des Ichs, das durch sie dann in der Erdenwelt wirken kann. Die Energie kann aber nur mobilisiert werden, wenn genügend Sauerstoff vorhanden ist. Dieser wird durch das im Hämoglobin liegende Eisen mit den roten Blutkörperchen überallhin transportiert.

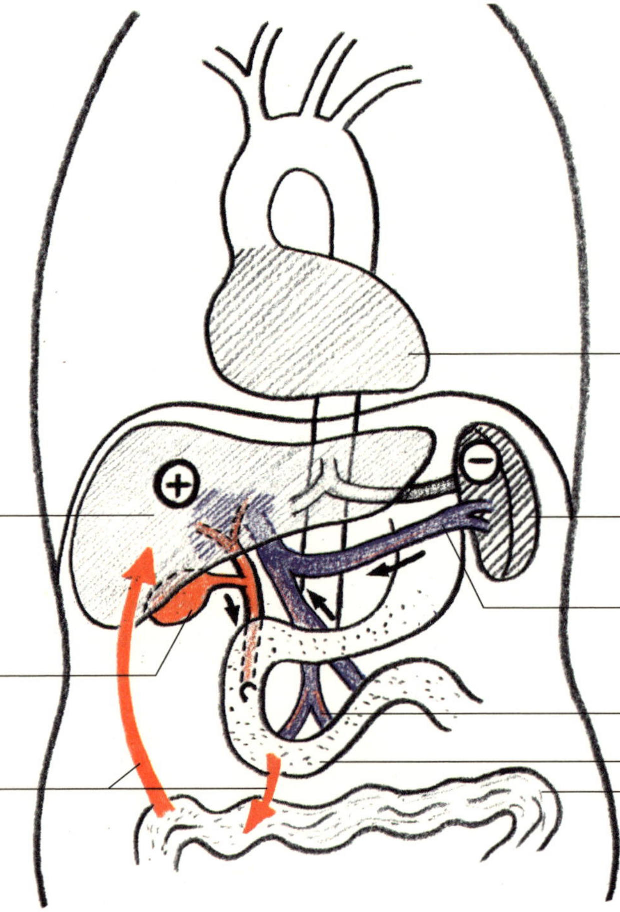

Abb. 6. Leber/ Gallensystem und Milz in ihren Beziehungen zur Blutbildung und zum enterohepatischen Kreislauf der Gallenfarbstoffe (rot). Pfortadersystem blau. ⊖ = Abbau; ⊕ = Aufbau der Blutelemente.

Nun haben aber die *roten Blutkörperchen* nur eine begrenzte Lebensdauer (100–120 Tage). Sie werden vor allem in der Milz abgebaut, wobei aus dem Hämoglobin die Gallenfarbstoffe (Biliverdin, Bilirubin usw.) entstehen, die durch die Pfortader in die Leber gelangen und dann mit der Galle in den Darm ausgeschieden werden. Im Dickdarm werden die Gallenfarbstoffe z.T. ausgeschieden, z.T. aber auch wieder reabsorbiert, wobei die Coli-Bakterien Hilfestellung leisten (Abb. 6). Ein rätselhafter Vorgang! Zwischen Leber und Dickdarm zirkulieren also ständig Gallenfarbstoffe hin und her (enterohepatischer Kreislauf). Es ist so, als ob der Organismus diesen Abstieg in die

«Unterwelt», wo Bakterien als «pflanzenartige» Lebewesen der Außenwelt zu Hause sind, benötigen würde, um den Blutfarbstoff, der notwendig ist, um mit Hilfe des Blutes die Ich-Aktivitäten verwirklichen zu können, synthetisieren zu können. Während die Gallenfarbstoffe diese innere Zirkulation durchmachen, wird das Eisenmolekül sorgfältig gehütet und nur in minimalen Mengen ausgeschieden. Der Mensch behält praktisch das ganze Leben sein Eisendepot weitgehend unverändert bei. Wenn beim Hämoglobinabbau Eisen frei wird, wird es in ein Eiweißmolekül (Ferritin) verpackt, das die Form eines Pentagondodekaeders hat, d.h. jenes geometrischen Körpers unter den fünf platonischen Körpern, der, wie das Pentagramm auch, am reinsten die Ich-Signatur besitzt. Im Knochenmark wird das Eisen dann wieder in den roten Blutfarbstoff (Hämoglobin) und mit diesem in die roten Blutkörperchen eingebaut und damit erneut für die Blutbildung zur Verfügung gestellt.

Das Blut ist, wie gesagt, das Organ des Ichs, das hier vor allem durch das sauerstofftransportierende Eisen seine Aktivitäten im Stoffwechsel-Gliedmaßen-System und Bewegungsapparat verwirklichen kann. Jede Muskelbewegung setzt eine ausreichende Durchblutung voraus. Aber auch die Denkaktivitäten sind ohne eine differenzierte Steuerung der Durchblutung des Gehirns nicht möglich.

Im Märchen von Eros und Fabel, das Novalis in seinen Roman *Heinrich von Ofterdingen* eingefügt hat, ist der Eisensplitter, den König Arktur aus dem himmlischen Königreich auf die Erde schleudern lässt, der Anlass für den noch in der Wiege liegenden Eros, plötzlich erwachsen zu werden und als Ich-Mensch in die Welt auf Abenteuer auszuziehen. Hier wird in der Bildersprache der Märchen die Beziehung zwischen dem Eisenelement und der Ich-Natur des zur Liebe fähigen Menschen (Eros) eindrucksvoll dargestellt.

Die Alten haben das Gallensystem daher auch immer mit dem Mars in Zusammenhang gebracht, der entweder kriegerische Aktivitäten oder heroenhaftes Selbstbewusstsein stimuliert hat (GA 128, S. 58).

Nun muss das Ganze zum Schluss aber noch in einen Prozess einmünden, der für die Existenz des Organismus von zentraler Bedeutung ist, und zwar in einen Prozess, bei dem die *Milz*, das Saturn-Organ, wie es die Eingeweihten nannten, eine entscheidende Rolle spielt. Es handelt sich um die Wahrung und Verteidigung der Eigennatur des menschlichen Organismus als Träger eines Ich-Wesens. Der Organismus hat nämlich die Fähigkeit, auf molekularer Ebene zwischen «selbst» und «nicht selbst» zu unterscheiden und jedes fremde

Element (Zellen, Eiweißkörper usw.) durch immunologische Abwehrreaktionen unschädlich zu machen bzw. auszuscheiden. Diese Abwehrvorgänge beginnen schon im Darm und in dem daran anschließenden Lymphsystem mit seinen zahlreichen Lymphknoten. Sind aber dennoch Fremdelemente ins Blut gelangt, werden sie in der Milz abgefangen und zerstört.

Die Milz hat aber auch für das Blut selbst eine entscheidende Funktion. Sie ist das einzige Organ des Körpers, wo das Blut aus dem Gefäßsystem austreten und dadurch sozusagen auch «von außen» angeschaut werden kann. Die Milz besitzt große, lockermaschige Räume, in die das Blut ausfließen kann und damit aus der Zirkulation herausgenommen wird. Hier können dann die Blutzellen, vor allem die roten Blutkörperchen, von den Zellen der sog. roten Pulpa in der Milz auf ihre Lebensfähigkeit und Plastizität überprüft und gegebenenfalls abgebaut werden, wobei wiederum Kräfte frei werden, die vor allem vom Ich des Menschen wahrgenommen werden. Aber auch die weißen Blutkörperchen und die Bluteiweiße werden in der Milz «untersucht» und gegebenenfalls abgebaut bzw. in der sog. weißen Pulpa der Milz immunbiologisch abgewehrt. Mit Leber und Knochenmark zusammen bildet die Milz auf diese Weise ein großes («kreisförmiges») System zur Regeneration und Reinerhaltung des Blutes, das dadurch vor allem zu einem Organ der «Ich-Organisation» geworden ist. Die Milz zieht sozusagen einen großen Kreis um den Organismus, ähnlich wie der Saturn unser Planetensystem abschließt und Fremdkörper (z.B. Kometen) abfängt bzw. eliminiert. Die menschliche Milz ist daher, wie Steiner sich ausgedrückt hat, ein «sehr geistiges Organ» (GA 128, S. 95), dessen Kräfte auch mit dem jetzt noch in ersten Entwicklungsstadien befindlichen Geistselbst des Menschen in Zusammenhang gebracht worden sind (GA 218, S. 80). Sich den reinen und höheren Lebensraum für die physische Natur zu schaffen, kann wohl als eine Zukunftsaufgabe des Menschen angesehen werden.

Nun wird man sicher einwenden, dass ja auch viele Tiere Blut, eisenhaltiges Hämoglobin und immunologische Abwehrfähigkeiten haben, ohne ein Ich zu besitzen. Die Tiere haben zwar das Haus, aber ein Ich wohnt nicht darin. Sie haben auch ein Gehirn, das viel mehr leisten könnte, aber die Möglichkeiten werden nicht genutzt. Der Mensch dagegen ergreift diese Möglichkeiten und lässt die vom Ich ausgehenden Intentionen mit Hilfe des dadurch ganz menschlich werdenden Organs Blut in den Organismus und damit in seine Handlungen und Gedanken einfließen, d.h. prägend, gestaltend und umgestaltend einwirken, woraus sich letztlich dann eine Weiterentwicklung ergeben kann.

Zwischen Nervensystem und Blutkreislaufsystem besteht hinsichtlich der Ich-Organisation ein grundlegender funktioneller Gegensatz. Rudolf Steiner charakterisiert dies wie folgt (GA 221, S. 78):

«Im Blute strömt das Ich ... aber so, dass es zuerst seine Kräfte durchseelt hat durch die Astralorganisation, durch die ätherische und durch die physische Organisation» ... «daraus ergeben sich aufbauende Prozesse und Wachstumsvorgänge, sozusagen von unten nach oben. – Umgekehrt kommt aber von oben nach unten eine Strömung, die vom Ich direkt in das Physische hineingeht und sich dann im Körper verzweigt und entlang der Nervenbahnen geht, sodass also, wenn die Nerven im Organismus sich ausbreiten» ... eine Strömung entsteht, «die unmittelbar vom Ich aus in die physische Organisation hineingeht ... und für den Organismus im wesentlichen eine zerstörende» ist. «Denn da kommt der Geist direkt hinein in die physische Materie.»

Wenn im Folgenden die Strukturen des Nervensystems und des Herz-Kreislaufsystems genauer besprochen werden, sollte dieser elementare Bezug zur Ich-Organisation, die einmal abbauend, einmal aufbauend wirkt, im Bewusstsein behalten werden.

2. Beziehungen zwischen Makrokosmos und Mikrokosmos

Das Darmrohr ist ein 4–6 m langer, vielfach gekrümmter Schlauch, der an beiden Enden mit der Außenwelt in Verbindung steht, also eigentlich ein Stück verinnerlichter Außenwelt darstellt und alles Genießbare in der Natur in sich hineinnehmen kann. Hier kommt der Organismus mit den Stoffen der Außenwelt in Berührung. Er erlebt durch den Abbau dieser Stoffe die Wesenheiten der Außenwelt, nicht von der Sinnes-, sondern von der Stoffseite her. Der daraus resultierende «Nahrungsstrom» (GA 128, S. 155) wird nun stufenweise von den Wesensgliedern (Ätherleib, Astralleib, Ich usw.) ergrif-

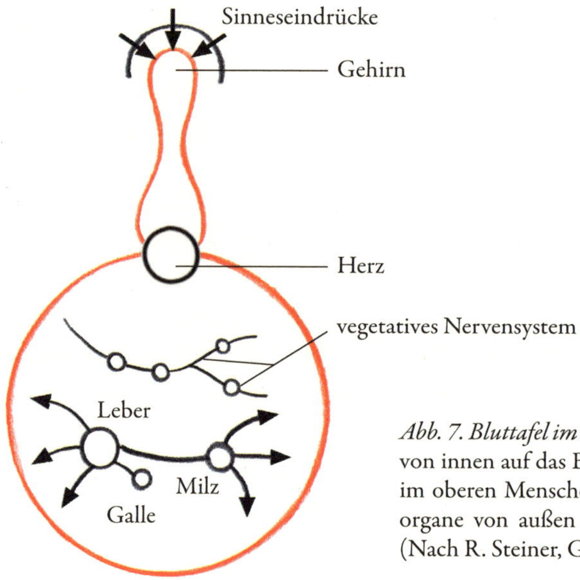

Abb. 7. Bluttafel im unteren Menschen, wo die Organe von innen auf das Blut wirken (Pfeile), und Bluttafel im oberen Menschen (Gehirn usw.), wo die Sinnesorgane von außen auf das Blut einwirken (Pfeile). (Nach R. Steiner, GA 128, S. 51)

fen, um diesen innerhalb des Organismus einen Angriffspunkt für ihr eigenes, sehr spezifisches Wirken zu geben. Dabei haben die großen inneren Organe eine ganz verschiedene Aufgabe. Sie stellen, wie Rudolf Steiner mehrfach betont hat, ein «inneres Weltsystem» dar, das im Makrokosmos den verschiedenen Planeten entspricht, deren Kräfte von außen auf den Menschen einstrahlen. Die «Hellseher aller Zeiten haben [...] die Milzwirkung mit dem Namen des Saturn, die Leberwirkung mit dem Jupiter und die Gallewirkung mit dem Mars in Zusammenhang gebracht» (GA 128, S. 58). Entsprechend hängen die Nierenkräfte mit der Venus, die Herzkräfte mit der Sonne und die Lungenkräfte schließlich mit dem Merkur zusammen (GA 128, S. 78). Dieses hoch differenzierte «innere Weltsystem» wirkt nun auf den Nahrungsstrom ein, der sich über das Blut im ganzen Organismus ausbreitet. Man kann sich das Blut wie eine große innere Tafel vorstellen («Bluttafel», GA 128, S. 52), auf die die inneren Planetenkräfte ihre Impulse einschreiben und damit für den Organismus wirksam werden lassen. Das, was sich hier abspielt, ist prinzipiell vergleichbar dem, was sich am oberen Pol des Organismus im Bereich des Sinnes-Nervensystems vollzieht. Nur wird hier die «Bluttafel» nicht von innen, sondern von außen beschrieben. Die Welt mit ihren verschiedenen Wesenheiten und Strukturen wird durch die Sinnesorgane von außen erlebt.

Um ihr inneres Wesen zu erkennen, müssen wir aber die Blutkräfte in uns selbst aktivieren. Wenn das aus dem Stoffwechselbereich kommende Blut in das Nervensystem einströmt und die im «Unteren» (unbewusst) erlebten Realitäten durch die Willensaktivität des Ichs in die Gedankenwelt eindringen, kann man bis zu einer Wesenserkenntnis des in der Sinneswelt Erlebten vordringen (vgl. R. Steiner, GA 4 und GA 128). Zwischen den oberen und unteren Prozessen besteht also eine Polarität, nicht nur hinsichtlich des Bewusstseins, sondern auch im Hinblick auf ihre Beziehungen zur Bluttafel. Der Blutkreislauf mit dem Herzen in der Mitte stellt das beide verbindende System dar, sozusagen das Zentrum der Ich-Wesenheit, wobei das Herz die Sonne des «inneren Weltsystems» ist (Abb. 7). Wir kommen darauf noch zurück.

IV. Das Nervensystem

1. Funktionelle Dreigliederung des Nervensystems

Es erhebt sich jetzt die Frage, warum uns die Prozesse im Bereich der Sinnesorgane und des Nervensystems (NS) zum Bewusstsein kommen, im Bereich der Stoffwechselorgane jedoch nicht. Die gewaltigen Funktionsabläufe in den Organen unseres «inneren Weltsystems» bleiben im Unbewussten. Dass diese Prozesse nicht in das Bewusstsein eintreten, hängt mit dem vegetativen Nervensystem zusammen, das das Aufscheinen bewusster Erlebnisse verhindert (GA 128, S. 155/156).

Normalerweise regelt und koordiniert das *autonome Nervensystem* (vegetatives NS) alle im Stoffwechselbereich, d.h. im unteren Menschen ablaufenden Prozesse. In allen Organen, besonders aber in der Darmwand, sind zellreiche Nervengeflechte vorhanden (sog. enterisches NS). Die Zahl der Nervenzellen, die primär mit diesen Steuerungsprozessen befasst sind, ist genauso groß wie die der Großhirnrinde. Dieser ganz periphere Teil des vegetativen Nervensystems steuert die Funktionsprozesse in den Organen des Stoffwechselsystems, regelt die Durchblutung nach der jeweiligen funktionellen Aktivität dieser Organe und sorgt letztlich für ihre harmonische Zusammenarbeit durch einen unmittelbaren Informationsaustausch, der uns selbst aber nicht zum Bewusstsein kommt. Das Zentrum dieses peripheren vegetativen Nervensystems ist das an der hinteren Bauchwand gelegene Sonnengeflecht, das mit den peripheren Nervenzellansammlungen (Ganglien) in Verbindung steht. Es ist daher vielfach auch als das «Gehirn des Bauches» bezeichnet worden. Andererseits hat es aber auch Verbindungen mit übergeordneten vegetativen Zentren im Rückenmark und Gehirn, sodass das gesamte periphere vegetative Nervensystem letztlich von spezifischen Zentren des zentralen Nervensystems gesteuert und funktionell kontrolliert werden kann. Aber auch diese «höheren» Prozesse kommen uns nicht zum Bewusstsein. Sie können nur indirekt wahrgenommen oder beeinflusst werden (allgemeines Lebensgefühl usw.)

Die Verbindung mit den übergeordneten Zentren erfolgt vor allem durch zwei Nervenstränge, den sog. Sympathikus und Parasympathikus. Diese steuern die Lebensvorgänge in den Eingeweiden meist in gegensätzlicher (antagonistischer) Weise. So beschleunigt z.B. der Sympathikus die Herzfrequenz, während der Parasympathikus sie verlangsamt. Im Darm verbleibt die Motorik durch den Sympathikus relativ unbeeinflusst, während der Parasympathikus die Darmmotorik aktiviert und auch die Drüsentätigkeit des Darmes steigert. Die zum Teil sehr unterschiedlichen Wirkungsmechanismen dieser beiden Nervengruppen des vegetativen Nervensystems lassen sich unter einem funktionellen Oberbegriff erfassen – der Sympathikus ist nämlich vor allem ein Leistungsnerv. Wenn der Körper z.B. sportliche Leistungen vollbringen will, muss er den Sympathikus aktivieren. Umgekehrt ist der Parasympathikus mehr ein «Erholungsnerv», der vor allem im Schlaf dominiert und die Regeneration des Körpers mit Hilfe der Verdauungsorgane fördert.

Beide Nervengruppen sind jedoch auch über das Rückenmark mit dem Hirnstamm, vor allem dem Zwischenhirn (Hypothalamus) und der Hypophyse, verbunden, wo letztlich die übergeordneten Zentren des vegetativen Nervensystems lokalisiert sind. Hier werden aber dann nicht mehr Einzelfunktionen der Organe in antagonistischer Weise gesteuert, sondern übergeordnete Gesamtfunktionen, wie z.B. der Zuckerstoffwechsel, der Blutdruck, der Mineralhaushalt des Körpers usw.

Die *Hypophyse* ist gewissermaßen die «Königin» des gesamten vegetativen Nervensystems. Sie steuert letztlich alle peripheren Prozesse, ist aber selbst auch wieder mit übergeordneten Zentren des Zwischenhirns verbunden. Wir kommen darauf noch zurück (s. S. 76ff.) Zusammenfassend können wir also sagen: Das vegetative Nervensystem ist letztlich funktionell dreigegliedert. Die peripheren Nervengeflechte in den Organen – im Darm auch als enterisches Nervensystem zusammengefasst – steuern autonom die Prozesse in den jeweiligen Organsystemen. Die autonomen Geflechte stehen unter der Kontrolle von Sympathikus- und Parasympathikus-Nerven, die mit dem Rückenmark zusammenarbeiten und damit einen mittleren Bereich im Gesamtsystem darstellen. Das Zwischenhirn mit Hypophyse und Hypothalamus bildet dann das oberste Steuerungszentrum, das das gesamte vegetative Nervensystem kontrolliert, ordnet und damit letztlich harmonisch in das gesamte Nervensystem einfügt.

Insgesamt bleiben aber alle diese Funktionsabläufe im Unbewussten; auch wenn uns stufenweise einzelne dieser Erregungen *dumpf* ins Bewusstsein treten können, z.B. als ein Gefühl des Unwohlseins, der Lebensfreude oder auch körperlicher Spannkraft. Durch meditative Schulung gelingt es dem Eingeweihten, in diese Welt mit seinem Bewusstsein einzudringen und dann tatsächlich die inneren Planetenkräfte zu erleben. Dabei wird die Schranke, die normalerweise das vegetative Nervensystem gegenüber den Blutprozessen aufgebaut hat, überwunden, der Nerv wird stärker in das Geschehen der «Bluttafel», wie Steiner sich ausdrückt, hineingepresst, sodass Bewusstsein entsteht. Dies ist der sogenannte mystische Weg der Einweihung (GA 128, S. 55; Anhang 2 und 3).

Normalerweise werden uns aber nur die aus den großen Sinnesorganen in das Gehirn einströmenden Erregungen bewusst. Vergleicht man die Struktur der Hirnrinde mit der des autonomen Nervensystems im Bauchraum, so wird nicht nur die funktionelle (das Bewusstsein betreffende), sondern auch die strukturelle Polarität zwischen diesen beiden Systemen deutlich. Im autonomen Nervensystem ist die nervöse Masse maximal dezentralisiert, netzförmig angeordnet und überall mit Zellansammlungen durchsetzt. Im Gehirn ist das Nervengewebe auf engstem Raum konzentriert, die Zellgruppen sind streng nach Funktionsprinzipien geordnet und hierarchisch gegliedert. Das Rückenmark nimmt eine Zwischenstellung ein. Hier zeigt sich noch eine der Segmentgliederung des Rumpfes angepasste, segmentale, d.h. rhythmische Gliederung (Abb. 8).

In der Embryonalentwicklung hat sich von einem einfachen Rohrsystem ausgehend (Neuralrohr) im oberen und unteren Menschen eine völlig polare Differenzierung vollzogen. Im Kopfbereich haben sich die Zellen im Inneren des Neuralrohres so stark vermehrt, dass eine Hirnrinde entstanden ist, die sich im Zuge immer stärker werdender Konzentration zunehmend in Falten gelegt hat (Gyrifizierung des Gehirns). Im unteren Bereich sind aus dem Neuralrohr massenhaft Zellen ausgewandert und haben nach und nach alle Organe besiedelt. Dabei sind an allen wichtigen Knotenpunkten Nervenzellen liegen geblieben, die die Regulationen dann direkt vor Ort durchführen können.

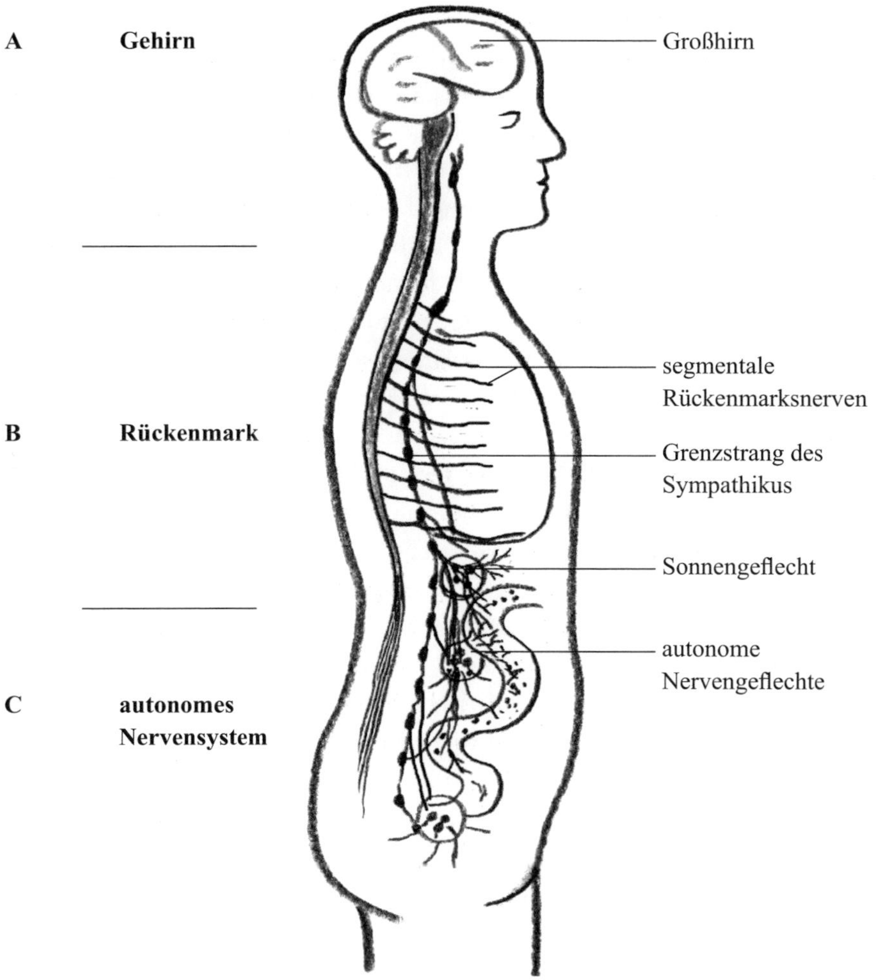

Abb. 8. Funktionelle Dreigliederung des Nervensystems (nach J. W. Rohen, Funktionelle Neuroanatomie, Schattauer Verlag, Stuttgart, 6. Aufl., 2001). Das Nervengewebe bildet im Bereich der Eingeweide ganglienhaltige Geflechte (z.B. Sonnengeflecht)(maximale Dekonzentration) (C), im Kopfbereich (Gehirn) dagegen eine zusammenhängende, dichte Masse (maximale Konzentration) (A). Vermittelnd zwischen beiden liegt das rhythmisch (segmental) gegliederte Rückenmark (B), dessen Spinalnerven Rumpf und Gliedmaßen versorgen.

Der zweite Funktionsbereich des Nervensystems wird vom *Rückenmark* mit seinen zugehörigen segmental angeordneten Nervenpaaren (Spinalnerven) gebildet. Es gewinnt durch die von ihm auswachsenden Nerven einerseits eine Verbindung mit den Gliedmaßen und der Muskulatur, andererseits aber auch durch lange Bahnen Verbindungen mit dem Gehirn, sodass uns viele der mit den Gliedmaßenbewegungen zusammenhängenden nervösen Prozesse auch zum Bewusstsein kommen. Es ist aber nicht nur mit der Muskulatur verbunden (motorische Nerven), sondern erhält auch aus der Peripherie, d. h. aus der Muskulatur selbst oder von den Sinnesorganen der Haut, Informationen, die im Rückenmark verarbeitet werden. Auf diese Weise entstehen funktionelle Verbindungen, die man als *sensomotorische Systeme* bezeichnet. Im einfachsten Fall wird ein vom Muskel kommender Nerv (sensibles oder afferentes Neuron) mit einem den Muskel innervierenden Nerven (motorisches Neuron) zu einem Reflexsystem verknüpft. Dies ist das erste sensomotorische System, auf dem alle höheren Systeme aufbauen. Es ist das Eigenreflexsystem, das den Tonus der Muskeln bestimmt und von allen anderen sensomotorischen Systemen als gemeinsame Endstrecke benutzt wird. Wird aber die Haut von außen gereizt, z. B. wenn uns eine Biene in den Finger sticht, ziehen wir ruckartig die Hand zurück. Dies ist eine reflektorische Schutzbewegung, die automatisch abläuft und von uns normalerweise nicht willkürlich beeinflusst wird. Solche Reflexe werden vom Rückenmark gesteuert und basieren auf Nervenverbindungen, die in der Regel mehrere sensible (afferente) und motorische (efferente) Nervenzellen umfassen. Wir bezeichnen dies als Fremdreflexapparat, unser zweites sensomotorisches System.

Wir können aber auch bewusst intendierte, präzis geplante Bewegungen einzelner Muskelgruppen ausführen. Dazu benötigt man die motorischen Zentren der Großhirnrinde (pyramidales, 5. sensomotorisches System. Abb. 9D, s. S. 66). Schließlich gibt es aber auch Bewegungen, die wir – oft langfristig – eingeübt und erlernt haben (Schreiben, Spielen eines Instrumentes, handwerkliche Tätigkeiten u. a.). Diese brauchen wir nicht jedes Mal bewusst auszuführen. Sie laufen automatisch ab und werden nur oberflächlich durch die Sinne kontrolliert. Hierbei tritt zwar das Gehirn auch als oberstes Steuerungszentrum auf, aber das Zusammenspiel der Zentren der Großhirnrinde mit den Kerngebieten, die unter der Großhirnrinde (Cortex) liegen, ist von größerer Bedeutung. Man spricht hier von subkortikalen Kerngruppen. Man kann dieses Funktionssystem als 4. sensomotorisches System bezeichnen. Es ist beim Menschen besonders hoch entwickelt, ebenso wie auch das 5. (pyramidale) System selbst. Diese beiden zentralen Systeme ermöglichen dem Menschen das Erlernen neuer Bewegungsformen und neuer Fähigkeiten, was keinem anderen Lebewesen dieser Erde in diesem Umfang möglich ist.

Das Nervensystem verfügt schließlich aber noch über ein 3. sensomotorisches System. Dieses schafft den Ausgleich zwischen den beiden oberen (Willkürmotorik) und den beiden unteren (Reflexmotorik) Systemen. Es handelt sich um das Kleinhirnsystem, das zusammen mit dem Hirnstamm und den Gleichgewichtsorganen arbeitet. Durch dieses System wird eine Harmonisierung aller Bewegungsintentionen sowie auch die Anpassung des Körpers an die Lageverhältnisse im dreidimensionalen Raum zur Erhaltung des Gleichgewichts erreicht.

Die jetzt beschriebenen fünf funktionellen sensomotorischen Systeme (s. Tabelle) sind Elementarsysteme der Motorik, die im Nervensystem natürlich in verschiedenster Weise modifiziert und differenziert werden können.

Wenn man die fünf *olympischen Übungen*, die die alten Griechen (aus ihrem Mysterienwissen heraus) in der Antike in Olympia auf dem Peleponnes eingeführt hatten, genauer betrachtet, entdeckt man mit Erstaunen, dass sie in gewisser Weise mit unseren fünf sensomotorischen Systemen übereinstimmen. Das Speerwerfen ist die (bewusst intendierte) Zielmotorik (pyramidales System); das Diskuswerfen basiert auf einer erübten, automatisch ablaufenden, subkortikalen Motorik; für das Ringen braucht man eine trainierte Gleichgewichtsmotorik; Springen und Laufen sind weitgehend rückenmarksgesteuerte Bewegungen (s. Tabelle).

In der Antike wurden diese fünf Bewegungsformen aber nicht als Kraftsportübungen trainiert. Sie sollten vielmehr den Menschen die Schönheit des Körpers und seiner elementaren Bewegungsmöglichkeiten als Symbole höherer (geistiger) Bewegungsformen vor Augen führen.

Das Gehirn mit seinen Sinnesorganen ist schließlich der dritte große Funktionsbereich des Nervensystems. Das Gehirn ist das Zentrum unseres Bewusstseins. Hier laufen die Erregungen ein, die von den großen Sinnesorganen des Kopfes ausgehen. Vor allem die Großhirnrinde ist derjenige Bereich, in dem diese Erregungen verarbeitet und gegebenenfalls an andere Systeme des Nervensystems weitergegeben werden.

Das Nervensystem kann seine Aufgabe als Steuerungs- und bewusstseinsbildendes Organ aber nur erfüllen, wenn es von der Außenwelt und ebenso

Senso-motorische Systeme	**Bewegungsformen**	**Nervenzentren**	**Olympische Übungen**
5.	Bewusste Willkür-bewegungen	Pyramidales System der Großhirnrinde	Speerwerfen
4.	Unbewusste Willkür-bewegungen, erlernte Bewegungen	Subkortikale Systeme (Stamm-ganglien)	Diskuswerfen
3.	Gleichgewicht, Harmonisierung, Muskelspannung	Kleinhirn, Kerne im Hirnstamm, Labyrinthorgane	Ringen
2.	Fremdreflex-bewegungen	Rückenmark (mehrere Segmente)	Springen
1.	Eigenreflex-System	Rückenmark (ein Segment)	Laufen «Stehen»

von der Innenwelt durch Sinnesorgane Informationen erhält. Schaltet man alle Sinnesorgane aus, wie z.B. im Schlaf oder im Experiment (z.B. in einer «sensory-deprivation-chamber»), erlischt das Bewusstsein. Die Sinnesorgane erschließen dem Organismus den Zugang zur Welt, sei es zur Außenwelt, die größtenteils bewusst erlebt wird, sei es aber auch zur Innenwelt, deren Wahrnehmung für die Regelung der Lebensprozesse unumgänglich ist, aber weitgehend im Unbewussten bleibt.

Jedes *Sinnessystem* kann jedoch nur einen Ausschnitt aus der Außen- oder Innenwelt wahrnehmen, es hat sich sozusagen auf einen bestimmten Kräftebereich spezialisiert. Erst die Gesamtheit aller Sinnesorgane liefert ein vollständiges Bild der Welt, wobei der Differenzierungsgrad der Organe und der Bewusstseinsgrad des zugehörigen Erlebens außerordentlich verschieden sind. Man könnte alle Sinnessysteme in einem Kreis anordnen, um so die Ganzheit der Erlebniswelt auszudrücken, aber die Helligkeit des Erlebens ist in jedem Sektor unterschiedlich. Das Bild des Kreises veranschaulicht auch die Tatsache, dass die Ganzheit des Sinneserlebens auch dann noch erhalten bleibt, wenn eines der Systeme ausgefallen ist. Der Blinde lernt zwar nicht wieder sehen, steigert aber die Sensibilität und den Wahrnehmungsumfang der übrigen Sinne oft in einem solchen Maße, dass die Lücke im Gesamtsystem fast wieder geschlossen erscheint. Berühmte Beispiele dafür sind Helen Keller (1904) und Jacques Lusseyran (1963).

Rudolf Steiner hat in den verschiedensten Zusammenhängen immer wieder betont, dass die Außenwelt durch die Sinnesorgane gewissermaßen wie durch «Golfe» in unseren Organismus hineinragt (s. z.B. GA 219, S. 110). Wenn z.B. im Auge durch Hornhaut und Linse optische Systeme entwickelt werden, die den physikalischen Gesetzen der Optik entsprechend arbeiten, oder im Gleichgewichtsorgan kleine Kristalle (Ohrsteinchen, Otolithen) eingelagert werden, auf die die Schwerkraft direkt einwirken kann, oder beim Gehörorgan die Frequenzen der Luftschwingungen unverfälscht bis tief ins Innere des Organs eindringen können, um den Ton wahrzunehmen, oder beim Tastsinn durch speziell konstruierte Sinnesorgane der Haut mechanische Verschiebungen der Gewebe durch Druck, Vibration, Beschleunigung usw. registriert werden können, so sind dies alles Vorgänge *innerhalb* des Organismus, die bestimmten Gesetzmäßigkeiten *außerhalb* des Organismus folgen, d.h. hier ragt ein Stück Außenwelt in uns hinein. Die Sinnesorgane sind also Tore («Golfe») für Kräfte der Außenwelt, die in uns hereingelassen werden, um diese dadurch wahrnehmen zu können; aber sie sind zugleich auch Tore oder Fenster, durch die wir selbst in die Außenwelt hineinschauen können; denn die von außen angestoßenen Erregungen der Sinnesorgane kommen uns ja nicht in diesen Organen selbst zum Bewusstsein, sondern regen nur Vorstellungen an, die uns die Strukturen der Außenwelt ins Bewusstsein rufen.

Natürlich gibt es auch in den Organen des Menschen selbst Sinnesorgane. Die von den inneren Organen ausgehenden Erregungen bleiben aber größtenteils im Unbewussten. Sie dienen vor allem der Steuerung der Lebensprozesse im Inneren des Körpers, nicht der Verarbeitung in unserem Bewusstsein.

Bei allen Sinnessystemen muss also ein Doppelaspekt berücksichtigt werden, einmal das Geschehen in der Außenwelt und dann die Reaktionen des Menschen auf dieses Geschehen (vgl. P. Selg, 2000).

2. Neuronale Dreigliederung des Nervensystems

Betrachtet man nun die funktionelle Dreigliederung des Nervensystems unter dem Gesichtspunkt ihrer neuronalen Gliederungen (unter Neuron versteht man eine Nervenzelle mit all ihren Fortsätzen und Kontakten), so entdeckt man, dass die Grundstruktur der funktionellen Systeme überall der sog. *Leitungsbogen* ist, der einerseits aus den zum Zentralorgan hinleitenden und andererseits aus den vom Zentralorgan zur Peripherie leitenden Neuronen besteht. Der Leitungsbogen besteht im einfachsten Fall nur aus zwei Nervenzellen. Dieses Grundschema ist am besten im Rückenmarksbereich ausgebildet, wo das afferente (sensible) Neuron vom Muskel zum Rückenmark, das efferente («motorische») Neuron vom Rückenmark zum Muskel zieht (Abb. 9 B). Da, wo beide Neurone im Nervensystem miteinander verknüpft sind, können sich Schaltneurone einschieben und dadurch spezielle Bahnverbindungen mit dem Gehirn oder innerhalb des Rückenmarks aufbauen. Das sind dann die sensomotorischen Systeme, die wir oben besprochen haben. Diese Systeme spielen für die Bewegungsabläufe in den Gliedmaßen eine entscheidende Rolle. Es ist jedoch nicht so, dass die efferenten Schenkel dieser Systeme «motorische», d.h. Willensnerven sind. Der Wille lebt in den Stoffwechselprozessen, die sich bei jeder Bewegung innerhalb der Muskelfasern abspielen. Steiner formulierte dies einmal folgendermaßen (GA 215, S. 163):

«Ich habe den Gedanken, meinen Arm aufzuheben. Dieser Gedanke schießt aus der Kopforganisation in die Armorganisation hinein, bewirkt dort einen Abbau, einen Zerstörungsprozess. ... der Willensteil der Seele flutet nach, stellt wiederum her, was abgebaut ist, baut es wieder auf. Und in diesem Aufbauen vollzieht sich das Heben des Armes.»

Die physiologische Basis der Willensaktivitäten ist der Energieumsatz innerhalb der Muskulatur. Der zentrale Vorgang dabei ist der Abbau energiereicher Phosphate (ATP), wodurch die Muskelfasern zur Kontraktion gebracht werden. Die Aufgabe der «motorischen» (efferenten) Nerven ist lediglich die Gestaltung dieser Aktivitäten durch informative Prozesse, so wie z.B. im Straßenverkehr die Bewegungen der durch Benzinverbrauch angetriebenen Autos durch Verkehrszeichen (Informationen) gesteuert werden.

Im Rückenmarksbereich sind afferente und efferente Schenkel des Leitungsbogens funktionell annähernd gleichwertig. In den beiden anderen,

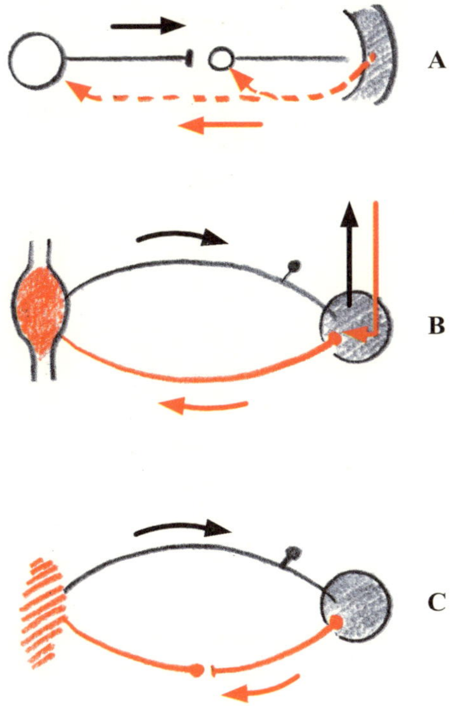

Abb. 9 A–C Prinzipieller Aufbau der Leitungsbögen in den 3 großen Funktionsbereichen des Nervensystems. A = Sinnessysteme (zentraler Bereich); B = Sensomotorische Systeme (Rückenmarksbereich); C = Autonome Systeme (Eingeweidebereich). Rot = efferente Nervenzellen; blau = afferente Nervenzellen.

polar zueinander entwickelten Bereichen des Nervensystems, nämlich dem Gehirn im oberen Menschen und dem autonomen Nervensystem im unteren, ist das jedoch nicht der Fall. Das Gehirn empfängt vorwiegend Erregungen aus den großen Sinnesorganen (Auge, Ohr usw.). Daher dominiert hier der afferente Schenkel. Im Vordergrund steht weitgehend die Sensibilität (Abb. 9 A). Im unteren Bereich ist es umgekehrt. Besonders differenziert und durch Zwischenschaltungen betont ist hier vor allem der efferente Schenkel des Leitungsbogens. Nicht die aus der Peripherie kommenden, sensiblen Erregungen beherrschen das Bild, sondern die efferenten Schaltungen und Zwischenschaltungen, wodurch – wie wir oben beschrieben haben – wahrscheinlich auch das Bewusstwerden der Organprozesse in der Peripherie verhindert wird (Abb. 9 C).

Demgegenüber werden die in den hoch differenzierten Sinnesorganen des Kopfes entstehenden Erregungen zur Grundlage unserer Welterkenntnis. Wir erleben zwar nicht die Organprozesse als solche, aber durch sie hindurch die Welt.

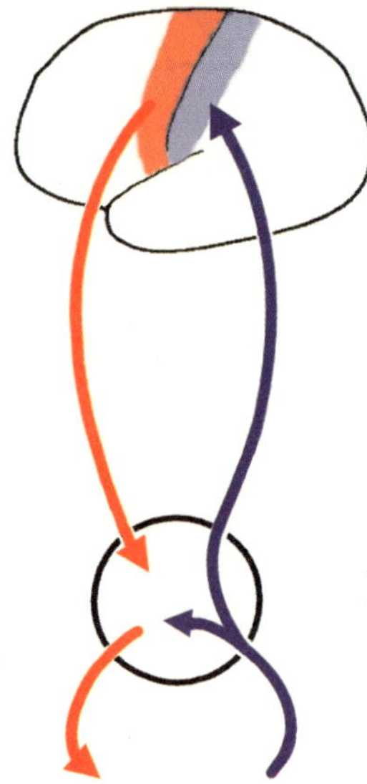

Abb. 9 D. Nervenverbindungen zwischen Großhirn und Rückenmark. Pyramidaler Leitungsbogen zur Steuerung der Willkürmotorik, bestehend aus langen Bahnverbindungen zwischen Rückenmark (RM) und Hirnrinde (C = Cortex); blau = Hinterstrangbahnen (afferent); rot = Pyramidenbahnsystem (efferent).

In der Bibel heißt es bei der Beschreibung des sog. «Sündenfalls»: «Es wurden ihnen die Augen aufgetan.» Damals begann offensichtlich allmählich die heutige Form des Wahrnehmungserlebens, wobei gleichzeitig das Wahrnehmungsvermögen für die Welt des «inneren Planetensystems», die Welt der Organe und Lebensprozesse, verloren ging. Der nachparadiesische Mensch hat damit eine gewaltige Verschiebung in der Prozessualität seines Nervensystems erlebt. Im Oberen sind die Sinnesprozesse (Afferenzen) einseitig in den Vordergrund getreten. Das Bewusstsein wurde in die Außenwelt verlagert. Im Unteren ist das Bewusstsein von den Innenweltprozessen erloschen, weil sich das autonome Nervennetz mit den dominierenden Efferenzen hemmend davor gestellt hat. Der Mythos spricht von dem schrecklichen Gorgonen- oder Medusenhaupt, das einen drohend angrinst, wenn man es doch wagt, die Schwelle nach innen bewusst zu durchschreiten.

3. Nervensystem und Sinnesorgane

Das zentrale Nervensystem, das Gehirn, das in der Schädelhöhle untergebracht ist, bildet die Grundlage für unser Wachbewusstsein. Es stellt aber auch das oberste Steuerungsorgan für unser Bewegungssystem (Gliedmaßen, Muskulatur usw.) und das vegetative Nervensystem im Bereich der Eingeweide dar.

Die Großhirnrinde (Cortex) verarbeitet die durch die Sinnesorgane einlaufenden Erregungen und bringt sie uns zum Bewusstsein.

Die Sinnesorgane des Menschen haben sich im Laufe der Evolution entscheidend verändert, wie sich ja auch die Umwelt grundlegend verändert hat. Der heutige Mensch in seiner in gewissem Sinne «verhärteten» Gestalt (man denke nur an die Urform des paradiesischen Menschen; s. S. 106) kann durch seine Sinnesorgane die Außenwelt in ihrer wahren Gestalt gar nicht mehr wahrnehmen. Nicht nur, dass jedes Sinnesorgan lediglich einen Ausschnitt aus dem Gesamtbild der Welt vermittelt, der Ausschnitt selbst wird auch noch auf das Elementare selbst reduziert. Die Sinnesorgane sind daher immer zugleich auch *Filterorgane*, die einen großen Teil der lebendigen Kräfte, die in der Welt wirken, gar nicht bis zu unserem Gehirn und damit zu unserem Bewusstsein kommen lassen, sozusagen herausfiltern. Wenn wir z.B. einem anderen Menschen gegenüberstehen, so zeigt unser Sehsystem zunächst nur ein grobes Bild von ihm, aber von der Konfiguration des Ätherleibes, der Seelen- und Geistnatur des anderen Menschen sehen wir nichts, obwohl diese Kräfte doch vorhanden sind und eigentlich auch wahrgenommen werden könnten.

Untersucht man die physiologische Arbeitsweise eines Sinnessystems, so zeigt sich, dass alles auf eine Zergliederung oder Analyse des am Anfang stehenden Gesamtbildes angelegt ist. Die Teile des Wahrnehmungsobjektes werden buchstäblich zerlegt, die «Teilinformationen» werden dann auf verschiedenen Wegen den Hirnzentren zugeleitet und dort an ganz verschiedenen Stellen in der Hirnrinde registriert. Beim Sehsystem z.B. werden Informationen über elementare Bildelemente wie Form, Farbe, Raum, Bewegung usw. zu ganz verschiedenen Rindenzentren transportiert, ohne dass in irgendeinem Bereich des Gehirns wieder eine Synthese dieser Elemente zu einem Gesamtbild, das unserem spontanen Sinneserlebnis vergleichbar wäre, zustande käme. Die erkenntnistheoretischen Konsequenzen aus diesen Tatsachen haben wir an anderer Stelle diskutiert (J.W. Rohen, 2007). Festzuhalten ist, dass jedes Sinnessystem des menschlichen Körpers auf die *Zergliederung*, ja Auflösung des wahrgenommenen Objektes angelegt ist, wobei die wahren, in der Welt wirkenden Kräfte herausgenommen werden und nicht zum Bewusstsein kommen. Der okkult Geschulte kann zwar zur Erkenntnis dieser «Hintergrundskräfte» kommen, die sich z.B. in der sog. Aura zeigen, der «normale Mensch» erlebt mit seinen verschiedenen Sinnen aber immer nur ein sehr oberflächliches, in vielen Dimensionen «ausgefiltertes» Bild der Wirklichkeit. Und das ist auch gut so! Denn nur dadurch kann der Mensch zum Erlebnis der Freiheit gelangen. In jedem Sinnesbereich muss nämlich der Mensch – in seinem gegenwärtigen Entwicklungszustand – die herausgefilterten Qualitäten aus seinem eigenen Wesen wieder hinzufügen, um damit zu realen Erkenntnissen zu kommen. Dadurch kann er die Scheinwelt, die seine Sinne produzieren, in eine wirklichkeitsgemäße Welt verwandeln und daraus schließlich durch sein Handeln in der Welt – aus Freiheit und Erkenntnis heraus – neue schöpferische Grundlagen schaffen. Wir kommen darauf noch zurück (s. S. 98ff.).

4. Die zwölf Sinne der Sinneslehre Rudolf Steiners

Der Ausschnitt aus dem Weltganzen, den die einzelnen Sinnessysteme vermitteln, ist, wie gesagt, sehr verschieden. Für einen ersten groben Überblick lassen sich ganz allgemein drei Gruppen unterscheiden, nämlich Sinnesorgane, die auf die Außenwelt, und solche, die auf die Innenwelt gerichtet sind, und schließlich Organe, die funktionell zwischen diesen beiden Bereichen anzusiedeln sind. Die Physiologie beschreibt heute außer den fünf großen Sinnesorganen (Auge, Ohr, Gleichgewichtsorgan, Geruchs- und Geschmacksorgan) eine Fülle spezifischer Rezeptorsysteme, die für die Regelung zahlreicher Lebensvorgänge (Blutdruck, Atmung, Herztätigkeit usw.) von großer Bedeutung sind. Steiner fasst diese weitgehend im Unbewussten arbeitenden Sinnessysteme unter dem Begriff «Lebenssinn» zusammen, den er den «unbestimmtesten und allgemeinsten Sinn» schlechthin nennt und der dem Menschen die Wahrnehmung, «die sich auf die eigene Leiblichkeit bezieht», vermittelt. «Durch [ihn] empfindet sich der Mensch als ein den Raum erfüllendes, leibliches Selbst» (GA 45, S. 31).

Demgegenüber sind Gehörsinn, Sehsinn, Geschmacks- und Geruchssinn ganz auf die Außenwelt gerichtet. Es gibt aber nun noch Sinnessysteme, die die aus dem Inneren kommenden Wahrnehmungen auf das Äußere beziehen und dadurch zwischen Außenwelt und Innenwelt vermitteln können. Dazu gehören z.B. Gleichgewichtssystem und Muskelsinne, die die Grundlage für die Bewegungsmöglichkeiten im dreidimensionalen Raum schaffen. Steiner nennt das, wodurch man die eigenen Bewegungen wahrnehmen kann, «Eigenbewegungssinn» oder kurz «Bewegungssinn», während die Lage- und Bewegungsänderungen im Raum vom Gleichgewichtssinn wahrgenommen werden (GA 45, S. 32).

Rudolf Steiner hat nun dieser Gruppe von Sinnen noch drei, erstmalig von ihm beschriebene, fast schon rein geistige Sinne hinzugefügt, nämlich den «Begriffssinn» (auch «Wortesinn» genannt), den «Gedankensinn» und den «Ichsinn». Durch den Begriffssinn können wir Ideen oder Begriffe – auch durch die Worthülse hindurch – in ihrer geistigen Natur erfassen. Durch den Gedankensinn gelingt dies auch ohne die Vermittlung von Worten oder Zeichen. Der Ichsinn ermöglicht die Wahrnehmung des Wesenskernes eines anderen Menschen, wenn der Wahrnehmende in der Lage ist, sein eigenes Ich vorübergehend ganz in den Hintergrund treten zu lassen (GA 293, S. 130).

Damit umfasst die Sinneslehre Rudolf Steiners *zwölf Sinne*, die sich vom Tastsinn angefangen bis zum Ichsinn in immer höherer Vollkommenheit ausbilden (Abb. 10). Diese Zwölfheit lässt sich in drei Gruppen gliedern, die Steiner auch mit den drei Seelenkräften (Denken, Fühlen, Wollen) in Zusammenhang gebracht hat (Tabelle; GA 206, S. 24).

Die sechs unteren Sinne gehören sozusagen dem «unteren Menschen», die sechs oberen (vom Sehsinn bis zum Ichsinn) dem oberen Menschen an. Wörtlich heißt es bei Steiner:

«Bei allem, was Ihr Ichsinn, Ihr Gedankensinn, Ihr Wortesinn und Ihr Gehörsinn Ihnen vermitteln, ... bekommen Sie ja im eminentesten Sinne alles dasjenige, was vorstellungsverwandt ist. In eben demselben Sinne ist alles, was Wärmesinn, Sehsinn, Geschmacks-, Geruchssinn betrifft, gefühlsverwandt ...

Oberer Mensch

Vorstellungsverwandt	1. Ichsinn	ausgesprochen äußere Sinne
	2. Gedankensinn	
	3. Wortesinn	
	4. Gehörsinn	
Gefühlsverwandt	5. Wärmesinn	äußerlich-innerliche Sinne
	6. Sehsinn	
	7. Geschmackssinn	
	8. Geruchssinn	
Willensverwandt	9. Gleichgewichtssinn	ausgesprochen innere Sinne
	10. Bewegungssinn	
	11. Lebenssinn	
	12. Tastsinn	

Unterer Mensch

Dagegen alles das, was [mit den vier anderen Sinnen] zusammenhängt und auch mit dem Tastsinn, obwohl es da schwerer zu bemerken ist, weil der Tastsinn sich ins Innere zurückzieht, alles das ist willensverwandt. Im menschlichen Leben ist eben alles miteinander verwandt und doch alles wiederum metamorphosiert.» (GA 206, S. 24).

Die Kräfte, die in den Sinnessystemen leben, sind primär ätherischer Natur. Die eben besprochenen Aspekte zeigen die Beziehungen zum Astralleib auf, der in sehr unterschiedlicher Weise in die verschiedenen Sinnesbereiche hereinwirken kann. Macht der Mensch jedoch eine okkulte Schulung durch, können sich durch die Tore der Sinnesorgane auch höhere Erkenntnisse (Imaginationen, Inspirationen und Intuitionen) erschließen, die aber dann immer in spezifischer Weise tingiert sind. Diese höhere Dimension des Sinneserlebens, die natürlich Sinnesorgan-unabhängig ist, d.h. hinter (oder über) der Organsphäre zu suchen, erreichen wir, wenn wir «mit unserem Geistig-Seelischen gewissermaßen unsere Leibesgrenze verlassen … .»

«Wenn wir also gerade durch das Auge unsere Leiblichkeit verlassen, kommen wir in jene Region hinein, wo die Imagination waltet … Dringen wir durch das Geschmacksorgan nach außen, so sind die Imaginationen tingiert, also förmlich betupft mit Materialität … . Wir bekommen etwas, was tingiert ist, was gewissermaßen im Bilde etwas wie einen letzten Rest des Materiellen enthält: wir bekommen Gespenster, richtige Gespenster … . Wenn wir aber durch den Wärmesinn nach außen gehen, bekommen wir … Imaginationen, welche seelisch wirken, welche sympathisch oder antipathisch, seelisch warm oder kalt wirken. …

Wenn wir … durch den Gehörsinn unseren Leib verlassen, dann kommen wir hinaus in die geistig-seelische Welt und erleben die Inspiration … . Wenn man durch das Organ [des Sprachsinnes] den physischen Leib mit dem Geistig-Seelischen verlässt, so tingiert sich die Inspiration mit innerlichem Erleben, mit dem Sich-Eins-Fühlen mit dem fremden Wesen.

Wenn wir durch den Gedankensinn unseren Leib verlassen, dann dringen wir in das Gebiet der Intuitionen», die beim Ichsinn dann mit dem «Wesenhaften der geistigen Außenwelt» tingiert sind (GA 199, S. 50ff.).

1. Ichsinn	Intuitionen, tingiert mit Wesenhaftem
2. Gedankensinn	Intuitionen
3. Wortesinn	Inspirationen, tingiert mit innerlichem Erleben
4. Hörsinn	Inspiration
5. Wärmesinn	Imaginationen, tingiert mit seelisch Affizierendem
6. Sehsinn	Imaginationen
7. Geschmackssinn	Imaginationen, tingiert mit Materialität
8. Geruchssinn	Mystisches Einssein mit Gott
9. Tastsinn	Durchdrungensein mit dem Gottgefühl
10. Gleichgewichtssinn	Innere Ruhe, sich als Geist fühlen
11. Bewegungssinn	Empfindung des eigenen freien Seelischen
12. Lebenssinn	Behaglichkeit

(nach R. Steiner, GA 199, S. 48–56)

Bei den fünf unteren Sinnen «deren Tätigkeit weitgehend (nicht vollständig) unbewusst oder unterbewusst verläuft, liegen die Dinge ganz anders (Abb. 10). Wenn das, «was da unten in der Körperlichkeit wühlt», in unser Seelisches hereinstrahlt und bewusst wird, entstehen in diesen Sinnesbereichen auch charakteristische, tief beeindruckende Erlebnisse, so z.B. beim Bewegungssinn ein beglückendes «Freiheitsgefühl» und beim Gleichgewichtssinn

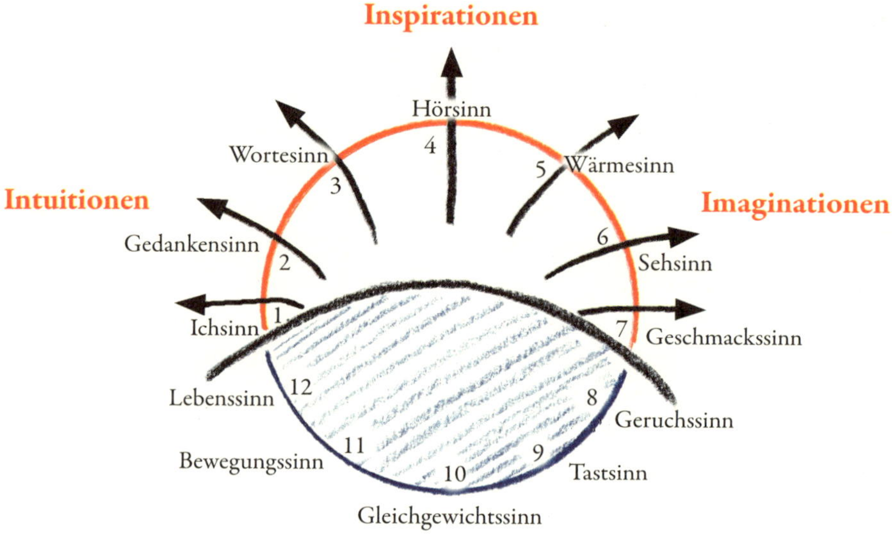

Abb. 10. Übersicht über die 12 Sinnessysteme des Menschen und ihre Beziehungen zu den übersinnlichen Erkenntnisfähigkeiten.

ein Gefühl des «Unabhängigseins von der Körperlichkeit» – ein «Sich-als-Geist-Fühlen». Beim Tastsinn projizieren wir die Erlebnisse normalerweise in den äußeren Raum, obwohl es sich eigentlich um innere Erlebnisse, die aber ganz im Unbewussten bleiben, handelt.

«Aber dasjenige, was da in das Innere hineinstrahlt, ist nichts anderes als das Durchdrungensein mit dem Gottgefühl ... . Was da im Tastsinn sich als Rauheit und Glätte, Härte und Weichheit erfühlt, das ist das nach außen Strahlende; was sich zurückschlägt in der Seelenerscheinung, das ist das Durchdrungensein mit der allgemeinen Weltsubstanzialität, das Durchdrungensein mit dem Sein als solchem. Wir konstatieren das Sein der äußeren Welt gerade durch den Tastsinn. Wir glauben noch nicht, wenn wir irgendetwas sehen, dass es auch im Raume vorhanden ist; wir überzeugen uns, dass es im Raume vorhanden ist, wenn der Tastsinn es ertasten kann. Dasjenige, was alle Dinge durchdringt, was auch in uns hereindringt, was Sie alle hält und trägt, diese alles durchdringende Gottsubstanz kommt ins Bewusstsein und ist, nach innen reflektiert, das Erlebnis des Tastsinnes.» ... Die Wirkung des Geruchssinnes nach innen schließlich wird, wenn sie den Menschen ergreift, zu einem Gefühl des «mystischen Einsseins mit Gott» (GA 199, S. 55/56).

Aus diesen okkulten Forschungsergebnissen wird die erschütternde Tiefe der geistigen Dimensionen erlebbar, die hinter der scheinbar so oberflächlichen Welt der Sinne auftauchen kann, wenn man in die geistige Welt durch die Tore der Sinnesorgane hindurch vordringt. Natürlich gibt es auch andere Wege, in die geistige Welt zu gelangen. Hier ist jedoch nicht der Ort, diese zu beschreiben.

5. *Sinneswelt und Organismus*

Wenn uns die Sinnesprozesse zum Bewusstsein kommen, ist das Seelisch-Geistige des Menschen (Astralleib, Ich) daran beteiligt. In den Sinnesorganen laufen aber auch rein ätherische Prozesse ab, die mit solchen des Organismus in Verbindung stehen, ja diese beeinflussen und verändern können. Eine besonders enge Beziehung zwischen Ätherleib und physischem Leib besteht beim Sehen und Schmecken. Nach Steiner kann man das Sehen auch «ein metamorphosiertes Schmecken nennen» (GA 312, S. 165). Der Geschmacksvorgang beruht ja darauf, dass die physische Stofflichkeit verflüssigt und aufgelöst wird und die Lebenskräfte dann in einer Art Gegenprozess die Substanznatur des Aufgelösten wahrnehmen. Dieses Gegeneinander der Prozesse findet auch beim Sehen statt, allerdings nicht im Flüssigen, sondern im Lichtraum.

Verfolgt man die Metamorphose des Geschmacksvorganges weiter nach unten, kommt man zur Verdauung. Steiner sagt: «Sie kommen zu einem wirklichen, innerlichen Verstehen der Verdauung nur, wenn Sie sich auf der einen Seite das Sehen als eine metamorphosierte Fortsetzung des Schmeckens vorstellen, auf der anderen Seite die Verdauung als metamorphosierte Fortsetzung des Schmeckens, aber so, dass Sie die Verdauung in ihrem vollen polarischen Gegensatz zu dem veräußerlichten Sehen aufzufassen vermögen, denn das veräußerlichte Sehen führt Sie gerade darauf hin, zu erkennen, was in der Außenwelt dieser Verdauung entspricht, von was die Verdauung organisch eine Verinnerlichung ist. Auf der anderen Seite werden Sie gewahr, wie der Verdauungsvorgang verwandt gedacht werden muss dem Schmeckvorgang. Sie können einfach die intimen Wirksamkeiten im menschlichen Organismus, insofern sie auf den Verdauungsprozess hin lokalisiert sind, gar nicht verstehen, wenn Sie sich nicht den gesamten Verdauungsprozess so vorstellen, dass das gute Verdauen auf einer Fähigkeit beruht, die gewissermaßen mit dem ganzen Verdauungstrakt zu schmecken versteht, dass das schlechte Verdauen gewissermaßen auf der Unfähigkeit beruht, mit dem ganzen Verdauungsapparat zu schmecken» (GA 312, S. 166/167).

Diese innerliche Auseinandersetzung des Ätherischen mit dem Physischen, die im Sehvorgang zur Bildwahrnehmung führt, kann im Gehirn noch eine höhere Metamorphosenstufe erreichen. Das Sehen wird im Gehirnbereich zum Denken, aber nicht zum synthetischen, sondern zum analytischen Denken, während das zusammenfassende, synthetische Denken eine Metamorphose des Riechvorganges darstellt (GA 312, S. 168). Im Riechen basiert die Wahrnehmung auf einer Verinnerlichung der Geruchsstoffe, die im Gegensatz zum Seh- und Geschmacksorgan an der Grenze von Äther- und Astralleib stattfindet. Wenn diese Verinnerlichungsprozesse sich in den unteren Menschen fortsetzen und das Herz als Umkehrpunkt passiert haben, kommt es einerseits zur Blut- und Lymphbildung, andererseits zu Ausscheidungsvorgängen (GA 312, S. 169/170).

Beim Sehen und Schmecken liegt immer ein Gegeneinander der involvierten Prozesse vor, was auch die becherförmige Organgestalt erklärt; beim Riechsystem, das sich gehirnwärts in das spiralig gebogene limbische System fortsetzt, spielt – wie beim Hören auch – das Ineinander der Vorgänge die Hauptrolle, wofür die Spirale das Urbild ist!

Das *Gehörorgan* zeigt mit der 2 ½ mal gewundenen Schnecke (Cochlea) schon äußerlich die Wesensstruktur des In- und Miteinander der akustischen Wahrnehmungsprozesse, die keineswegs nur im Innenohr und Gehirn ablaufen, sondern immer den ganzen Menschen erfassen.

Der Ton (als lebendiges und beseeltes Wesen aufgefasst) erreicht mithilfe der Luftschwingungen über das Trommelfell und die Gehörknöchelchenbrücke des Mittelohres das Innenohr. Hier werden die Luftschwingungen (sozusagen das Physische des Tonerlebens) in Flüssigkeitsbewegungen transformiert, die vom Nervensystem registriert werden. Damit klingt das «Physische» des Hörvorganges – in seine Elemente zerlegt – gewissermaßen aus und muss jetzt mit Hilfe des Nervensystems geistig-seelisch wieder belebt werden. Diesen Prozess beschreibt Steiner, indem er das Gehörorgan als dasjenige Organ bezeichnet, das zuerst «das Luftartige vom Ton absondert, sodass wir den Ton ... eigentlich empfangen als Resonanz, als Reflexion ... [sodass] dann der Ton, indem wir ihn hören, im Ätherelemente lebt.» Für das musikalische Erlebnis hat nun nicht nur das Nervensystem (auditive Abschnitte des Nervensystems), sondern vor allem das Bewegungssystem (Gliedmaßen, Muskeln usw.) eine «ungeheuer große Bedeutung». Das musikalische Erlebnis ist immer ein Erlebnis des ganzen Menschen (GA 283, S. 122).

Aus dieser starken Verinnerlichungstendenz, die der Hörwahrnehmung zugrunde liegt und die bis ins Innere des Organismus hineinreicht, lässt sich vielleicht auch die sonst bei keinem Sinnesorgan auftretende Tendenz zur Tumorbildung verstehen, auf die Steiner erstmalig hingewiesen hat (GA 312, S. 273).

Wenn nach der Geburt bei der erstmaligen Durchlüftung des Innenohres (Pneumatisation) geschwulstartige Wachstumstendenzen bei den Zellen der Knochenmarksräume des Felsenbeins und des Warzenfortsatzes auftreten, lässt sich vielleicht auch verstehen, wenn Steiner erwähnt, dass die starke Verinnerlichungstendenz, die der Hörwahrnehmung zugrunde liegt, wenn sie innerhalb des Organismus gewissermaßen unkontrolliert wuchert und «weiterläuft», auch zu Geschwulstbildungen führen kann.

Demgegenüber liegt dem Sehvorgang ein ganz anderer Funktionsprozess zugrunde.

Das primäre Geschehen bei der *Sehwahrnehmung* ist ja, wie dargestellt, die Begegnung der im Auge frei werdenden ätherischen Kräfte mit den aus der physischen Welt stammenden, durch das Licht vermittelten Gestaltungen. Man darf annehmen, dass die ungewöhnlich hohe Durchblutung der Aderhaut nicht primär der Ernährung der angrenzenden Netzhaut dient (nur 5–8 % des hier durchströmenden Sauerstoffs werden der Aderhaut von der Netzhaut entzogen), sondern der Loslösung der ätherischen Kräfte aus dem Blut, die dann aus dem Auge ausströmen und zur Bilderfassung in der Außenwelt beitragen. Die Sehwahrnehmung ist in erster Linie ein ätherisches, die Gehörwahrnehmung ein astralisches Geschehen.

Das visuelle Wahrnehmen besteht immer in einem Formen oder Festhalten eines konkreten Bildes aus einem flutenden, ätherischen Lichtraum heraus. Wir halten das Bild gewissermaßen immer von uns weg – stellen uns ihm gegenüber und erfassen es nicht in seinem Werdeprozess, sondern erst, nachdem es schon in eine Form geronnen ist (d.h. durch uns fixiert worden ist).

Aus diesem Gegeneinander der Prozesse lässt sich vielleicht auch verstehen, warum Steiner den Sehvorgang mit einem «gezähmten» oder prozessual strukturierten «Entzündungsvorgang» vergleicht (s.a. J. W. Rohen, 2007).

Demgegenüber liegt dem Hörvorgang ein polar andersartiger Prozess zugrunde. Wir entkleiden den Ton seiner ätherischen Hülle und nehmen ihn in seiner ganzen inneren Fülle als geistige (astralische) Entität in uns hinein, um ihn dann vorsichtig von innen heraus wiederzubeleben und in diesem Auswickeln des spiralig Eingewickelten oder Eingesaugten das Wesen dessen zu erkennen, was im Ton oder Wort inhaltlich gelebt hat. Es ist wie ein inneres Abtasten – ein Sich-Leermachen, ein Lauschen und Aufnehmen, um dann im Nachvollziehen das Erlebte wesenhaft zu erkennen und gegebenenfalls auch zu erinnern.

Erinnern der Sinneserlebnisse ist nicht nur ein Prozess des zentralen Nervensystems. Erinnerungsvorstellungen werden nach Steiner immer aus dem Ätherleib des gesamten Menschen heraufgeholt. Für das Bewusstwerden – auch das Festhalten der Erinnerungen – ist das Gehirn notwendig, für das «Heraufholen» der Erinnerungsbilder aus dem Ätherleib selbst bedarf es aber anderer Organe und Kräfte, die Rudolf Steiner mit dem Blut und den endokrinen Organen (vor allem der Hypophyse) in Zusammenhang gebracht hat. Das Epiphysen-Hypophysen-System ist nach Steiner der entscheidende Organkomplex für die Erinnerungsfähigkeit und das Gedächtnis, das in gewissem Sinne die letzte Krönung des gesamten Sinnerlebens des Menschen darstellt.

6. Gedächtnis und Erinnerungsvermögen. Das Epiphysen-Hypophysen-System

Das Gehirn ist nicht der Ort, wo Seelenleben entsteht, sondern nur ein Werkzeug für die Bildung von Bewusstsein. Zwar basieren Denken und Vorstellen auf Gehirnprozessen. Fühlen und Wollen aber sind Seelenkräfte, die noch andere Voraussetzungen haben. Auch das Gedächtnis beruht nicht ausschließlich auf Prozessen im Gehirn selbst. Es ist eine Fähigkeit des ganzen

Menschen. Das Gedächtnis, das in dieser Form ja nur beim Menschen existiert, besteht im Grunde aus drei verschiedenen Prozessen, nämlich dem Vorstellen, dem Vergessen und dem Erinnern. Zuerst muss die Sinneswahrnehmung (Bild, Wort, Ton usw.) klar erfasst und in einer Vorstellung fixiert werden. Dann aber wird diese ins Unbewusste verdrängt und vergessen – modern ausgedrückt: «gespeichert» –, aber wo und wie läuft dies ab? Nietzsche betonte einmal, das Vergessen sei ein Segen für die Menschheit, denn nur dadurch, dass Altes vergessen wird, kann Neues entstehen. Vorstellungen und Gefühle leben im Astralleib, können aber dort nicht gespeichert werden. Dazu müssen sie nach Steiner in den Ätherleib eingeprägt werden. Erinnern bedeutet daher das Wiederbeleben oder Heraufholen von im Ätherleib eingeprägten Bildern oder Zeichen. Das ist letztlich ein Willensakt, der oft von mehr oder weniger starken Gefühlen begleitet ist. Wer weiß nicht, dass man sich an eine Gefahrensituation, bei der man sich vielleicht in Lebensgefahr befunden hat, bis in alle Einzelheiten haargenau erinnert; jeder Gegenstand, jede Kleinigkeit hat sich bis ins Detail dem Gedächtnis eingeprägt und wird wieder erinnert. Auch Verliebte erleben – vielleicht zum ersten Mal allein – alles viel farbiger, intensiver, genauer und können sich in späteren Jahren oft noch an die erstaunlichsten Einzelheiten erinnern. Das Gefühl unterstützt also den Willensakt der Erinnerung sehr wirkungsvoll.

Nach heutigen Kenntnissen ist das limbische System, das ja auch mit der Welt des Emotionalen zu tun hat, stark an der Gedächtnisbildung beteiligt. Steiner hat diese Vorgänge aufgrund okkulter Beobachtungen sehr detailliert beschrieben (z.B. in GA 128). Danach strahlt vom Herzen über die Blutbahnen ein mächtiger Ätherstrom zum Kopf hinauf, der sich dann in der Epiphysenregion konzentriert. Die Epiphyse, die auch als ein Teil des limbischen Systems (Epithalamus) angesehen werden kann, hat über den Hypothalamus auch Verbindungen mit dem Hypophysensystem. Im Bereich der Hypophyse endet nun nach Steiner ein zweiter Ätherstrom, der, aus der unteren Brustregion kommend, offenbar mehr den Lymphwegen folgt. Diese beiden Strömungen prallen im Zwischenhirnbereich aufeinander, sodass hier eine «gewaltige Spannung der Ätherkräfte» (GA 128, S. 86) entsteht, deren Entladung (vergleichbar den Entladungen «der Elektrizität») dann die Imprägnation einer Gedächtnisvorstellung in den Ätherleib bzw. umgekehrt, die Wiedererweckung einer Erinnerungsvorstellung aus dem Ätherleib, bewirkt (Anhang 4).

In der *Epiphyse* konzentrieren sich offenbar die Formkräfte, in der Hypophyse die Blutkräfte. Beide Strömungen prallen hier auf engem Raum aufeinander. Wenn der «Funke» dann überspringt, ist der Prägungs- bzw. Speicherungsvorgang vollzogen.

Die *Hypophyse* ist das oberste Zentrum des gesamten Hormonsystems des Körpers. Zusammen mit dem Hypothalamus bildet sie gewissermaßen den Kopf des endokrinen Systems, wo die zentralen Steuerungen und Regulationen ablaufen. Die Hypophyse liegt auf der Schädelbasis in einer knöchernen Schale, dem sog. Türkensattel, und ist von einem ausgedehnten Venengeflecht (Sinus cavernosus) umgeben. Man kann sich gut vorstellen, dass hier aus dem Blut Kräfte frei werden, die dann vom Gegenpol der Epiphyse ergriffen und geformt werden (Abb. 11).

Hier drängt sich das mythische Bild der Gralschale auf, die das reine Opfer der Seele nach oben trägt und dann von oben, aus dem Geistigen heraus, mit nährender Substanz gefüllt wird. Wir kommen darauf noch zurück.

Wachen und Schlafen sind prozessual ähnliche Vorgänge wie Vergessen und Erinnern. An jedem Morgen müssen wir uns – aufwachend – an das Gestrige erinnern, um den Tag bestehen zu können. Interessanterweise wird der Schlaf-Wachrhythmus auch vom Epiphysen-Hypophysensystem geregelt. Die Epiphyse bildet ein Hormon, das Melatonin, das für den Zirkadianrhythmus eine große Rolle spielt. Die Koordination dieser endogenen Rhythmen mit dem Sonnenrhythmus erfolgt hauptsächlich über das Auge und die Sehbahn, die auch Nervenfasern an den Hypothalamus abgibt.

Descartes betrachtete die Epiphyse als den Sitz der Seele. Hier lag sicher ein instinktives Gefühl dafür vor, dass in diesem Gebiet des Gehirns noch Geheimnisse ruhen, die tiefer mit dem Menschenwesen zusammenhängen, als wir ahnen.

Im Dach des Zwischenhirns, da, wo sich beim Menschen die Zirbeldrüse (Epiphyse) entwickelt, bilden sich bei verschiedenen Wirbeltieren augenartige Licht- oder Infrarot-Sinnesorgane aus (Paraphyse usw.), die embryonal beim Menschen z.T. auch noch angelegt werden, aber dann verkümmern. Es ist gut denkbar, dass das, was Rudolf Steiner als «originäres Licht» bezeichnet hat, das nur beim Menschen, der über Gedächtnis und Denkfähigkeit verfügt, auftritt, im Gebiet von Epi- und Hypothalamus ein besonderes Zentrum besitzt. Stoßen doch hier die im Gehirn lebenden Formkräfte des Nervensystems und die im Blut- und Stoffwechsel wirkenden,

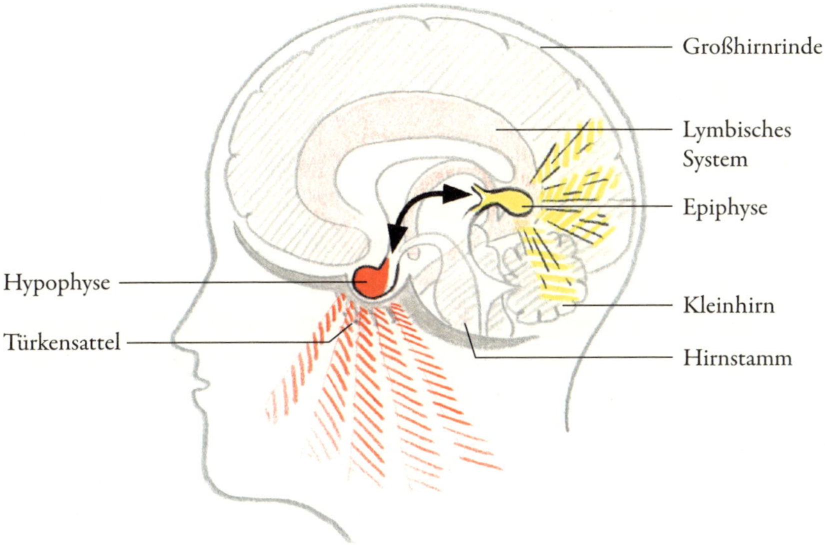

Abb. 11. Bewusstseinsrelevante Dreigliederung des Gehirns mit Darstellung des Epiphysen-Hypophysensystems.

durch die Hormondrüsen geregelten Substanzkräfte des unteren Menschen auf engstem Raum zusammen. Hier ist die Grenzfläche bzw. das Tor zwischen dem «Oberen» und dem «Unteren», zwischen dem Ätherischen des Stoffbereiches und dem Ätherischen des Form- oder Informationsbereiches, das einmal von oben durch Ich und Astralleib geformt, einmal von unten durch Ich und Astralleib aus der Substanzwelt befeuert wird. Hier mögen ähnliche Vorgänge ablaufen wie beim Einschlafen oder Aufwachen. Lösen sich doch nach Steiner beim Einschlafen Astralleib und Ich aus dem oberen Menschen heraus und ermöglichen es dadurch den im unteren (Substanz-) Bereich wirkenden astralen und Ich-Kräften, über die Blut- und Ätherströme den Organismus zu regenerieren. Diese Kräfte erinnern sich gewissermaßen daran, wie die Strukturen vorher ausgesehen haben, und können dadurch die alte Form der Organe und Gewebe wiederherstellen, sodass man am Morgen wie neugeboren wieder aufwacht.

Hier liegt das Gralsgeheimnis verborgen, das die Menschheit aber erst noch entdecken muss.

7. Nervensystem und Bewusstsein

Es ist heute unbestritten, dass die Großhirnrinde (Cortex) die morphologische Basis für unser Wachbewusstsein darstellt. Schwieriger ist die Frage nach der Bedeutung der tiefer gelegenen Kerngebiete für unser Bewusstsein.

Rudolf Steiner hat von seinen okkulten Beobachtungen ausgehend, geschildert, wie unter der Großhirnrinde «ein für die äußere Wahrnehmung unsichtbares geheimnisvolles Rückenmark liegt ... Aber weil es eingepresst ist in das Gehirn, führt es nicht zu Handlungen, sondern zu bloßen Bildern», die z.B. im Traum – oft in chaotischer Weise – erlebt werden. «So hätten wir auch aus diesem eigentümlichen, sonderbaren chaotischen Leben heraus, das wir im Traume führen, Hinweise darauf, dass unserem Werkzeug des wachen Tageslebens, als welches wir mit Recht unser Gehirn betrachten, ein geheimnisvolles Organ zugrunde liegt, das vielleicht eine ältere Bildung ist, aus der es sich herausentwickelt hat» (GA 128, S.24).

Dieser im Inneren des Gehirns eingeschlossene «rückenmarkartige», archaische Hirnteil, dessen Arbeitsweise zwanghaft, reflektorisch, aber unbewusst oder halbbewusst und vom Ich nicht steuerbar, sondern nur in «chaotischen Bildern» erlebbar ist, könnte vielleicht das limbische System sein, das zur Zeit Steiners in seiner funktionellen Bedeutung noch nicht vollständig erforscht war. Dieses System ist in der Tat das Althirn (Archaeocortex), dessen Bedeutung heute vor allem in der emotionalen Tingierung der Sinneserlebnisse, der seelischen Begleitphänomene bei Handlungen und vegetativen Reflexen gesehen wird (vgl. E.R. Kandel, 1996). Hier liegen auch die physiologischen Grundlagen der Erinnerungsfähigkeit des Menschen, vor allem auch der damit zusammenhängenden emotionalen Komponenten. Bei Tieren können vom limbischen System auch Aggressivität, Wutanfälle, Hypersexualität oder Stupor ausgelöst werden. Es handelt sich um einen tief im Inneren sitzenden Bereich unserer Persönlichkeit, der schwer oder gar nicht direkt zu kontrollieren ist. Manche Forscher sehen im limbischen System auch die Basis für die Tiefenpersönlichkeit, d.h. den eigentlichen Wesenskern des Menschen, der nur durch die Aktivitäten der Hirnrinde wie mit einem oberflächlichen, dünnen Wachheitsmantel zugedeckt würde. Im limbischen System hat man neuerdings auch Regenerationsprozesse bei den Nervenzellsystemen entdeckt. Hier ist die Hirnrinde noch nicht so erstarrt wie in der Großhirnrinde. Die Prozesse des limbischen Systems bleiben weitgehend im Unbewussten, nur ab und zu kommen sie in Form von Emotionen, Aggressionen oder Unlustgefühlen aus der Tiefe an die Oberfläche. Hier liegt offensichtlich auch das Tor zum Gedächtnis und Erinnerungsvermögen. Zerstörungen in bestimmten Regionen des limbischen Systems können mit einem Verlust des Kurzzeitgedächtnisses einhergehen. Worauf letztlich das Langzeitgedächtnis beruht, weiß man noch nicht. Sicher ist es falsch, die Lösung dieser Problematik nur in der Funktion von Nervenzellen zu suchen.

Das limbische System hat aber auch Beziehungen zum vegetativen Nervensystem des Körpers, das im Hypothalamus mit Hypophyse und im weiteren Sinne auch mit Epiphyse und Teilen des Zwischenhirns seine obersten Steuerungszentren besitzt.

Zwischen der Großhirnrinde, die uns die Erregungen aus den Sinnesorganen zum Bewusstsein bringt und dem limbischen System liegt aber noch ein großer Funktionsbereich, der vor allem mit der Steuerung der Körpermotorik zu tun hat. Dies sind die sog. subkortikalen Kerngebiete, die unter der Hirnrinde liegen und funktionell mit den sensomotorischen Systemen des Rückenmarks in Verbindung stehen. Wir können Körperbewegungen bewusst und zielgerecht ausführen. Reflektorische Bewegungen laufen aber in der Regel automatisch ab. Sportler, die ihre Bewegungsformen oft jahrelang eingeübt haben, denken nicht mehr über Einzelheiten ihrer Bewegungen nach. Das Bewusstsein über die vielfältigen Bewegungsmöglichkeiten des Menschen ist also abgestuft und reicht vom Vollbewusstsein bis zum Unbewusst-Reflektorischen.

8. Nervensystem und Krankheitsprozesse

Wir haben gesehen, dass die Grundgliederung des Nervensystems dreigliedrig ist. Das oberste Steuerungsorgan ist das Gehirn, das im knöchernen Schädel untergebracht ist und die Grundlage für unser Wachbewusstsein darstellt. Das Rückenmark mit seinen Spinalnerven stellt ein rhythmisch gegliedertes Funktionssystem dar, das hauptsächlich für Atem- und Körperbewegungen da ist. In den Körperhöhlen, wo die großen Organe unseres Stoffwechselsystems untergebracht sind, befindet sich das vegetative Nervensystem, das die Lebensprozesse dieser Organe steuert und harmonisiert.

Rudolf Steiner hat nun diese Dreigliederung des Nervensystems auch mit den Wesensgliedern des Menschen in Zusammenhang gebracht und die okkult-physiologische Darstellung in das Gebiet der Psychiatrie erweitert. Danach ist es vor allem das Ich, das «als bildsame Kraft durch das Sonnengeflecht», oder besser gesagt, das autonome Gangliensystem, in die ganze Organisation des Menschen eingreift. Wörtlich heißt es: «... Das Ich greift durch das Gangliensystem, das ja auch die ganze Zirkulation des Blutes mitbedingt, in die Bildungskräfte und in die ganzen Lebensverhältnisse des Organismus ein.» (GA 174, S.127).

«In normal gesundem Zustand lebt dieses Ich wie gefesselt im Sonnengeflecht.» Dadurch wird verhindert, dass das Ich, das durch die luziferische Verführung im Paradies den Impuls zum Egoismus und zur Überheblichkeit eingepflanzt bekommen hat, nicht «zu tückisch und lügenhaft» wird, sondern «an die Unterleibsorgane gefesselt» bleibt.

Werden die inneren Organe jedoch krank und diese Fesseln gelöst, können Geisteskrankheiten auftreten, die Steiner als Somnambulismus oder paranoische Wahnzustände charakterisiert hat (Anhang 3).

Im mittleren Bereich des Nervensystems, also im «Rückenmarksnervensystem», liegen die Verhältnisse etwas anders. Hier dominieren die reflektorischen Prozesse. Im Krankheitsfall treten hier psychische Störungen bis zu Wahnideen auf. Dies sind dann aber, wie Steiner es formuliert, mehr «manieartige Zustände, Melancholie, Hypochondrie, aber auch Ideenflüchtigkeit, diskontinuierliche Logik, Weltflüchtigkeit» usw. (GA 174, S.133).

Im Kopfbereich, d.h. im Bereich des zentralen Nervensystems, ist es nun vor allem der Ätherleib, der hier gefesselt ist und seinen Angriffspunkt hat. «In unserem Haupte ist der Kerker für unseren ätherischen Leib.» Steiner sagt:

«Der Ätherleib hat, wenn er (z.B. durch Krankheitsprozesse) befreit wird, vorzugsweise ahrimanische Eigenschaften. Es werden sich in diesem Falle Neid, Missgunst, Geiz und dergleichen, mehr in krankhafter Weise gesteigert, ausleben; aber das alles im Zusammenhang mit einer Art Sich-Ausleben in der Umgebung, mit einem Aufgehen in der Umgebung.» Der im Kopf befreite Ätherleib hat sozusagen die Tendenz, «sich zu vervielfältigen, dadurch sich selbst fremd zu werden, gewissermaßen überzugehen in die Welt, in anderes sich hineinzuleben» (GA 174, S.134/135).

Eine Krankheitslehre (Psychiatrie), die auf diesen Funktionsprozessen im Zusammenhang mit der anfangs dargestellten funktionellen Dreigliederung des Nervensystems beruht, müsste aber erst noch entwickelt werden. Sie würde sicher auch therapeutische Ansätze erschließen.

V. Kreislaufsystem und Herz

Das Nervensystem geht entwicklungsgeschichtlich aus der äußeren Körperbedeckung, dem äußeren Keimepithel (Ektoderm) hervor und behält, auch wenn es später im Inneren des Körpers liegt, zeitlebens seine oberflächenartige (epitheliale) Struktur bei. Es ist, grob vereinfacht, ein Stück Haut, das die Struktur der Umwelt widerspiegeln und bewusst machen kann. Ähnlich, doch polar umgekehrt, geht das Darmrohr mit seinen Anhangsdrüsen (Leber usw.) aus dem inneren Keimblatt (Entoderm) hervor und bildet ebenfalls eine – wenn auch primär innere – Oberflächenstruktur (Epithel) aus, die eine Grenze zwischen Außen- und Innenwelt darstellt. Auch hier werden die Elemente der Außenwelt abgebildet (verdaut), aber nicht informativ, sondern substanziell.

Zwischen diesen beiden Polen und ihren oberflächenartigen Grenzflächen befindet sich das eigentliche Körpergewebe, das embryonal aus dem mittleren Keimblatt (Mesoderm) hervorgeht. Dies ist dasjenige Gewebe, das den Körper zu einem räumlichen Gebilde macht, seine Masse ausmacht und Knochen, Muskeln, Blut, Gefäße usw. aus sich hervorgehen lässt, also letztlich diejenigen Elemente, die das Körpergewicht bestimmen. Knochen und Muskeln ermöglichen dem Menschen Bewegungen im dreidimensionalen Raum, d.h. das äußerliche Ergreifen des Raumes; das Blutgefäßsystem dagegen füllt den Innenraum des Körpers aus und liefert die Voraussetzungen für die Körperbewegungen und die erforderlichen Energieumsätze.

Das embryonale Bindegewebe verfestigt sich im Knochensystem zu einem stark mineralisierten Gewebe, das dem Körper seine äußere Form gibt, lässt aber in seinem Inneren zugleich einen Raum frei für das Knochenmark, in dem Blut gebildet wird, d.h. dasjenige Gewebe, das am wenigsten verfestigt ist und den ganzen Körper mit seinem lebenspendenden «Atem» durchzieht. Im Knochen, vor allem in den langen Röhrenknochen, liegen also auf engstem Raum nebeneinander: einmal Gewebe (eben Knochen), die eine maximale Verhärtung und Formerstarrung aufweisen, sodass das Schwerefeld der Erde darauf einwirken kann, zum anderen maximal undifferenzierte Gewebe, die eine extrem hohe Regenerationskraft und Lebendigkeit besitzen und Blut bilden, das den Innenraum des Körpers durchströmt und dabei den äußeren Raumkräften weitgehend enthoben ist. Da der Erwachsene nur 4–6 l Blut hat und die roten Blutkörperchen nur eine Lebensdauer von 100–120 Tagen besitzen, müssen im Knochenmark pro Minute 150 x 10^6 neue Blutkörperchen gebildet werden (Gesamtzahl 25 x 10^{12}). Man sieht, wie gewaltig die regenerativen Kräfte in diesem Gewebe eigentlich sind (J. W. Rohen u. E. Lütjen-Drecoll, 2006).

Aber auch der Knochen ist kein völlig abgestorbenes Gewebe, sondern in gewissen Grenzen durchaus anpassungs- und regenerationsfähig. Zudem ist der Knochen das große Mineraldepot des Organismus, das bei Bedarf jederzeit von den Knochenzellen mobilisiert werden kann.

Das embryonale Bindegewebe (Mesenchym), das aus dem mittleren Keimblatt hervorgeht, bildet Knochen und Bewegungsorgane, aber auch das Blutgefäßsystem. Es schafft damit die wichtigsten Strukturen des mittleren oder rhythmischen Systems, das zwischen dem oberen (Nerven-) und unteren (Stoffwechsel-) System des menschlichen Organismus eingeschaltet ist. Die von oben einwirkenden Kräfte sind formbildend und verfestigend, die von unten kommenden Kräfte wirken verlebendigend, aufbauend und regenerierend. Zwischen beiden Polen lebt das rhythmische System als das verbindende und harmonisierende Element. Es besteht vor allem aus dem Herz-Kreislaufsystem und den Atmungsorganen, deren Funktionsrhythmen auch untereinander koordiniert sind, meist im Verhältnis 4 : 1 (G. Hildebrandt, 1994). Während das Atmungssystem – wie dargestellt – den Raum eigentlich wegnimmt und den Organismus innerlich den Atemgasen öffnet, wodurch wir im wahrsten Sinne des Wortes erst Erdenbürger werden, ergreift das Blut-Kreislaufsystem den Raum selbst und setzt sich damit auseinander. Durch den Bewegungsapparat (Knochen, Muskeln) können wir uns im Raum bewegen, durch das Gefäßsystem erschließen wir uns den eigenen Innenraum. Wenn man bedenkt, dass die Zahl der feinsten Blutgefäße, der sog. Haargefäße oder Kapillaren, die sich im gesamten Organismus ausbreiten und letztlich alle Organe und Gewebe versorgen, rund 8–10 Milliarden beträgt, mit einer kapillaren Gesamtoberfläche von etwa 300 m^2, dann versteht man, wie groß der Anteil des Blutgefäßsystems an der raumausfüllenden Körperlichkeit des Menschen eigentlich ist. Wenn man die Hohlräume des gesamten Gefäßsystems mit Kunststoff füllen und anschließend alles übrige Gewebe wegnehmen würde, würde ein so dichtes Netzwerk von Gefäßen entstehen, dass der Körper in seiner äußeren Gestalt mit all seinen Organen durchaus noch erkennbar wäre.

Es ergibt sich jetzt die Frage, wie der menschliche Körper mit seinem Blutgefäßsystem und dem im Zentrum pulsierenden Herzen in die Dimensionalität des Raumes eingegliedert ist. Wie wird der Raum eigentlich vom Körper ergriffen?

1. Dimensionen des Raumes

Gehen wir zunächst vom Seelischen aus, so zeigt schon eine oberflächliche Betrachtung, dass wir die Dimensionalität des Raumes in jedem der drei elementaren Seelenbereiche (Denken, Fühlen, Wollen) unterschiedlich erleben. Die Dreidimensionalität wird eigentlich nur durch den Willen voll erfasst. Das Fühlen ist im Grunde immer zweidimensional, und im Denken geht das Erleben schon fast aus dem Raume heraus, es wird eindimensional. Steiner formulierte das einmal so:

«Der Wille gestaltet sich dreidimensional, das Fühlen zweidimensional und das Denken eindimensional» (GA 213, S. 18).

Im Fühlen sind wir meist schon aus der konkreten, räumlichen Welt etwas herausgetreten. Wir erleben die Vorgänge wie in einem Spiegel, dessen Bilder uns Freude, Schrecken oder Interesse einflößen. Im Vorstellen kann der Raum auch ganz verschwinden. Hier sind wir gegebenenfalls nur mit uns selbst und den (zeit- und raumlosen) Ideen beschäftigt.

Eine eingehende Darstellung der Qualitäten des Raumes im Verhältnis zu den Wesensgliedern des Menschen hat Rudolf Steiner auch in seinem unvollendet gebliebenen Buch *Anthroposophie* (GA 45) gegeben. Wir wollen hier zunächst aber nur die gestaltlichen Prinzipien des menschlichen Organismus, wie sie sich in den drei Dimensionen des Raumes zeigen, besprechen.

Betrachten wir die Körperlichkeit des Menschen als solche, so kann man schon auf den ersten Blick erkennen, dass der Mensch vor allem im *Knochensystem* in jeder der drei Raumdimensionen ein anderes Gestaltungsprinzip

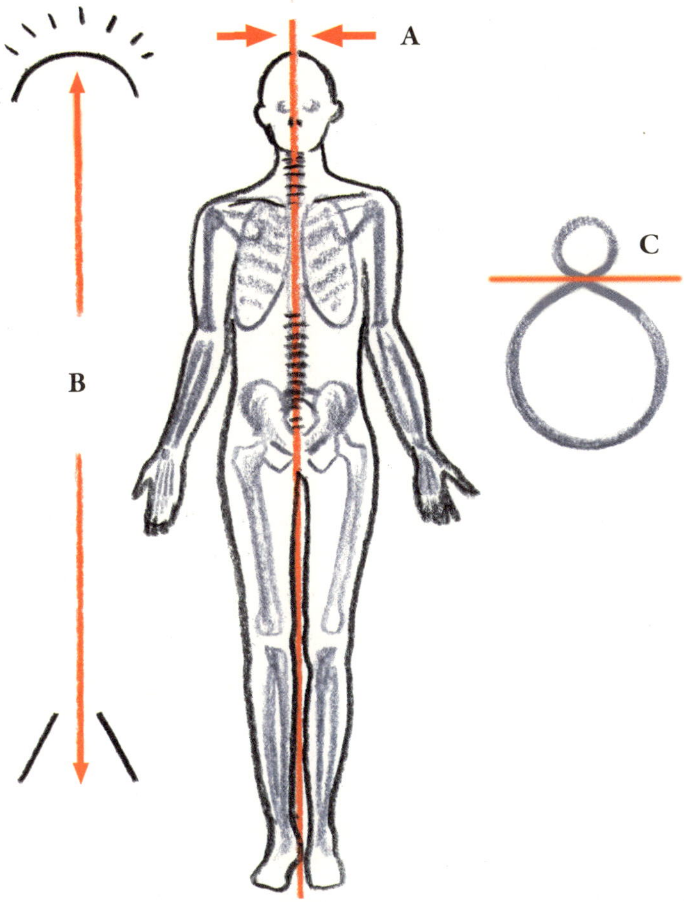

Abb. 12. Gestaltprinzipien des menschlichen Körpers. A = Bilaterale Symmetrie (Medianebene zwischen rechts und links); B = Polarität (Horizontalebene zwischen oben und unten); C = Segmentation (Lemniskate zwischen vorne und hinten, Frontalebene).

offenbart. Legt man durch die Mitte des Körpers eine Trennebene, so gleichen sich die Knochenelemente der rechten und linken Körperhälfte wie Bild und Spiegelbild. In der *Rechts-Links-Dimension* herrscht also das Gestaltungsprinzip der *bilateralen Symmetrie* vor, das im oberen Menschen auch im Bereich der Organe (Gehirn, Sinnesorgane) ausgeprägt ist, sich aber nach unten zu (mit Ausnahme der Nieren) mehr und mehr verliert (Abb. 12).

In der *Vertikalen* zeigt sich beim aufrecht stehenden Menschen ein völlig anderes Gestaltungsprinzip (Abb. 12). Beim Kopf herrscht eine Tendenz zur

Kugelbildung vor, bei den Gliedmaßen dagegen eine radiäre Gestaltungstendenz. Oben dominiert die Formbildung, die Tendenz zur Ruhe und physiognomischen Repräsentanz, unten die Bewegung und Formverwandlung. Bei den Gliedmaßenbewegungen setzen wir uns mit den Schwerekräften der Erde auseinander. Ja, die Schwerkraft wirkt direkt bis in die Gestaltung der inneren Knochenstrukturen herein (z.B. in die netzförmige Architektur der Knochenbälkchen (Spongiosa)), während bei der Kopfbildung die Schwerkraft kaum noch eine Rolle spielt. Der auf der Wirbelsäule frei balancierende Kopf ist den Schwerekräften weitgehend entzogen. Im Gegenteil, bei der Einbettung des Gehirns in die Liquorflüssigkeit kommt sogar das archimedische Prinzip des Auftriebs ins Spiel (GA 312, S. 79), sodass wir die Schwere unseres Kopfes eigentlich gar nicht empfinden.

Steiner charakterisiert die in unser Gliedmaßensystem hineinwirkenden Kräfte als von der Erde ausgehende (also radiär wirkende) «Willenskräfte», während die den Kopf gestaltenden Kräfte kosmischer Natur sind und von außen, d.h. vom Umkreis her, auf die «Schädeldecke» wirken (GA 286, S. 84; s. Anhang 5). In der Tat geht die Entwicklung des Schädeldaches beim Embryo so vor sich, dass von außen an die schon vorhandene Gehirnanlage dünne Knochenplättchen gebildet werden, die sich von fünf Verknöcherungszentren aus radiär ausstrahlend vergrößern. Diese fünf Zentren bilden ein Fünfeck, also wiederum die Ich-Signatur des Pentagramms (Abb. 13 A). Demgegenüber entstehen die Gliedmaßenknochen als lang gestreckte Röhrenknochen, deren innere, das blutbildende Knochenmark beherbergende Knochenbälkchen (Spongiosa) später unter dem Einfluss der Schwerekräfte der Erde ausgeformt werden (Abb. 13 B).

In der *Oben-Unten-Dimension* herrscht also das Prinzip der *Polarität* zwischen kosmischen und irdischen Kräften, die ihrem Wesen nach Willenskräfte sind (Anhang 5).

In der polaren Spannung zwischen Fußsohle und Schädeldach gibt es aber nun wichtige Differenzierungen. Die untere Gliedmaße ordnet sich voll in die Dimensionalität des Raumes ein. Bei der oberen Gliedmaße erleben wir aber eigentlich nur noch zwei Dimensionen. Die Oben-Unten-Dimension tritt zurück. Wir benützen die Arme nicht zum Gehen, Stützen oder Fortbewegen, sondern haben durch die Aufrichtung einen Freiraum gewonnen, der auch für Gesten und Ausdrucksbewegungen genützt werden kann.

Im Kopfbereich ist nun nach Steiner noch eine Dimension aufgegeben

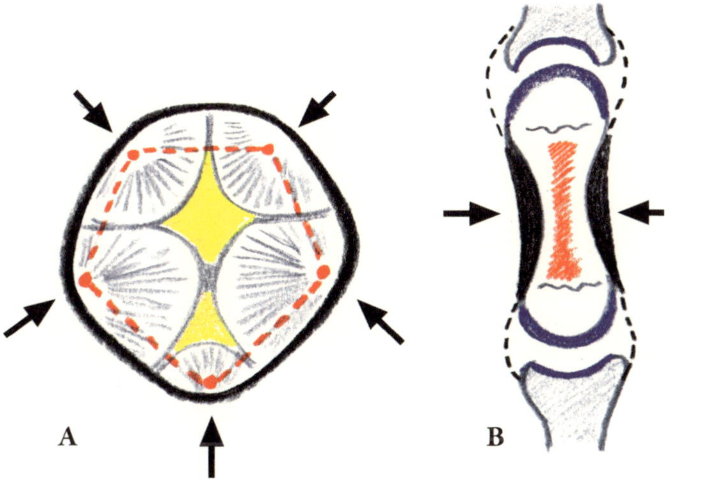

Abb. 13. Vergleich der Knochenbildung im Bereich des Schädels (A, Schädeldach von oben) und des Röhrenknochens (B, Längsschnitt).

worden, sodass beim Sehen z.B. primär «eine fertige Zweidimensionalität» vorliegt, die dritte Dimension, nämlich die Tiefe, das Raumsehen, aber einer willensmäßigen Betätigung oder Anstrengung bedarf (GA 324, S. 34ff.; s. Anhang 6).

Man könnte in Fortführung dieses Gedankenganges sagen, dass dann im Bereich des Nervensystems schließlich alle Dimensionen als reale Erlebnisse verschwunden sind und hier der Raum nur noch geistig, sozusagen in Gedanken, unabhängig vom Schwerefeld der Erde erlebt werden kann.

Die dritte Dimension ist schließlich die *Vorne-Hinten-Dimension* (Abb. 12). Wenn man den Bereich des menschlichen Körpers betrachtet, der zwischen der Schädelbasis und dem Becken liegt, also den Rumpf mit Wirbelsäule, Rippen usw., stellt man fest, dass hier eigentlich ein rhythmisches Gestaltungsprinzip vorherrscht. Das Charakteristische sind hier die Segmente, die jeweils aus einem Rippenpaar und einem Wirbel bestehen und sich von oben nach unten immer in gleicher oder ähnlicher Form wiederholen, was man als Metamerie bezeichnet. Nach dem Kopfe zu werden die Rippen kleiner und enger; der Brustkorb wird sozusagen kopfähnlicher; nach unten zu werden die Rippen kürzer, grenzen schließlich gar keinen geschlossenen Raum mehr ab. Nach unten zu wird also alles gliedmaßenähnlicher. Hinten umschließen die Wirbel den Wirbelkanal, in dem das Rückenmark untergebracht ist; vorne bilden sich durch die Rippen- und Muskelsegmente Hohlräume, in denen die Brust- und Bauchorgane untergebracht sind. Indem in jedem Segment durch die Knochen- bzw. Muskelelemente hinten der Nerven-, d.h. Neuralraum, vorne der Eingeweideraum umschlossen wird, ergibt sich das Bild einer Lemniskate, das Urbild des Rhythmischen (Abb. 12). Tatsächlich laufen hier, besonders im Brustraum, wo Herz und Lungen liegen, die Funktionsprozesse rhythmisch ab. In der Vorne-Hinten-Dimension läuft im Wesentlichen die Entwicklung unseres Lebens ab, das Vorwärtsschreiten oder Zurückbleiben, das Schlafen (auf dem Rücken) oder Wachen im vorne gelegenen Tätigkeitsfeld, das Sich-einander-Zuwenden oder das Sich-in-sich-hinein-Zurückziehen, das lichtvolle Vorne und das dunkle Hinten. Alle diese polaren Prozesse, die sich um ein Vielfaches vermehren ließen, wechseln in regelmäßigen Rhythmen miteinander ab und machen insgesamt das eigentliche Leben des Menschen aus.

Diese unterschiedliche Eingliederung des menschlichen Organismus in die Dimensionalität des Raumes, die an anderer Stelle schon eingehender beschrieben worden ist (J. W. Rohen, 2007), hängt nun, wie Steiner ausgeführt hat, mit den tiefsten Geheimnissen des menschlichen Wesens und der Entwicklung der Welt zusammen. Wenn der Mensch nicht die bilaterale Symmetrie mit zwei Augen, zwei Hirnhälften, zwei Händen usw. entwickelt hätte, «würde in Wahrheit seine Ich-Empfindung nicht zustande kommen» (GA 158, S. 117). Der hellsichtigen Erkenntnis zeigt sich, «dass die linke Körperhälfte viel mehr durchhellt und durchstrahlt ist als die rechte, die viel mehr durchdunkelt und durchfinstert ist». Rechts dominiert Ahriman, links dagegen mehr Luzifer. In der Rechts-Links-Dimension, die ja die eigentliche Ebene des Bewusstwerdens und des Vorstellens ist, «kämpfen Ahriman und Luzifer vorzugsweise durch die Gedanken». «In der Vorne-Hinten-Dimension wird der Kampf mehr durch die Gefühle geführt» (GA 158). Aber interessanterweise dringen sie hier nicht bis in die Brusthöhle vor. Ahrimans Einfluss kommt von hinten, reicht aber nur bis zur Wirbelsäule, Luzifers Einfluss kommt von vorne, reicht aber nur etwa bis zum Brustbein. In der Oben-Unten-Dimension handelt es sich vornehmlich um Willensprozesse. Aber auch hier dringen die beiden Gegenmächte nicht bis zum Brustraum vor; Luzifers Einfluss, der vom Kopf her wirkt, reicht nur etwa bis zur Schädelbasis, Ahrimans Einfluss, der von unten einstrahlt, nur etwa bis zum Zwerchfell (Anhang 7).

Der Brustraum zwischen Wirbelsäule, Zwerchfell und Brustbein bleibt also gewissermaßen von dem Einfluss der Gegenmächte ausgespart, sodass für den Menschen in seinem Körper noch ein Freiraum übrig geblieben ist, in dem sich sein Ich-Wesen entwickeln kann. In der Bibel heißt es, dass Gott dem neugeschaffenen Menschen «den lebendigen Odem» einhauchte und dadurch den Menschen erst zum Menschen machte, d.h. der Odem Gottes war das Abbild Gottes, das jeder Mensch in sich trägt und sein höheres Ich ausmacht – dieses Ich, das erst in ferner Zukunft, «am Ende der Zeiten» seine wahre (göttliche) Natur voll zur Erscheinung bringen wird. Steiner beschreibt nun den «Kubus» des Brustraumes als denjenigen Raum innerhalb des physischen Leibes, in den Jahve bei der Erschaffung des Menschen den Keim des Ich-Wesens (den Odem) versenkt habe (GA 158, S.130; s. Anhang 7). In diesen Raum ist während der Embryonalentwicklung das Herz, von oben kommend, eingewandert. Hier ist also das Zentrum des gesamten Kreislaufsystems entstanden und damit der Ort, von dem letztlich alle Aktivitäten des Ich im dreidimensionalen Raum der Erde (äußerer Raum), aber auch im nichträumlichen Gebiet des Denkens (innerer Raum) ausgehen. Das Ich lebt nicht primär im Gehirn, im Gehirn entsteht nur der Ich-Gedanke (GA 174, S. 127).

Das eigentliche Ich-Organ ist das Herz (s. bes. S. 96). Hier liegt der Wesenskern des Menschen, die innere Sonne, deren Kräfte die Entwicklung vorantreiben oder auch verkümmern lassen. Das Wesen des Herzens lässt sich letztlich nur aus der Dimensionalität des Raumes verstehen, die im Brustraum ihre Umkehrung erfährt. Wenn das Denken bis in die Region des Herzens vordringt, erklimmt das Ich eine höhere Stufe der Denkfähigkeit, die man auch als «Herzdenken» bezeichnet hat (s. F. Lowndes, 1998). Steiner hat dazu zahlreiche Hinweise gegeben (z.B. GA 79).

2. *Das Herzorgan*

Das Herz als Raumkörper hat selbstverständlich auch eine Dimensionalität. So besitzt es z.B. eine bilaterale Symmetrie in Form des rechten und linken Herzens, wobei das rechte Herz funktionell dem Lungenkreislauf, das linke dem Körperkreislauf zuzuordnen ist. Die Herzscheidewand trennt beide voneinander. Im Körper ist die rechte Seite (bei Rechtshändern) die aktivere, die linke die mehr passive, meist nur Hilfestellungen leistende. Durch die Berührung beider Hände (z.B. beim Bitten oder Beten) entsteht Bewusstsein von dem eigenen Selbst und den eigenen Bedürfnissen (Bitten). Die bilaterale Symmetrie ist eine Grundlage für unser Vorstellungsleben, dem ja auch ein Spiegelungsvorgang zugrunde liegt (s.a. J. W. Rohen, 2007). Wenn das Herz über eine bilaterale Symmetrie verfügt, kann es dadurch auch zu einem Bewusstsein vermittelnden Organ werden, d.h. zu einem «Sinnesorgan», wie Steiner sich ausgedrückt hat. Aber die Dimensionalität in der Ebene des *Rechts-Links* ist im Herzen umgekehrt. Nicht die rechte Hälfte ist die aktivere, sondern die linke. Das rechte Herz, das dem Lungenkreislauf vorgeschaltet ist, entwickelt nur geringe Drucke (20–30 mm Hg), während das linke Herz wesentlich höhere Drucke (80–130 mm Hg) erzeugt. Das linke Herz sendet über die großen Arterien (Aorta usw.) das sauerstoffreiche Blut in den Organismus, vor allem auch in die Muskeln und Bewegungsorgane, sodass wir zu Tatmenschen werden können, während das rechte Herz das «verbrauchte», kohlensäurereiche (venöse) Blut zur Lunge bringt, wo dann durch die Sauerstoffaufnahme die Umorientierung der Intentionen von außen nach innen, d.h. zum Körper hin erfolgt. Dieses unmittelbare Nebeneinander von venösem und arteriellem Blut im Herzen und dieses sich Fast-Berühren an der beide Blutarten trennenden Herzscheidewand mag in der Tat eine wesentliche Grundlage für ein Sinneserleben im Herzen darstellen, das allerdings weitgehend unbewusst bleibt (Abb. 14).

Die zweite Dimension, die im Herzorgan eine Rolle spielt, ist das *Oben-Unten*, d.h. die Differenzierung in Vorhöfe (oben) und Kammern (unten). Auch in dieser Dimension gibt es eine Trennebene, nämlich die der Herzklappen (sog. Ventilebene; Abb. 14).

Nun sind die Vorhöfe diejenigen Herzabschnitte, in denen sich das aus der Welt der Organe kommende Blut sammelt und mischt. Hier kommt alles

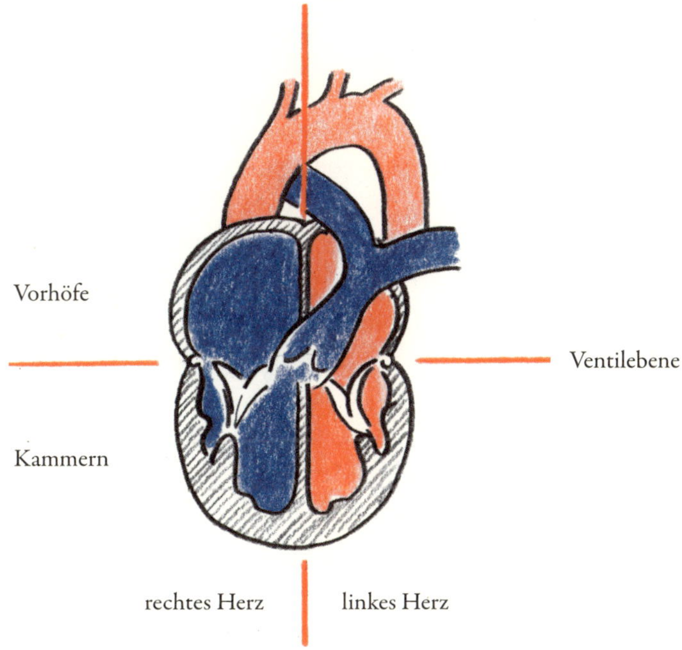

Abb. 14. Gliederung des Herzens und Einordnung der Herzabschnitte in die Dimensionalität des Raumes (blau = venös, rot = arteriell durchströmte Räume).

zusammen, das verdünnte, Gehirnflüssigkeit enthaltende Blut aus dem Kopf, das mit Nährstoff angereicherte Blut aus dem Darmgebiet, die fetthaltige Lymphe aus dem Körper, die sich im Halsbereich dem Venenblut beigemischt hat, usw. Wie sich im «unteren Menschen» z.B. die Stoffwechselorgane mit den verschiedenen Stoffen der Umwelt auseinandersetzen müssen, muss das Herz die verschiedensten Einflüsse, die sich von den Organen aus in das Blut eingeprägt haben, in den Strudeln der Vorhöfe verkraften. Wenn dann ein Teil dieser Blutmasse in die Kammern einströmt, kommt die Strömung für einen ganz kurzen Moment zum Stillstand und verlässt das Herz dann wieder in einer anderen Richtung, nämlich von der rechten Kammer aus in die Lungen (nach «außen»), von der linken in die Aorta, d.h. in das Körperinnere. Das Herz ordnet also die Blutströme, die aus der Peripherie kommen, neu und gibt ihnen jeweils eine andere Richtung. Das Herz wird damit zum Zentrum des Kreislaufsystems, das auch die innere Ordnung der Strömungswege bestimmt. Dadurch, dass sich das Herz der Blutströmung

Abb. 15. Anordnung der Gefäße des Herzens an der Einstrombahn (Venenkreuz, blau) und der Ausstrombahn (Aorta und A. pulmonalis, rot). Rot und blau bedeuten hier *nicht* arteriell und venös.

entgegenstellt, dass der kontinuierlich anflutende Strom hier für einen Moment unterbrochen wird, entsteht die Pulswelle und damit die Rhythmisierung der Zirkulation. Die zwischen Vorhöfen und Kammern eingeschalteten Klappen sind die Folge dieser rhythmischen Funktionsabläufe. Sie sind bei verschiedenen niederen Wirbeltieren noch nicht in dieser Form vorhanden. Beim Verschluss der Klappen wird ein bestimmtes Blutquantum aus dem kontinuierlichen Blutstrom abgegrenzt und durch die Kontraktion der Kammermuskulatur unter Druck gesetzt, wodurch der Blutdruck entsteht. Es könnte sein, dass der plötzlich auf das Blutquantum, das sich jetzt in den Herzkammern befindet, einwirkende Druck das Freiwerden der Ätherkräfte, die dann zum Kopf strömen und Gedankenkräfte werden, auslöst – ein Prozess, den Steiner als «Ätherisation des Blutes» bezeichnet hat (GA 130, S. 89 ff.; Anhang 8). Bei jeder Kammerkontraktion (Systole) wird aber nicht das ganze unter Druck gesetzte Blutquantum (ca. 70 ml) ausgeworfen, vielmehr bleibt eine gewisse Blutmenge zurück und mischt sich mit dem neu einströmenden Blut. Möglicherweise bekommt das neue Blut dadurch den Impuls für die Ätherisation, ähnlich wie beim Homöopathisieren von Substanzen immer ein bestimmtes Quantum nach dem Schüttelvorgang zurückbehalten wird, ehe es mit der neuen Lösung vermischt wird.

In der Oben-Unten-Dimension sind also beim Herzorgan auch wiederum die Qualitäten umgekehrt worden. Das, was prozessual im «unteren

Menschen» abläuft (das Stoffwechselgeschehen usw.), findet beim Herzen oben (in den Vorhöfen) statt. Das, was prozessual im «oberen Menschen» vonstatten geht, nämlich das Zur-Ruhe-Kommen von Prozessen, das Ordnen und Wahrnehmen im Sinnesbereich, das vollzieht sich in den Kammern. Auch unter diesem Gesichtspunkt lässt sich das Herz als ein Sinnesorgan betrachten. Im Herzen steht der Mensch sozusagen auf dem Kopf.

Die entscheidende Dimension ist aber schließlich die des *Vorne-Hinten*. Hier vollzieht sich die eigentliche rhythmische Tätigkeit des Organs. Von hinten strömt das Blut – durch die großen Venen – in das Herz ein; charakteristischerweise unter dem Zeichen des Kreuzes (Venenkreuz). Die aus dem Herzen austretenden Gefäße (Lungenarterie und Aorta) zeigen aber eine ganz andere Signatur: sie umschlingen sich nämlich in einer großen bogenförmigen, z.T. spiraligen Bewegung (Abb. 15). Das ist fast die Signatur des Rosenkreuzes, die sich hier im menschlichen Organismus organisch in den physisch-leiblichen Strukturen abzeichnet. Wenn man dieses Bild aber als Abbild realer Prozesse nimmt, muss man sich fragen, was ist in den Innenräumen des Herzens wirklich passiert, dass die Blutströmungen unter dem Zeichen des Kreuzes in das Herz eintreten, es aber im Zeichen einer liebevollen Umschlingung wieder verlassen? Auch dies könnte vielleicht wiederum als Hinweis auf den Prozess der Ätherisation verstanden werden.

Nun erfolgt aber die Bewegung des Körpers hauptsächlich in der Richtung von hinten nach vorne. Die Herzbewegung vollzieht sich dagegen von vorne nach hinten, also wiederum umgekehrt als die des Körpers. Die Vorne-Hinten-Dimension – hatten wir oben gesehen – ist die eigentlich rhythmische. Das zugehörige Gestaltungsprinzip hat die Signatur der Lemniskate. Tatsächlich ist dies auch die Signatur des Herzens, das im Zentrum einer Lemniskate liegt, da wo sich die Dimensionen vollständig umkehren. Hier entsteht der Pulsrhythmus, hier ist das Zentrum des rhythmischen Geschehens überhaupt, das Zentrum des mittleren (rhythmischen) Systems.

Wenn man bedenkt, dass der «untere Mensch» mit den Stoffwechselprozessen und Gliedmaßenbewegungen ganz in die Substanzwelt des Räumlichen eingetaucht ist, sich im Raum bewegt und durch seine Körperlichkeit selbst zum Raum wird, andererseits der «obere Mensch» durch das Nerven-Sinnessystem ins Nichträumliche, Geistige eindringen kann, dann versteht man, dass es einen Ort im Organismus geben muss, wo Räumliches in Nichträumliches übergehen kann, und dies ist das Herz. Indem in der Gestaltung dieses Organs die Qualitäten der Dimensionen gewissermaßen umgestülpt werden, entsteht sozusagen ein Leerraum für die in den Dimensionen des Raumes wirkenden Kräfte, sodass Geistiges in Physisches und Physisches in Geistiges übertreten kann.

Das ist das, was Steiner wahrscheinlich mit dem «Ätherischwerden des Blutes» gemeint hat. Beim wachenden Menschen findet «in der Gegend des Herzens ein fortwährender Übergang des Blutes in feine ätherische Substanz statt. Diese strömt nach dem Kopfe herauf und umspielt glimmernd die Zirbeldrüse» (GA 130, S. 89).

Beim schlafenden Menschen ist die Strömung jedoch umgekehrt. Da kommt sie von außen herein, aus dem Makrokosmos, und strömt von oben, vom Kopf her bis zum Herzen herunter. Während die von unten nach oben ziehende Strömung mehr «Lichtwirkung» (mit intellektuellen Elementen) ist, ist die von oben nach unten gehende Strömung mehr «moralisch-ästhetischer Natur». Hier wird das wahre Wesen des Menschen, seine moralische Wertigkeit für den okkulten Beobachter unmittelbar erkennbar (Anhang 8).

Das Herz ist also in der Tat ein Mittelpunktsorgan für das Ich-Wesen, das – auf das Blut als sein Organ gestützt – von da aus in alle Bereiche des Organismus, (untere, obere und mittlere) hineinwirken kann. Dabei spielt die Wärme (Blutwärme) eine entscheidende Rolle. Jeder kennt den Prozess des Errötens oder Blasswerdens bei seelischen Erregungen. Das Seelisch-Geistige kann über die Wärme in das leibliche Geschehen einwirken, wie umgekehrt Seelisch-Geistiges durch frei werdendes Wärmehaftes erlebbar wird. Die Wärme liegt im Grenzbereich zwischen physischen und ätherischen Kräften und ist wohl die wichtigste Brücke, über die das Seelisch-Geistige in den Körper einwirken kann.

Von diesen Gesichtspunkten aus versteht man, warum die Eingeweihten früherer Kulturen das Herz mit der Sonne in Verbindung gebracht haben.

Tatsächlich hat Steiner gefunden, dass von der Sonne aus der Raum entsteht und die Sonne in ihrem Inneren Nicht-Raumbildendes enthalte, also wie das Herz innen eine Art Antiraum besitzt. Mit okkulten Methoden konnte Steiner dann bei der Sonne auch ähnliche Kräfteströmungen zwischen Mond, Erde und Sonne finden, wie sie im menschlichen Blutkreislauf vorhanden sind (GA 286, S. 89). Die Sonne wäre dann nicht nur ein Licht und Wärme ausstrahlender, sondern – wie das Herz – ein im Zentrum lemniskatischer

Ätherströmungen pulsierender, Leben und Raum ausstrahlender Himmelskörper (Anhang 9).

Von hier aus eröffnet sich ein erster, vorsichtiger Zugang zu einem zentralen, bisher so gut wie nicht verstandenen Problem der Steinerschen Forschung, nämlich dem der sog. «kosmischen Ernährung».

Wenn einerseits vom Herzen zum Kopf hin kontinuierlich Ätherströmungen aus dem «unteren Menschen» ausstrahlen, andererseits vom Kopf aber auch solche zum Herzen herunterziehen und vom Herzen mit dem Blutstrom in den Körper gelangen, so ist das Herz der zentrale Knotenpunkt oder Umschlagsort für die Substanzwerdung und -entwerdung, Stoffbildung und Stoffauflösung, Materialisierung oder Entmaterialisierung – ein Ort, wo das Ich des Menschen real in die Stoffprozesse eingreifen und damit die Entwicklung beeinflussen kann.

Um dies zu verstehen, müssen wir noch einmal den ganzen Menschen in seiner polaren Struktur ins Auge fassen.

VI. Die Bedeutung von Herz und Kreislauf für die Entwicklung von Mensch und Welt

Betrachten wir zunächst den menschlichen Organismus mit seinen beiden Polen in seinem Verhältnis zur Welt. Der obere Pol umfasst den Bereich des Nervensystems und der Sinnesorgane («Kopfpol»). Hier wendet sich der Mensch der Außenwelt zu. Er erlebt die Außenwelt durch seine Sinnesorgane mit vollem Bewusstsein und macht sich ein Bild von der Welt mithilfe des Nervensystems. Dieses Bild ist nicht das Sein selbst, sondern nur das Abbild des Seins, d.h. der Schein der Wirklichkeit. Daher wird uns die Welt immer zur Erkenntnisfrage und zum Problem. Die Sinnesbilder regen aber das Denken an, sodass der Mensch Gedanken hervorbringt, die er zunächst als «seine» Gedanken erlebt, weil er sie in seinem Denken zur Erscheinung gebracht hat. Der Inhalt dieser Gedanken stammt aber aus der geistigen Welt und folgt seinen eigenen Gesetzen. Die Gedanken, die der Mensch als «seine» Gedanken hervorgebracht hat, können falsch oder richtig, abstrakt oder «lebendig», notwendig oder überflüssig sein. Sie bilden eine Welt für sich, üben keine direkten Wirkungen aus und lassen den Menschen daher frei. Würde der Mensch mit seinen Gedanken in die Seinswelt eintauchen, würde jeder falsche Begriff sofort einen «Vernichtungsprozess» im Nervensystem hervorrufen (GA 134, S. 30). Dies hat Steiner einmal folgendermaßen zum Ausdruck gebracht (GA 134, S. 30):

«Wenn der Mensch einen Fehler macht in seinem Denken, so ist es ein Fehler, so ist es nicht weiter schlimm … . Und wenn der Mensch später dann darauf kommt, dass er einen Fehler gemacht hat, so kann er ihn korrigieren und er hat damit etwas getan zu seiner Selbsterkenntnis, er hat sich weiser gemacht. Aber nehmen wir das göttliche Denken: Ja, wenn das göttliche Denken richtig denkt, dann geschieht etwas, und wenn es falsch denkt, dann wird etwas zerstört, etwas vernichtet. Würden wir also ein göttliches Denken haben, dann würden wir bei jedem falschen Begriff, den wir fassen, sogleich einen Vernichtungsprozess hervorrufen, zunächst in unserem astralischen Leib, dann in unserem Ätherleib und von da aus auch in unserem physischen

Leib, und die Folge eines falschen Begriffes würde sein – wenn wir ein wirksames göttliches Denken hätten, wenn unser Denken mit der Wirklichkeit etwas zu tun hätte –, dass wir sozusagen etwas hervorriefen in unserem Innern wie einen kleinen Vertrocknungsprozess in irgendeinem Teile unseres Leibes, einen Verknöcherungsprozess.» (GA 134, S. 42).

Dadurch, dass wir nur Scheinbilder der Außenwelt erleben und nicht in den Prozessen der Welt selbst darinnen sind, bleiben die Gedanken frei. Durch die Gedankenwelt erlebt der Mensch als Erstes die *Freiheit*.

Die Gedanken haben andererseits aber auch keinen unmittelbaren Bezug zur Willenswelt. Würden die durch die Sinneswahrnehmungen angeregten Gedanken den Menschen unmittelbar zum Handeln zwingen, wäre Freiheit nicht erlebbar. Das Tier, das reflexartig auf die Sinneseindrücke mit stereotypen, eingeprägten Verhaltensweisen reagiert, kennt die Freiheit nicht. Abstrahieren kann das Tier nicht (GA 214, S. 39).

Der zweite Pol des Menschen ist der «untere Pol», der Willensbereich, durch den der Mensch auf die Außenwelt verändernd einwirken kann. Die Vorstellungen von den Handlungen sind zwar bewusst, die körperlichen Vorgänge, die zur Handlung, d.h. zu den Bewegungen führen, bleiben aber ganz im Unbewussten. Welche Muskeln z.B. bei einer Armbewegung in Tätigkeit versetzt werden müssen, welche Stoffwechselvorgänge dabei ablaufen und welche nervösen Regulationen vonstatten gehen, bleibt völlig im Unbewussten. Auch alle Prozesse des Stoffwechselsystems der inneren Organe (Darm, Leber, Milz usw.) laufen autonom und unterhalb der Schwelle des Bewusstseins ab. Der Wille lebt im Dunkeln, das Denken im Licht. Der Wille wirkt aber andererseits in der Realität, denn jede Handlung ist zugleich eine Auseinandersetzung mit der Wirklichkeit; das Denken dagegen schafft sich zunächst eine Scheinwelt, die primär nichts mit der Wirklichkeit zu tun zu haben braucht, sondern nur die Außenwelt abbildet («spiegelt»).

Nun hat der Mensch aber die Fähigkeit, Gedanken miteinander zu verknüpfen und Verbindungen zwischen einzelnen Gedanken herzustellen. Wenn die Ideenverknüpfungen richtig sind und mit der Wirklichkeit übereinstimmen (z.B. bei der Formulierung physikalischer Gesetzmäßigkeiten), ist das Denken in der Realität des Weltgeschehens darinnen – die Ideen sind dann nicht mehr wesenloser Schein, sondern repräsentieren die Wirklichkeit, wenn auch nur als Bild. Dies wird aber letztlich nur dadurch möglich, dass der Mensch den *Willen in das Denken* einstrahlen lässt (GA 202, S. 71ff.). Da der Wille aus dem unteren Pol der menschlichen Existenz, d.h. aus dem Realitätsbereich kommt, kann er in die Scheinwelt des Denkens das Wirklichkeitserleben hineinbringen. Das Gewahrwerden von Ideen, die mit der Wirklichkeit übereinstimmen, ruft ein beglückendes Evidenzerlebnis hervor und beruht immer auf Willensanstrengungen in der Dimension des Denkens.

Wenn wir durch den «Willen im Denken» realitätsgesättigte Gedanken hervorbringen, erleben wir die in der Welt wirkenden Kräfte bewusst mit, wenn auch nur als Abbild. Wir haben dadurch einen Anteil an dem Ideellen, das in der Welt wirkt, d.h. an dem Geistigen (Gesetzmäßigen), das im Laufe der Evolution in die materielle Welt ausgeflossen ist. Das ist der Bezug zur evolutiven Vergangenheit. Durch unseren Kopf (oberer Pol) haben wir somit einen Zugang zur Vergangenheit. In die willensmäßig erfasste Gedankenwelt ragt die Vergangenheit in den Menschen herein. Da der Wille aber in freier Weise mit dieser Gedankenwelt umgehen kann, erlebt der Mensch in dieser Welt auch die Freiheit.

Nun können aber auch die Gedanken in den Willensbereich hineinfließen, sozusagen nach unten, zum unteren Pol des Menschen hin. Es gibt keine bewusste Handlung («Willkürbewegung»), die nicht von einer vorgefassten Vorstellung ausgeht. Die Vorstellung lebt im Unräumlichen (Geistigen), die Bewegung erfolgt aber innerhalb des Raumes; Bewegungen ausführen heißt also zunächst «aus dem Raum herausgehen» (Vorstellungen bilden) und dann «wiederum in den Raum hineingehen», d.h. die Bewegung ausführen (GA 202, S. 98). Das ist ein Kräftestrom, der durch das Herz hindurchgeht (Abb. 16).

Durch unsere Handlungen im Raum, d.h. in der Welt, verändern wir aber auch die Welt; d.h. wir wirken auf die Außenwelt ein und hinterlassen Spuren in ihr. Nicht nur durch Veränderungen in der Umwelt (z.B. beim Bauen von Brücken oder Drainieren von Flüssen usw.), sondern auch durch künstlerische Werke können wir das Gesicht der Welt verändern. Wir wirken in die Zukunft hinein. Die Gedankenwelt ist vergangenheitsorientiert, die Willenswelt dagegen zukunftsbezogen. Der Mensch steht im Schnittpunkt der Welt zwischen Vergangenheit, dem Gewordenen, und der Zukunft, dem Werdenden. Diese Doppelheit der Funktionen spiegelt sich in der lemniskatischen Ordnung des Kreislaufs, in dessen Mitte das Herz liegt (Abb. 16).

Da der Mensch das einzige Wesen dieser Erde ist, das die Gedanken («kosmische Gedanken», GA 202), die in der Welt Gestalt angenommen haben, in sich zum Bewusstsein bringen, andererseits aber diese auch wieder durch seinen Willen in der Welt wirken lassen kann, steht der Mensch immer im Schnittpunkt zwischen Vergangenheit und Zukunft. Er wird zum Mitgestalter der zukünftigen Entwicklung der Welt, denn das, was die Willenshandlung – durch Gedanken initiiert – hervorbringt, hinterlässt seine Spuren in der Welt, verändert die Welt und prägt sich ihr ein; wenn auch zunächst nur punktuell und keimhaft. Eine Kathedrale, die der Mensch erbaut hat, bleibt, auch wenn sie physisch zerstört worden ist, als Geistgestalt im Ätherischen erhalten, behält also ihre geistige Realität, wie das für jede andere Leistung des Menschen auch gilt. Unter diesem Aspekt gewinnen Denken und Handeln des Menschen eine kosmische Dimension. Der Mensch wird verantwortlich für die zukünftige Entwicklung der Welt, und zwar nicht nur für die Umwelt als solche, was bei den gewaltigen gegenwärtigen Gefährdungspotenzialen ja bereits heute jedem bewusst geworden ist, sondern auch für die der Geisteswelt selbst. Indem der Mensch das Geistige in der Natur nur in der durch das Nervensystem gespiegelten Abbildhaftigkeit erkennen kann, wird das Erleben der Freiheit möglich. Diese kann der Mensch gebrauchen, um das Geistige in seinen Willen einfließen zu lassen und damit Keime für die Zukunft zu pflanzen, wobei es entscheidend wichtig ist, welche moralischen Intentionen in das Handeln einfließen. Durch liebevolle Hingabe an die Außenwelt wird eine Seelenkraft entwickelt, die sich im Handeln dem geschaffenen Werk einprägt (Abb. 16). Die im Tun entwickelte Liebe löst sich gewissermaßen los und prägt sich der Welt ein. Sie wird zum Keim für die zukünftige Entwicklung unserer Erde. Steiner hat das wie folgt ausgedrückt (GA 202, S. 208–210):

«Was geschieht, wenn der Mensch sich zum reinen, d.h. willensdurchstrahlten Denken erhebt? In ihm entwickelt sich auf Grundlage dessen, was der Schein aufgelöst hat – der Vergangenheit –, durch die Befruchtung mit dem Willen, der aus seiner Ichheit aufsteigt, eine neue Realität in die Zukunft hin. Er ist der Träger des Keimes in die Zukunft. Der Mutterboden gewissermaßen sind die realen Gedanken der Vergangenheit, und in diesen Mutterboden wird versenkt dasjenige, was aus dem Individuellen kommt, und der Keim wird in die Zukunft geschickt zum zukünftigen Leben.

Und auf der anderen Seite entwickelt der Mensch, indem er seine Handlungen, sein Willensgemäßes mit Gedanken durchsetzt, dasjenige, was er in Liebe vollbringt. *Es löst sich von ihm los. Unsere Handlungen bleiben nicht bei uns.* Sie werden Weltgeschehen; wenn sie von Liebe durchsetzt sind, dann geht die Liebe mit ihnen. Eine egoistische Handlung ist kosmisch etwas anderes als eine liebedurchsetzte Handlung. Indem wir aus dem Schein durch die Befruchtung des Willens dasjenige entwickeln, was aus unserem Inneren hervorgeht, trifft das, was da gewissermaßen aus unserm Kopfe fortströmt in die Welt, auf unsere gedankendurchsetzten Handlungen auf. Geradeso wie wenn eine Pflanze sich entwickelt, in ihrer Blüte der Keim ist, den außen das Licht der Sonne treffen muss, den außen die Luft treffen muss usw., dem etwas entgegenkommen muss aus dem Kosmos, damit er wachsen kann, so muss dasjenige, was durch die Freiheit entwickelt wird, durch die entgegenkommende, in den Handlungen lebende Liebe ein Wachstumselement finden.

So steht der Mensch tatsächlich drinnen in dem Weltenwerden, und was innerhalb seiner Haut geschieht und was aus seiner Haut ausfließt als Handlungen, *das ist Weltgeschehen.*»

Diese Zusammenhänge haben aber auch noch einen wichtigen anderen Aspekt, der nicht nur für das Verständnis des Menschen als leibliches Wesen, sondern auch für die Entwicklung der Welt von zentraler Bedeutung ist.

Wenn, wie dargestellt, im Kopfbereich durch Sinnesorgane und Nervensystem die in der Umwelt vorhandene Wirklichkeit zu einer Scheinwelt wird, löst sich hier «fortwährend Realität auf, und indem dieser Schein wiederum befruchtet wird durch den Willen, entsteht neue Realität … . *Es gibt keine Konstanz des Stoffes* […] Ein Truggebilde ist es, was als das Gesetz der Erhaltung des Stoffes und der Kraft in die physikalische Weltanschauung gebracht ist […] In Wahrheit vergeht fortwährend Stoff, indem er sich in Schein verwandelt, und Neues entsteht, indem gerade durch das, was zunächst als höchstes Gebilde des Kosmos vor uns steht, durch den Menschen, der Schein wiederum in Sein verwandelt wird.» (GA 202, S. 210). «… an dem einen Pol des Menschen sieht man die Überwindung des Stoffes, an dem anderen Pol sieht man die Neuentstehung des Stoffes […] Wir tragen selbst in uns dasjenige, was den Stoff entstehen macht: unseren Kopf; und wir tragen in uns das, was den Stoff vernichtet […]: unseren Gliedmaßen-, unseren Stoffwechselorganismus.» (GA 202, S. 211).

«Was sich uns aus dem Wirklichkeitsdenken ergibt, das ist, dass fortwährend aufgelöst wird bis in die Null hinein das Stoffliche. Nur weil, wenn Stoff vergeht, fortwährend neuer Stoff entsteht, redet der Mensch von einer Konstanz des Stoffes. Er gibt sich demselben Irrtum hin, dem er sich hin-

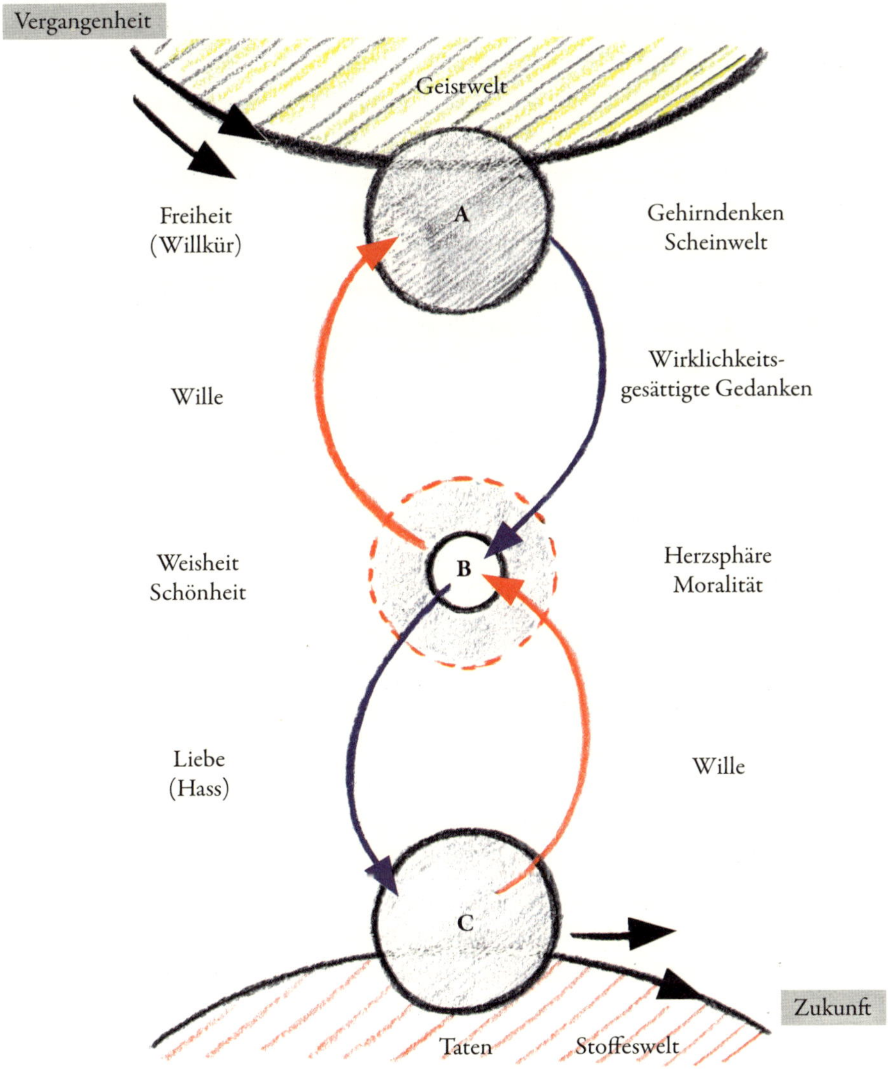

Abb. 16. Kräftemetamorphosen im Menschen. Das Gehirn (A) produziert eine Scheinwelt, wodurch Freiheit möglich wird. Strömen Willenskräfte (rot) vom Stoffwechsel- Gliedmaßensystem (C) in das Denken ein, können wirklichkeitsgesättigte Gedanken (blau) entstehen, die in der Herzsphäre (B) Moralität aufnehmen und sich im Willenssystem zu Liebeskräften umwandeln. Dadurch kann die Welt (Stoffwechsel, Erde) realiter umgewandelt werden. Im Gehirnbereich manifestiert sich die Vergangenheit, im Willensbereich (Stoffwechsel- Gliedmaßensystem) die Zukunft unserer und der Erde Existenz.

geben würde, sagen wir, wenn eine Anzahl von Dokumenten in ein Haus hineingetragen, drinnen abgeschrieben würden, aber als solche verbrannt würden, und die Abschriften wieder herauskommen, und er, weil er dasselbe herauskommen sieht, was hineingetragen ist, denken würde, es sei dasselbe. In Wirklichkeit sind die alten verbrannt worden und neue sind geschrieben worden. So ist es auch mit dem Werden in der Welt, und es ist wichtig, dass man bis zu diesem Punkte mit seinem Erkennen vordringt. Denn da, wo im Menschen Stoff vergeht ... und neuer Stoff entsteht, da sitzt die Möglichkeit der Freiheit und da sitzt die Möglichkeit der Liebe. Und Freiheit und Liebe gehören zusammen.» (GA 202, S. 212).

Nach heutigen wissenschaftlichen Vorstellungen sind diese Aussagen nur schwer verständlich. Aber man vergegenwärtige sich, dass hier vor allem der okkulte Aspekt, d.h. der die Prozesse berücksichtigende Aspekt, zur Darstellung gekommen ist. Das Nervensystem arbeitet analytisch. Es filtert gewissermaßen das Geistig-Reale aus dem Wahrgenommenen heraus, sodass nur Bruchstücke als «Scheingebilde» übrig bleiben.

Das Wiederzusammenfügen setzt Willenskräfte voraus. Tatsächlich kann man mit modernen Methoden (z.B. PET, Positronenemissionstomographie) bei gedanklichen Anstrengungen eine erhöhte Durchblutung in den entsprechenden Rindenzentren des Gehirns feststellen. Erhöhter Sauerstoffverbrauch, verstärkte Stoffwechselaktivität und Durchblutung bedeuten aber immer auch größere Willensaktivität. Ist es tatsächlich so schwer vorstellbar, dass dadurch geistige Kräfte aktiviert werden, die als Gestaltungskräfte dann in den Organismus einstrahlen? Man kennt z.B. gestaltende oder «ernährende» (trophische) Wirkungen der Nerven in der Peripherie des Organismus, man kennt auch die krank machende Wirkung falscher Ideen oder Gefühle. Das große Gebiet der psychosomatischen Medizin beruht auf der Tatsache, dass von der Psyche aus Kräfte in den Körper einstrahlen, die die Funktion der Organe fördern, stören oder gar zerstören können.

Wenn man heute weiß, dass in jeder Zelle, selbst im Nervensystem mit seiner insgesamt sehr geringen Fähigkeit zur Erneuerung von Zellen, ständig Abbau und Aufbau von Stoffen vor sich geht und in den Organen ein gezielter Zelltod (Apoptose) sowie Zellerneuerungen durch Mitosen stattfinden, ist es kein großer Schritt, anzuerkennen, dass diese Prozesse letztlich von den aus dem Nerven-Sinnesbereich kommenden Kräften gestaltbestimmend geprägt werden. Die vom Kopf kommende «Stoffbildung», wie Steiner sich ausdrückt, bedeutet m. E. nicht, dass die aus der Nahrung aufgenommenen Bausteine überflüssig sind, sie werden nur in ihrer körpereigenen Gestalt erst durch die «Kopfkräfte» geprägt. So kann das Ideelle, das wir uns durch die Kraft des Willens (der ja aus der Realität kommt) erarbeitet haben, substanzbildend im Körper fruchtbar werden. Die willensdurchtränkten Gedanken strahlen über das Herz mit dem Blutstrom in den «unteren Menschen» ein, wobei ihnen aus der Herzsphäre noch Kräfte beigegeben werden, die man mit den Stichworten Weisheit und Schönheit charakterisieren kann (GA 202, S. 209). Dadurch mischt sich ein moralisches Element diesem Prozess bei (s.a. GA 130), der vor allem für die jetzt zu besprechende untere Dimension, die Handlungsseite des gesamten Prozesses, entscheidend ist (Abb. 16).

Wenn wir Handlungen ausführen, werden Energien verbraucht und mit dem Blutstrom angelieferte Stoffe abgebaut. Die darin eingeschlossenen geistigen Kräfte werden wieder frei. Wenn ein Künstler eine Plastik schafft, hat er dem Material eine Idee eingeprägt, die vorher in ihm lebendig war. So löst sich bei all unseren Handlungen – und seien sie noch so banal – ein Geistiges von uns los und wirkt in der Welt. Wird unser Handeln von egoistischen Impulsen bestimmt, sind Störungen oder Zerstörungen in der Welt die Folge. Wird es dagegen von der Hingabe an die Außenwelt und von Liebe bestimmt, werden heilende, aufbauende und entwicklungsfördernde Wirkungen für die Welt daraus resultieren.

VII. Die zukünftige Entwicklung des Menschen und der Christusimpuls

Liebe, die unsere Handlungen begleitet, ist ein «Wärmeimpuls», der die geistige Atmosphäre der Welt umwandeln kann. Hierin liegt die «Ewigkeitsbestimmung» des Menschen (GA 128, S. 181). Daraus wird erkennbar, was abstraktes, geistloses Denken und egoistisches, unmoralisches Handeln in Wirklichkeit bedeuten. Durch unser Handeln setzen wir uns mit der materiellen Welt auseinander. Diese wird (geistig) als ein uns Widerstand-Entgegensetzendes, Undurchdringliches, d.h. als Finsternis erlebt. Durch die Liebe, die unser Handeln begleitet, ja initiiert und überstrahlt – und die sich als Seelenkraft letztlich von der Handlung selbst ablöst, d.h. als Kraft in der Welt existent bleibt –, wird diese Finsternis aufgehellt und mit Lichtkeimen durchglüht. Dadurch wird sich nach und nach und – vielleicht in Millionen kleinster Schritte – die Erde am «Ende der Zeiten» in einen geistig strahlenden Weltenkörper verwandeln, d.h. in einen neuen planetarischen Zustand («Jupiterzustand») übergehen, wobei nur das Unverwandelbare, am Materiellen Klebende als Schlackenkörper zurückbleiben muss (GA 134, S. 90).

Diese gewaltige Aufgabe kann der Mensch nicht ohne die Hilfe der «Götter» erfüllen. Die Freiheit ist durch Luzifer in die Welt gekommen, die Liebe durch Christus. Die «guten Götter» haben Luzifer «abkommandiert» (GA 134, S. 100), um das, was die Bibel den Sündenfall und die Vertreibung aus dem Paradies nennt, am Menschen hervorzurufen und ihm die Freiheit zu schenken. Dadurch sind aber auch Krankheit und Tod in die Menschheit eingezogen.

Der «Sündenfall»

Was ist durch den «Sündenfall» mit dem menschlichen Organismus eigentlich geschehen? Nach den Darstellungen Rudolf Steiners (GA 134) hat Luzifer bei den vier Wesensgliedern charakteristische Verschiebungen bewirkt, durch die letztlich die heutige sichtbare, räumliche Gestalt des Menschen zustande gekommen ist. Die ursprüngliche, von den «guten Göttern» veranlagte paradiesische Gestalt war rein geistig, also unräumlich und (mit heutigen Augen) nicht sichtbar. Die Verschiebungen und die Inkrustierung mit Materie hat erst die Anlagen für die jetzige Form des Organismus entstehen lassen und damit die Notwendigkeit hervorgerufen, z.B. Nahrung aufzunehmen, Kinder («unter Schmerzen») zu gebären, Krankheiten, Alterungsprozesse und Tod zu erleiden.

Erst vor diesem Hintergrund wird die Auferstehung Christi, durch die die «Sündenfallkrankheit» wieder geheilt worden ist, als ein für die ganze weitere Entwicklung der Menschheit und Welt zentrales Problem verständlich; «denn mit der Auferstehungsfrage hängt die ganze Entwicklungsgeschichte der Menschheit zusammen» und dies gehört zu dem «Größten, was die Menschheit heute zu begreifen hat.» (GA 131, S. 157).

Wir wollen versuchen, uns dieser zentralen Menschheitsfrage in aller Bescheidenheit und Ehrfurcht von der morphologischen Seite aus zu nähern.

Nach den Darstellungen Steiners (GA 134) hat die «Verführung» des paradiesischen Menschen durch Luzifer, die in der sog. lemurischen Zeit stattgefunden hat, zu schwerwiegenden Verschiebungen der funktionellen Wertigkeit der vier Wesensglieder des Menschen untereinander, d.h. zu einer Störung der Kräfteharmonie der Wesensglieder geführt (GA 134, S. 56 ff). So gewann z.B. der physische Leib ein Übergewicht über den Ätherleib. Da dieser dann gleichzeitig stärker mit dem Materiellen verbunden wurde, entstand dasjenige, was später zum Nervensystem wurde. Die Bibel sagt: Es wurden ihre Augen aufgetan. Jetzt erwachte der Mensch für die Außenwelt. Der Keim für das oben geschilderte abbildhafte Wahrnehmen und Denken war gelegt. Zugleich aber versank das Stoffwechselgeschehen ins Unter- oder Unbewusste. Derjenige Teil des Nervensystems, der mit den Stoffprozessen zu tun hat, wurde dem Bewusstsein entzogen, d.h. autonom und unwillkürlich (vegetatives oder autonomes Nervensystem). In den mythischen Bildern vom Medusen- oder Gorgonenhaupt, dessen schreckliche Gestalt sichtbar wird, wenn man doch mit dem Bewusstsein in diese «Unterwelt» einzudringen beginnt, lebt noch etwas von diesen Zusammenhängen.

Durch das Übergewicht des Physischen über die Lebenskräfte des Ätherischen wurde nicht nur das lebendige Nervenleben «mineralisiert» und so zum «Absterben» gebracht, dass es zu einem Spiegel der Außenwelt werden konnte, sondern auch die Sinnesorgane selbst wurden strukturell so verändert, dass die Außenweltkräfte in sie eindringen konnten. Die Sinnesorgane wurden gewissermaßen zu «Golfen der Außenwelt». Wenn – wie oben erwähnt – das Innenohr steinchenartige Kristalle (Otolithen) beherbergt, auf die die Schwerkraft direkt einwirken kann, oder das Auge wie eine Art optischer Apparat mit Hornhaut und Linse gebaut ist, der sich entsprechend den physikalischen Gesetzen verhält, dann zeigt das deutlich, dass im Bereich der Sinnesorgane das Physische die Oberhand gegenüber dem Ätherischen gewonnen hat, welches mit seinen lebendigen Kräfteströmungen niemals ein ruhiges Bild hätte hervorbringen können, das in Freiheit hätte betrachtet werden können.

Es ist natürlich für den heutigen Menschen nur sehr schwer vorzustellen wie denn überhaupt ein Sinnesorgan ohne direkte Einwirkung der Außenwelt hätte funktionieren können. Aber ursprünglich, sagt Steiner, sollten die Augen gar nicht zum Sehen im heutigen Sinne dienen.

«... das, was eigentlich Sehkraft des Menschen ist, das sollte nicht das Auge durchdringen und nach außen gehen bis zu den sogenannten Dingen, sondern es sollte eigentlich nur gehen bis ans Auge heran, und der Mensch sollte eigentlich bei jedem Sehakt, bei jeder Tätigkeit des Sehens ... unmittelbar seines Auges wirklich bewusst werden, das heißt, er sollte nicht ein äußeres Ding sehen, sondern sollte eigentlich sein Auge empfinden. Er sollte sich der Tätigkeit bewusst werden, die im Auge als solchem vorgeht, während er sich heute der Tätigkeit des Sehens nicht bewusst ist.» (GA 134, S. 49).

Dass sich das Bewusstsein nach außen verlagert hat, dass wir die Dinge der Außenwelt sehen und nicht das Auge selbst, ist also ein Ergebnis der luziferischen Verführung.

Etwas Ähnliches hat sich wohl auch im Nervensystem abgespielt, das ursprünglich nur für das lebendige Erleben der kosmischen Kräfte (der kosmischen Gedanken) geschaffen war, dann aber nur noch die «Gedankenschatten» als Abbilder der Welt erleben konnte. Das Tagesbewusstsein hatte sich entwickelt und damit aber auch der Freiraum für unser Denken und nachfolgend auch für unser Wollen. Luzifer hat uns die Freiheit geschenkt. Der Preis dafür war der Verfall unserer organismischen Gestalt. Wir hatten oben bei der Besprechung des Nervensystems gesehen, dass in der zellulären Struktur dieses Systems tatsächlich Ungleichgewichte («Verschiebungen») vorhanden sind. Das Bauprinzip der drei großen Funktionsbereiche (Sensorium, sensomotorische Systeme und Vegetativum) ist ja immer der Leitungsbogen, der aus einem afferenten und einem efferenten Schenkel sowie einem verbindenden Schaltorgan besteht (Abb. 9). Im Bereich der Sinnesorgane (Sensorium) dominiert einseitig der afferente Schenkel, im Bereich des autonomen Nervensystems (Vegetativum) dagegen der efferente. Funktionell bedeutet das, dass bei den großen Sinnesorganen die Afferenzen so stark im Vordergrund stehen, dass das Bewusstsein ganz zur Seite der Außenwelt hin verschoben ist. Wir leben bewusstseinsmäßig ganz in der Welt und nicht in den Sinnesorganen oder im Nervensystem selbst. Umgekehrt vollzieht sich das Steuerungsgeschehen im vegetativen Nervensystem ganz ohne unser Zutun, unbewusst und autonom. Funktionell dominiert hier der efferente Schenkel des Leitungsbogens. Man könnte darin eine Geste der Abwehr sehen. Afferenzen sind zwar da, aber sie erreichen nicht die höheren Zentren des Gehirns, die die Grundlage unseres Bewusstseins sind.

Steiner charakterisiert diesen Gegensatz zwischen dem zentralen und autonomen Nervensystem einmal so: Während das zentrale Nervensystem (Gehirn mit den großen Sinnesorganen) «sich anstrengen muss, um möglichst gut die äußeren Eindrücke zum Blut überzuleiten» (gemeint ist die «Bluttafel»), «muss durch das entgegengesetzt wirkende sympathische [vegetative] Nervensystem vom Blut – als dem Werkzeug des Ich – fortwährend zurückgestaut werden», was sich an Lebens- und Stoffwechselprozessen in den inneren Organen vollzieht (GA 128, S. 107).

Die sensomotorischen Systeme des Nervensystems, die funktionell mit dem Gliedmaßen-Bewegungssystem verbunden sind, nehmen in diesem Zusammenhang eine Mittelstellung ein. Hier sind Afferenzen und Efferenzen in etwa im Gleichgewicht (Abb. 9 B). Tatsächlich reicht das Spektrum unserer Bewegungsmöglichkeiten von reflektorischen, fast unbewussten Reaktionen, z.B. zur Aufrechterhaltung des statischen Muskeltonus oder des Gleichgewichts, bis zu gezielten, bewusst intendierten Willkürbewegungen, wie z.B. Speerwerfen, Schreiben, Malen usw. Die Sensomotorik steht einerseits mit der «unteren», zur Erde hin orientierten, andererseits aber auch mit der «oberen», zum Kosmos hin orientierten Welt in Beziehung. Das wird uns weiter unten noch beschäftigen.

Der gegenwärtige Mensch kann nun durchaus diese auf den luziferischen Impuls zurückgehenden funktionellen Ungleichgewichte im Nervensystem rückgängig machen und dadurch in sich andere Erlebnisdimensionen erschließen. Im «oberen Bereich» (Gehirn-Sinnessphäre) muss man «in scharfer innerer Konzentration» sinnbildliche, «eigentlich moralische Vorstellungen» meditieren, d.h. versuchen, die Nerventätigkeit von der «Bluttafel» zurückzuziehen und damit die einseitige Hinorientierung auf die Außenwelt zurückzunehmen, um wieder nur das zu erleben, was ursprünglich innerhalb der Nerven bzw. Sinnesorgane (an kosmischen Gedanken und Bildern) vorhanden war (GA 128, S. 43 – 47). Dies ist der sogenannte *gnostische Weg*, der den Menschen zum Erleben der übersinnlichen Welt hinführt.

Im «unteren Bereich» dagegen (autonomes Nervensystem, Stoffwechselbereich) muss der umgekehrte Weg, der auch als der *mystische Weg* der Einweihung bezeichnet wird, eingeschlagen werden. Hier muss die Verbindung zwischen Blut und Nerv nicht, wie im «oberen Bereich», unterbrochen, sondern im Gegenteil verstärkt werden. Die hemmende, abschirmende Wirkung des autonomen Nervensystems im Stoffwechselbereich muss überwunden, der Nerv gewissermaßen in das, was da unten an Stoff- und Blutprozessen vor sich geht, hineingepresst werden, um zu übersinnlichen Erkenntnissen dieser Lebenswelten zu kommen (GA 128, S. 55). Hierzu sind vor allem meditative Übungen mit bestimmten religiösen Gefühlen (Demut, Ehrfurcht, Liebe) oder mit seelisch stark anrührenden Symbolvorstellungen notwendig. Das Eindringen in diese «Unterwelt» setzt aber hohe moralische Qualitäten voraus, denn die tief greifende und konzentrierte Meditation der eigenen Gefühlswelt kann die ungeläuterten Dämonen der Seele wachrütteln und zu angsterregenden Imaginationen (meist angsterregenden Tiergestalten) führen. Diese können das Bewusstsein gegebenenfalls vollständig überwältigen, ja das noch schwache Ich sogar zum Wahnsinn treiben.

Da der Christus im Vollzug der Auferstehung die luziferischen «Verschiebungen» innerhalb des menschlichen Organismus rückgängig gemacht hat, wie wir später noch sehen werden, kann der Christusimpuls dem Menschen, der den steinigen Weg zur Erlangung übersinnlicher Erkenntnisse gehen will, liebevoll helfen, diese Gefahren zu meistern und die Seelenorgane in Ruhe und Besonnenheit mit Kraft und Selbstbeherrschung zur Entfaltung zu bringen.

Der luziferische Impuls hat aber nicht nur das Verhältnis zwischen physischem und Ätherleib gestört, sondern auch zwischen den Kräften des Äther- und Astralleibes tief greifende Verschiebungen und Ungleichgewichte hervorgerufen. Diese haben sich vor allem auf Struktur und Funktion des Stoffwechsel-Gliedmaßensystems ausgewirkt. Nach dem «Sündenfall» musste der Organismus sich erstmals mit der Materie auseinandersetzen. Er musste einerseits die Materie als Nahrungsstoff in sich hineinnehmen, andererseits sich aber jetzt auch in der materiellen Welt, d.h. im dreidimensionalen Raum, bewegen lernen. Es entstanden die Anlagen von Muskulatur, Magen-Darm-Kanal und Drüsen in der heutigen Form (GA 134, S. 61). Da der Astralleib mit seinen Begierden, Leidenschaften und Wünschen gegenüber den ätherischen Kräften dominiert, entstand in der Lebenswelt ein zu starker Abbau sowie auch die Begierde, durch die Hereinnahme von Stoffen der Außenwelt (Nahrungsstoffe) diesen Abbau wieder auszugleichen. Damit ergab sich erstmals ein innerhalb des Organismus ablaufender Stoff- und Energiewechsel, in den die Materie selbst mit einbezogen war. Wie wir oben gesehen haben, ist der Stoffwechsel ein Kreisprozess, in dem Aufbau und Abbau zu einem Funktionssystem zusammengeschlossen sind. Fortwährend finden im Organismus Stoffumsätze statt, bei denen einerseits komplexe Strukturen abgebaut, andererseits aber auch sofort wieder aufgebaut, d.h. regeneriert werden. Eiweißkörper z.B. werden in der Zelle zu Aminosäuren abgebaut, jedoch sogleich wieder für die Resynthese neuer Eiweißkörper verwendet. So machen die in den Zellmembranen und im Zellplasma vorhandenen Eiweißkörper einen Erneuerungsstoffwechsel durch, sodass man sagen kann, der gesamte stoffliche Aufbau des Körpers ist in einem kontinuierlichen Umbau begriffen. Spätestens nach 6–7 Jahren ist die gesamte körperliche Substanz erneuert worden, auch wenn sich das Aussehen des Körpers und seiner Organe dabei kaum verändert hat. Die Darmepithelzellen haben nur eine Lebensdauer von 36–48 Stunden, die Zellen der Haut (Epidermis) von 12–13 Tagen und die roten Blutkörperchen von 100–120 Tagen. Auch wenn die Zellen absterben, bleiben ihre Bausteine erhalten und werden für den Neuaufbau wiederverwendet. Die meisten Nervenzellen teilen sich zwar das ganze Leben nicht mehr, können also nicht ersetzt werden, dennoch werden ihre Strukturen, z.B. die Zellmembranen und Eiweißkörper, ständig ausgetauscht und erneuert, sodass die Nervenzellen (ebenso wie die Zellen anderer sog. «zellkonstanter Organe» wie Herzmuskel-, Nieren-, Skelettmuskelzellen usw.) am Ende des Lebens nur noch der äußeren Form nach mit den Zellen früherer Jahre identisch sind; stofflich sind sie vollständig erneuert worden.

Nun würde dieser Stoffkreislauf gewissermaßen eine Art «Perpetuum mobile» darstellen, d.h. Unsterblichkeit garantieren, wenn nicht immer ein Teil der im Kreis zirkulierenden Stoffe für den Wiederaufbau unbrauchbar werden würde und ausgeschieden werden müsste. Diese Stoffe müssen dann aus der Nahrung ersetzt werden. Nahrungsaufnahme und Ausscheidung von «Abbauprodukten» sind daher die hauptsächlichsten Kennzeichen unseres Stoffwechsels. Sie führen schließlich im Laufe der Jahre zu Alterung und Tod. Da Absonderung von Stoffen aber immer auch Freiwerden von (ätherischen) Kräften bedeutet, wirken diese bewusstseinsbildend. Immer wenn Absonderungen auftreten, entsteht Bewusstsein! Wenn z.B. die Nieren oder die Lungen Stoffe ausscheiden, tritt eine kopfwärts gerichtete «Strahlung» auf, die die Grundlage für die Bildung von Gedanken und Vorstellungen wird. Vorstellen setzt das Freiwerden von Kräften aus dem Stoffwechsel voraus, die durch die Absonderungen für den Stoffumsatz nicht mehr benötigt werden.

Die luziferische «Verführung» mit dem Versprechen der Bewusstseinserhellung («ihr werdet sein wie Gott») führte damit einerseits zu einem stofflichen Abbau im Körper (Alterung und Tod), andererseits aber auch zu einem verstärkten Ich-Erleben innerhalb des Körpers; nur basierte dieses neuartige Ich-Bewusstsein auf einem Schein-Ich, einem Surrogat des wirklichen, «höheren» Ichs, das die Götter dem Menschen «mit dem lebendigen Odem» eingehaucht hatten. Ursprünglich (im «Paradieseszustand») war der Mensch daraufhin veranlagt, die Körperlichkeit nur wie von außen zu erleben, aber nicht dazu, sich mit dem Körper zu identifizieren. Das Ganze wäre wie ein in lebendiger Bewegung befindlicher Bilderteppich gewesen, in dem die Weisheit der Götter wie Intuitionen hätte aufleuchten können (GA 134, S. 79). Indem durch den luziferischen Einschlag diese lebendigen Imaginationen der Götter mit Materie durchsetzt wurden, entstand eine feste Form, aus der später das Knochensystem hervorgegangen ist. Wie Steiner diese Vorgänge schildert, wurde aus dem (zunächst unsichtbaren) übersinnlichen Kräfteweben (Imaginationen) später die Anlage des festen Knochensystems, aus den lebendigen Götter-Inspirationen die zugehörige Muskulatur und aus den Intuitionselementen (Weisheit usw.) das Nervensystem.

Der irdische Mensch

Damit hatte der aus dem Paradieseszustand entlassene, auf die Erde herabgestiegene Mensch die Anlagen einer völlig anderen Existenzform eingepflanzt bekommen, denn Bewegungs- und Nervensystem erlaubten ihm jetzt, sich selbst im Erdenraum «frei» zu bewegen; aber das in diese Körperlichkeit eingezogene Ich war noch zu schwach, diese Freiheiten wirklich zum Guten zu nutzen. Es wäre überhaupt in dieser Körperlichkeit untergegangen, gewissermaßen ertrunken, wenn nicht Luzifer dem Menschen etwas von seiner Kraft «eingeimpft» hätte (GA 134, S. 59). Das egoistische Element, das im heutigen Menschen so stark in Erscheinung tritt, stammt im Grunde von Luzifer – es ist nicht das eigentliche Wesen der menschlichen Individualität, sondern etwas Aufoktroyiertes und Fremdes.

Worauf aber stützt sich dieses Schein-Ich im Körperlichen? Wenn wir die bisher besprochenen organischen Prozesse und die darin aufgetretenen funktionalen «Verschiebungen» ins Auge fassen, können wir sofort sehen, dass es eines Elementes bedarf, das alle diese unterschiedlichen Prozesse untereinander verbinden und harmonisieren kann – und dies ist das *Blut*. Das Blut durchströmt alle Organe, führt ihnen Stoffe und Atemgase zu, ermöglicht andererseits aber auch die «Absonderungen» und damit das Freiwerden ätherischer Kräfte für die Bewusstseinsprozesse im Nervensystem. Das Blut ist das eigentliche Organ des Ich. Daher hat sich Luzifer des Blutes bemächtigt. Er drängte das Blut in eine «gröbere Stofflichkeit» hinein, als sie ursprünglich veranlagt war. In die Organsysteme hat er «nur Unordnung» hineingebracht, aber das Blut, so wie es heute materiell vorliegt, ist ganz und gar eine «luziferische Schöpfung». Steiner sagt: «Selbst die Tinte, mit der Faust seinen Pakt mit Mephistopheles unterschreiben muss, ist für Luzifer noch göttlicher als das Blut» (GA 134, S. 98).

Die zukünftige Entwicklung des Menschen, wenn sie zum Weltenfortschritt und nicht zum Untergang führen soll, muss daher in erster Linie darin bestehen, den luziferisch-ahrimanischen Impuls wieder aus dem Blut zu entfernen und damit auch die funktionalen Verschiebungen in den Organsystemen wieder rückgängig zu machen. Wir sind bisher bei der Betrachtung der funktionellen Organisation des Menschen immer von der Polarität zwischen Kopf- und Stoffwechselsystem, zwischen Oberem und Unterem ausgegangen. Um aber die hier anstehenden Probleme verstehen zu lernen, müssen wir von einer anderen Teilung ausgehen. Sowohl das «Obere» als auch das «Untere» haben jeweils ein fortschrittliches und ein retardierendes Element in sich. Das Rückwärtsgewandte ist materiebehaftet und damit den Erdenkräften verfallen, das Zukünftige ist mit den Sonnenkräften verbunden und dem Übersinnlichen (Kosmischen) zugewandt.

Rudolf Steiner spricht von einem «Verfallsmenschen», der hauptsächlich das Sinnes-, Drüsen- und Verdauungssystem umfasst und «ganz und gar für die Zeitlichkeit bestimmt ist», und einem «anderen Menschen» (Nerven-, Muskel- und Knochenmenschen), dem es zukommt, «das Menschliche für die Ewigkeit, für die Dauer zu retten, [und] hinüberzutragen für ein späteres Dasein» (GA 134, S. 92).

Hier wird deutlich, dass das, was wir oben charakterisiert haben, nämlich das Vorstellungsmäßige im Kopf (Nervensystem), das wir durch den Willen spiritualisiert haben und dann über die moralische Dimension des Mittleren (Herz-Blut-Kreislauf) in das Bewegungssystem (Stoffwechsel-Gliedmaßensystem, Knochen, Muskulatur usw.) haben einfließen lassen, das eigentlich Fortschrittliche ist (Abb. 16). Die spiritualisierten, willensdurchdrungenen Gedanken (kosmische Gedanken) werden im Handeln zu Kräften, durch die die Liebe in die Welt einströmen kann. Sie werden im Tun ein Fortschrittsimpuls, der Licht in das Erdendunkel, eben Liebe bringen kann. Die Bewegungsvorstellung, die Intention für das Handeln wird im geistigen Raum, d.h. im Übersinnlichen geboren (Nervensystem), im Handeln (in der Bewegung) wird sie zur Realität innerhalb des dreidimensionalen Raumes (Muskel-Knochen-System). Die Taten des Menschen können zerstörerisch sein, wenn sie aus egoistischen Impulsen kommen, sie können aber auch die Welt in eine neue Zukunft hineinführen, wenn sie aus Liebe geschehen. Das, was der zukunftsorientierte Mensch mit Hilfe seines Nerven- und Bewegungssystems an guten und liebedurchdrungenen Taten «der Erde einverleibt», wird weiter bestehen und dem Erdenfortschritt dienen, das aber, «was denkerisch falsch, gefühlsmäßig hässlich und moralisch schlecht oder böse ist», das nimmt der Kosmos nicht auf, das weist er zurück, sodass dies der Mensch in einer neuen Inkarnation «selber ausstreichen» muss. Dies ist die «Technik des Karma» (GA 134, S. 91).

In diesem prozessualen Geschehen nimmt das Herz-Kreislauf-System eine zentrale Stellung ein. Wenn z.B. Bewegungsvorstellungen aus dem Unräumlichen (Kopfbereich) in die tatsächliche Handlung innerhalb des Raumes übergehen, muss es ein Organ geben, wo diese «Umstülpung» erfolgt – und das ist das Herz! Wir hatten oben gesehen, dass das Herz in seiner Entwicklung die Dimensionalität umkehrt, d.h. die Qualitäten der drei Dimensionen jeweils vertauscht. Dadurch wird das Herz zu einem Organ, wo Unräumliches in Räumliches übergehen kann und umgekehrt; denn wäre es selbst voll («wesensgerecht») in die Dimensionalität eingegliedert, könnte es dieses Tor zwischen «Diesseits» und «Jenseits» nicht bilden. Natürlich ist es dann das Blut, das die Kräfteströme in die Peripherie trägt und damit zum Zentralorgan für die zukünftige Menschheits- und Erdenentwicklung wird – aber nur das geläuterte, selbstlos gewordene Blut, das den luziferischen Impuls überwunden und die Christuskraft der Liebe in sich aufgenommen hat, kann diese Funktion erfüllen!

Vincent van Gogh schrieb einmal in einem Brief:

«Der ‹Kern› der Bibel, Christus, scheint mir vom künstlerischen Standpunkt aus höherstehend und jedenfalls etwas anderes als die griechischen, indischen, ägyptischen, persischen Altertümer, die doch auch weit vorgeschritten sind. Aber ich wiederhole es: dieser Christus ist mehr Künstler als alle Künstler – er arbeitet in lebenden Geistern und Körpern, er macht Menschen statt Statuen ...»

VIII. Das Problem des Auferstehungsleibes

> «Die Christuskraft, das Evolutionsprinzip kann nun aus dem Menschen quellen, es kann aus dem Menschen hervorbrechen, denn die alte Evolution ist bis heute abgeschlossen. Das ist der Grund der Krise. Alles, was an Neuem sich auf der Erde vollzieht, muss sich durch den Menschen vollziehen ...
> Wer mit dem inneren Auge zu sehen sucht, der sieht, dass der Christus längst wieder da ist. Nicht mehr in einer physischen Form, aber in der bewegten Form einer für das äußere Auge unsichtbaren Substanz. Das heißt, er durchweht jeden einzelnen Raum und jedes einzelne Zeitelement substantiell. Also, er ist ganz nah da ...
> Die Form, wie diese Verkörperung Christi sich in unserer Zeit vollzieht, ist das Bewegungselement schlechthin. Der sich Bewegende ...
> Es ist also das Auferstehungsprinzip: die alte Gestalt, die stirbt oder erstarrt ist, in eine lebendige, durchpulste, lebensfördernde, seelenfordernde, geistfördernde Gestalt umzugestalten.
> Das ist der erweiterte Kunstbegriff.»
>
> *Joseph Beuys (aus: Volker Harlan «Was ist Kunst»)*

Anfang des Jahrhunderts wurde von Rudolf Steiner eine völlig neue und tief greifende Christologie geschaffen. Danach sei Christus das einzige Wesen in der Menschheitsgeschichte gewesen, das den menschlichen Körper bis zum Knochensystem hinunter geistig durchdrungen habe (GA 112, S. 181). Diese Aussage enthält die wahrlich ungeheuerliche Feststellung, dass das, was oben als der «Zukunftsmensch» charakterisiert worden ist, der nicht nur das Nerven- und Vorstellungsleben spiritualisiert, sondern auch – und gerade – das Bewegungssystem, das Taten vollbringende und Schicksal schaffende System durchgeistigt hat, keine evolutive Utopie ist, sondern beim Christus-Jesus bereits Wirklichkeit geworden ist. Für den gegenwärtigen Menschen entstand dadurch ein gewaltiges kosmisch-irdisches Vorbild.

In den unter dem Titel *Das Fünfte Evangelium* herausgegebenen Vorträgen hat Rudolf Steiner dargestellt, wie die Jordantaufe des Jesus durch Johannes den Täufer als ein Ereignis angesehen werden müsse, das mit der Konzeption («Empfängnis»), d.h. dem ersten Fußfassen einer sich inkarnierenden Individualität zu vergleichen sei (GA 148, S. 41). Der Gottesgeist habe sich im Augenblick der Taufe in die leer gewordenen Hüllen des Jesus eingesenkt, was auch mit dem Bibelwort «Dies ist mein geliebter Sohn, heute habe ich ihn gezeugt» übereinstimmt. Die Urchristen, die das Christgeburtsfest am 6. Januar, dem Fest der Jordantaufe, feierten, hatten noch ein ehrfurchtsvolles Empfinden für diese okkulten Zusammenhänge. Später wurde das Fest der «Christgeburt» dann auf den 25. Dezember verlegt, d.h. auf eine Zeit, in der im Altertum eigentlich die Mithrasmysterien vollzogen wurden. Wenn das erste Fußfassen des Christuswesens in einem menschlichen Körper (die «Empfängnis») am 6. Januar bei der Jordantaufe des damals 30-jährigen Jesus der nathanischen Linie erfolgt ist, dann muss die ganze folgende Entwicklung bis zum Kreuzestod auf Golgatha mit der Embryonalentwicklung und der Tod schließlich mit der Geburt verglichen werden. In der Zeitspanne von der Jordantaufe bis zum Tod hat sich das sonnenhafte Christuswesen gewissermaßen durch die Hüllen des Jesus (Astralleib, Ätherleib) hindurch bis in den physischen Leib – schrittweise – «hineingearbeitet», d.h. so weit vorgeschoben, dass es schließlich die Ebene des physischen Leibes, ja die des Knochensystems selbst erreicht hat. Wenn der aus der Sonne stammende Christus-Geist nach «drei Jahren» tatsächlich den gesamten Leib des Jesus durchsetzt, sozusagen innerlich «verbrannt» hat, dann konnte durch die Auferstehung wirklich ein neuer Leib geboren werden (der «Tod des Jesus muss als die irdische Geburt des Christus» verstanden werden» (GA 148, S. 41)); dann sind aber auch mit dem Auferstehungsleib erstmalig in der Menschheitsgeschichte die durch den «Sündenfall» eingetretenen «Verschiebungen» und Verunreinigungen innerhalb des menschlichen Organismus wieder aufgehoben und die paradiesischen Strukturen in mehrfacher Hinsicht wiederhergestellt worden.

Wenn Kreuzestod und Auferstehung so etwas wie eine «irdische Geburt», d.h. die Geburt eines ganz neuen, übersinnlichen, nicht mehr mit Materie durchsetzten Leibes bedeuten, dann taucht natürlich sofort die Frage auf, wo der ins Grab gelegte Leichnam eigentlich geblieben ist.

Rudolf Steiner schildert dazu in der oben erwähnten Vortragsreihe die folgende von ihm okkult erlebte «Bildreihe» (GA 148, S. 30/31):

«An dem Kreuze auf Golgatha verscheidet der Jesus. Finsternis bricht herein über die Erde. In das offene Grab wird der Leichnam hineingelegt. Ein Beben durchrüttelt den Erdboden, und der Leichnam des Jesus wird aufgenommen von der Erde. Der durch das Beben entstandene Spalt schließt sich, der Stein wird daneben geschleudert. Das alles sind tatsächliche Ereignisse; ich kann nicht anders, als sie so schildern.»

Die an anderen Stellen von Steiner gegebenen Hinweise und die früher dargestellten morphologischen Tatsachen geben uns nun die Möglichkeit, diese Zusammenhänge noch tiefer zu verstehen, und dies ist tatsächlich von zentraler Bedeutung.

Denn «mit der Auferstehungsfrage hängt die ganze Entwicklungsgeschichte der Menschheit zusammen.» (GA 131, S. 157).

Wenn es gelingen könnte, die Geburt des neuen Menschenwesens, die sich auf Golgatha vollzogen hat, auch nur annäherungsweise zu verstehen, hätte man zugleich auch den Sinn der gesamten Menschheitsevolution erfasst. Wir wollen versuchen, in tiefer Ehrfurcht und Bescheidenheit, einige Bausteine zu diesem Verständnis zusammenzutragen.

Durch den luziferischen Einfluss waren – wie wir gesehen haben – zwischen den vier Wesensgliedern des Menschen dramatische «Verschiebungen» zustande gekommen (GA 134, S. 61). Der physische Leib hatte ein Übergewicht gegenüber dem Ätherleib bekommen, sodass die Lebenskräfte, z.B. in den Sinnesorganen und im Nervensystem, zurückgedrängt worden sind und das gegenwärtige Wachbewusstsein allmählich entstehen konnte. Im Stoffwechselsystem bekam der Astralleib ein Übergewicht über den Ätherleib, sodass die Begierde nach Nahrung entstand und der Körper mit Materieteilchen («Aschenbestandteilen»), die ihrerseits wieder Krankheit und Tod mit sich brachten, durchsetzt wurde. Die «Urgestalt» des Menschen, die Rudolf Steiner das «*Phantom*» nennt (GA 131, S. 185), war damit korrumpiert.

Anstatt dass das Phantom mit dem Ätherleib mitging, entwickelte es nach der luziferischen Einflussnahme «eine starke Anziehung zu den Aschenbestandteilen ...» und «ging nun mit dem mit, was Zerfallsprodukte sind». Beim Christus-Jesus blieb jedoch «das Phantom durch alle drei Jahre von den materiellen Teilen unberührt. Man drückt das okkult so aus, dass man sagt: Eigentlich sollte das menschliche Phantom nach dem, was sich herüber gebildet hatte durch die Saturn-, Sonnen- und Mondenzeit, keine Anziehungskräfte haben zu den Aschenbestandteilen, sondern es sollte nur mit den sich lösenden Salzbestandteilen eine Anziehung haben ...» (GA 131, S. 186).

Als nun der Leib «vom Kreuze herabgenommen wurde, waren sozusagen die Teile noch zusammenhaltend, aber sie waren in keiner Verbindung mit dem Phantom, weil das Phantom von ihnen völlig frei war. Als der Leib dann mit gewissen Substanzen versetzt wurde, die dann wieder auf diesen Leib ganz anders wirkten als auf einen anderen Leib, der einbalsamiert wird, da geschah es, dass sich die materiellen Stoffe nach dem Begräbnis rasch verflüchtigten, rasch in die Elemente übergingen ...» (GA 131, S. 187); d.h. in die Erdspalte als Ascheteilchen hineinfielen und verschwunden waren, als die Frauen und die Jünger zum Grabe kamen. Das Phantom ist der auf dem «Alten Saturn» veranlagte Formenleib, d.h. die elementare physische Gestalt, die «Urgestalt», die dem Menschen auf der Erde das Ich-Erleben ermöglichen sollte. Der luziferische Einfluss führte aber nur zum Erleben eines Schein-Ichs. Luzifer hat dem Menschen etwas von seiner Kraft mitgegeben. Diese Kraft war aber nicht das wahre Ich, sondern nur das Ego – und damit die Quelle allen (auch zerstörerischen) Egoismus.

Das in Lösung gehende Salz enthält die Formkräfte des Physischen, die den ätherischen Lebenskräften eine gestaltliche Grundlage geben, ohne dabei dem Tod der «aschenartigen» Substanzen selbst preisgegeben zu sein. Der Auferstehungsleib Christi besitzt das salzartig Strukturierte in sich, hat also noch «feste» Strukturen, allerdings ohne das an den «Aschenbestandteilen» klebende Verwesliche. Damit hat der Christus den Tod überwunden und die paradiesische Urgestalt des Phantoms gerettet und in eine neue Form gegossen, die das Ziel der gesamten Menschheitsevolution darstellt (vgl. a. S. Prokofieff, 2008).

Wenn man – in aller Ehrfurcht und Zurückhaltung – eine Ahnung von der Struktur dieses Auferstehungsleibes gewinnen will, muss man von den beim «Sündenfall» eingetretenen Strukturveränderungen und «Verschiebungen» innerhalb der Wesensglieder des Menschen und der dadurch zustande gekommenen Veränderungen des menschlichen Organismus, vor allem dessen Inkrustierung mit Materieteilchen («Asche») ausgehen. Der Christusleib hat im Grabe die «Asche» abgeschüttelt, aber die Salzkomponente des Physischen, d.h. das strukturgebende Formelement des physischen Leibes behalten. Es war damit kein Tod, der ja beim heutigen Menschen eine Trennung zwischen physischem und ätherischem Leib bedeutet, sondern im

Gegenteil, die Vereinigung der Urform des Physischen (Phantom) mit dem verstärkten und geläuterten Ätherleib, mit anderen Worten, die Geburt eines neuen physisch-ätherischen Organismus, in dem jetzt das höhere Geistig-Seelische Wohnung finden konnte. Das Phantom hat damit eine ganz neue Gestalt bekommen.

Um diesem Geheimnis näher zu kommen, muss man noch einmal auf die Ungleichgewichte bei den Regelkreisen, die sich in nahezu allen großen Funktionssystemen des menschlichen Organismus finden, eingehen. Wir hatten gesehen, dass sich beim postparadiesischen Menschen, beispielsweise im Nervensystem, charakteristische Verschiebungen bei der Wertigkeit einzelner Systeme ergeben haben, in dem z.B. bei den Sinnessystemen die Afferenzen dominieren, beim vegetativen oder autonomen Nervensystem die Efferenzen. Im Stoffwechselsystem halten sich Abbau- und Aufbauprozesse nicht durchweg die Waage, vielmehr müssen immer wieder neue Substanzen aufgenommen und «verbrauchte Stoffe» ausgeschieden werden. Die Nieren resorbieren 98,5 % der in die Harnkanälchen abgesonderten Flüssigkeit ins Blut zurück, aber eben nicht alles, sodass immer ein Teil der Körperflüssigkeit, Salze und Abbauprodukte ausgeschieden werden müssen, ohne wiederverwendet werden zu können, was zur Folge hat, dass diese dem Körper neu zugeführt werden müssen. Die roten Blutkörperchen haben eine Lebensdauer von rund 100 Tagen, d.h. sie werden kontinuierlich abgebaut und wieder neu gebildet, wobei der rote Blutfarbstoff zerstört (Gallenfarbstoffe), aber sofort wieder resynthetisiert wird. Das darin enthaltene Eisen wird zwar immer wieder verwendet, aber dennoch befindet sich dieses System nicht im Gleichgewicht.

Wenn man sich aber vorstellt, dass die verschiedenen Funktionssysteme unseres Organismus doch in den – wohl ursprünglich veranlagten – Gleichgewichtszustand zurückkehren, also – von der Notwendigkeit der Aufnahme und Ausscheidung materieller Teilchen befreit – gewissermaßen als reine dynamische Strukturprozesse in der neuen Dimension des Ätherisch-Physischen ohne materielle «Verunreinigung» arbeiten könnten, würde sich ein Organismus (eben der Auferstehungsleib) ergeben, der zwar nicht für irdische Augen sichtbar wäre (da er keine Materieteilchen enthielte), aber als solcher in seiner strahlenden Vollkommenheit durchaus lebensfähig und *menschlich* sein würde. Damit wären auch die luziferischen «Verschiebungen» beseitigt und eine reine Grundlage für das höhere Ich geschaffen worden, das dann nicht mehr aus dem Weltganzen herausgelöst wäre, sondern sich mit vollbewusster Verantwortlichkeit wieder in dieses als Glied einer neuen Hierarchie eingliedern könnte.

Betrachten wir noch einmal etwas genauer die Asymmetrien und Ungleichgewichte, die im gegenwärtigen menschlichen Organismus innerhalb der drei großen Funktionssysteme vorhanden sind, um eine etwas konkretere Vorstellung über die Dimensionen des Auferstehungsleibes zu gewinnen.

Im Nervensystem konnten wir drei große Funktionsbereiche unterscheiden, nämlich «oben» den Bereich der Sinnessysteme, «unten» das autonome oder vegetative System der «Lebensnerven» und in der Mitte den Bereich der sensomotorischen Systeme mit Rückenmark und Spinalnerven. In allen drei Bereichen ist das Strukturprinzip des Leitungsbogens verwirklicht, der im einfachsten Fall aus einem afferenten und einem efferenten Neuron besteht. Im oberen Bereich (Sinnessysteme) dominiert jedoch der afferente Schenkel, der efferente tritt ganz zurück. Das Bewusstsein ist bei den großen Sinnesorganen ganz nach außen verlagert, in die Welt hinein – es kommt nicht im Gehirn oder im Sinnesorgan selbst zustande. Wir erleben nicht unser Auge, sondern den wahrgenommenen Gegenstand. Dies ist die durch Luzifer hervorgerufene Verschiebung unseres Bewusstseins nach außen («und ihre Augen wurden aufgetan»). Umgekehrt dominiert funktionell im unteren Bereich, d.h. im Vegetativum, der efferente Schenkel des neuronalen Leitungsbogens. Die Lebensprozesse innerhalb der Organe sind unserem Bewusstsein entglitten, sie vollziehen sich autonom, ohne unser Zutun.

Stellt man sich jetzt vor, dass diese funktionellen Asymmetrien wieder ausgeglichen und harmonisiert wären, könnte ein ganz anderes Funktionsgeschehen und Erleben zustande kommen. Wenn im Bereich der Sinnesorgane afferente und efferente Prozesse im Gleichgewicht wären, das Bewusstsein nicht in die Welt hinaus wanderte, sondern durch die in den Sinnesorganen selbst ablaufenden Lebensprozesse zustande käme, könnten diese Organe zusammen mit den zugehörigen Elementen des Blut- und Stoffwechselsystems wieder ein lebendiges, im physisch-ätherischen Bereich entstehendes Bild von den der Welt zugrunde liegenden Ideen und Geistwesenheiten vermitteln.

Umgekehrt würde die Aufhebung der Ungleichgewichte im unteren Bereich die Aufhellung des Bewusstseins in der Welt der Organe zur Folge haben. Die Organe stellen ja ein inneres «Weltsystem» dar, d.h. sie repräsentieren die Planetenkräfte im Inneren des Organismus (GA 128, S. 78). Die Harmonisierung der nervösen Prozesse und deren funktionelle Beziehungen zur «Bluttafel» würde ein Erleben der Weltenkräfte im Inneren des Organismus bedeuten und damit einen Zugang zu den makrokosmischen (planetarischen) Lebensbereichen und den dort waltenden Ideen, Impulsen und Geistwesen erschließen.

Der mittlere (sensomotorische) Funktionsbereich des Nervensystems ist hauptsächlich mit dem Bewegungsapparat (Muskulatur, Gelenke usw.) verbunden. Hier liegen die Keime des «Zukunftsmenschen» (GA 134, S. 92), der die in Freiheit geborenen Ideen im Tun realisieren soll. Es ist durchaus vorstellbar, dass der Christus seine von Liebe und Weisheit durchglühten Willenskräfte mit Hilfe der Bewegungs- und Nervenorgane im Erdenbereich mit gewaltiger Strahlenkraft Wirklichkeit werden lässt, wie man das ahnend am Bild des Auferstandenen von Grünewald im Isenheimer Altar erleben kann (vgl. J. W. Rohen, 2008). Hier werden keine Knochen und Muskeln bewegt, sondern physisch-ätherische Lebenskräfte, die in den Bewegungsorganen enthalten sind. Die aus dem reinen (höheren) Ich hervorquellenden Bewegungsimpulse werden in dieser Dimension zu lebendigen Bildern (Imaginationen), die die Wirklichkeit der Welt bereichern und den neuen, von der Erde aus entstehenden Kosmos zu gestalten beginnen (vgl. GA 134, S. 87-90).

Wenn der Mensch heute seine Glieder in Tätigkeit setzt, strahlen diese fortwährend etwas in die Welt aus.

«Wenn aber diese Prozesse nicht stattfinden würden, dann würde von unserer Erde, wenn sie am Ziele ihrer Entwicklung angelangt sein wird, nichts vorhanden sein, als pulverisierte Materie, die in den allgemeinen Weltenraum als ein Staub übergehen würde. Dasjenige aber, was aus den materiellen Prozessen der Erde gerettet wird durch den Menschen, das lebt in dem allgemeinen Kosmos ... als das, was entstehen kann durch Intuition, Inspiration und Imagination. Der Mensch gibt auf diese Weise der Welt das, woraus sie als aus den Bausteinen sich wieder neu aufbaut» (GA 134, S. 90).

Der neue planetarische Zustand (das «Jupiterdasein») hängt damit u.a. auch davon ab, was wir mit unserem Bewegungsmenschen (dem «Zukunftsmenschen») der Welt geben können, was von unserem Tun mithilfe des Knochen- und Muskelsystems in die Welt einstrahlt. Wenn es keine Materie und damit keine Schwerkraft mehr gibt, sind es lebendige Imaginationen und Inspirationen, die durch die vom Luziferischen gereinigten Bewegungs- und Nervenorgane in die Welt ausstrahlen.

Das ist das, was der Christus als Erster mit dem Auferstehungsleib erreicht hat und wodurch er – für uns als Vorbild und Vorreiter (s. Apokalypse des Johannes) – begonnen hat, die Erde für ihr neues Dasein vorzubereiten.

Zusammenfassend ließe sich damit sagen, dass durch die Christuskraft die im «Sündenfall-Menschen» entstandene Disharmonie der Funktionsprozesse innerhalb des Nervensystems und der zugehörigen Organe (Blut, Muskulatur, Knochen) wieder ausgeglichen und damit auf eine höhere Entwicklungsstufe gehoben worden wäre. Das Nervensystem wäre wieder ein lebendiges, den Ideengehalt der Welt und ihrer Geistwesen spiegelndes System, das in selbstloser Reinheit alles dieses abzubilden vermag, ohne dabei von der luziferischen Hybris vergiftet zu sein; das aber auch Ideenimpulse zu entwickeln vermöchte, die in Taten einfließen würden, die dann die Welt substanziell verändern und umgestalten würden.

Ähnliche Harmonisierungen müssten sich natürlich auch am anderen Pol des menschlichen Organismus, dem Stoffwechselsystem, vollzogen haben. Wie wir gesehen haben, existiert beim heutigen Menschen in allen Stoffprozessen ein Ungleichgewicht zwischen Abbau und Aufbau, das immer zu Ausscheidungen von unbrauchbar gewordenen Restelementen führt. Die *Nieren* z.B. haben die Aufgabe, den Wasser- und Mineralhaushalt im Körper zu regulieren. Sie sind sozusagen die Augen, die die Flüssigkeitsverhältnisse überwachen, eine Versalzung verhindern und das ionale Milieu im Gewebe konstant halten. Die gesamte Körperflüssigkeit – durch das Blut vermittelt – strömt ununterbrochen durch die Nieren. Aber immer muss ein kleiner Teil an Wasser und Salzen, der nicht wieder zurückfließen kann, ausgeschieden werden. Dies sind sozusagen die «Aschebestandteile», die das System verunreinigen. Wenn man sich vorstellt, dass die mit diesen Flüssigkeitsströmungen zusammenhängenden Lebensprozesse, aus denen auch die Kräfte für das denkende Bewusstsein gewonnen werden («Nierenstrahlung»), so harmonisiert und ausbalanciert sind, dass keine Ausscheidungen mehr nötig sind, dann hätte man vielleicht einen ahnenden Begriff von den strahlenden, das «lebendige Wasser» im Körper beherrschenden, Stoff umwandelnden Lebensprozessen des Auferstehungsleibes.

Ähnliches würde natürlich auch für das Verdauungssystem und die damit zusammenhängenden Organe gelten. Der Stoffwechsel besteht ja, wie gesagt, hauptsächlich darin, dass in einem Kreisprozess Substanzen auf- und wieder abgebaut werden. Aber auch hier fällt wieder ein kleiner Teil der Substanzen aus dem Stoffkreislauf heraus und muss ausgeschieden und durch die Nahrungsaufnahme ersetzt werden. Durch das Stoffwechselsystem kommt der Mensch in direkte Berührung mit der Stoffeswelt. Er nimmt die Stoffe (nicht wie beim Nervensystem die Ideen) der Welt in sich hinein. Aber diese Stoffe werden nicht inkorporiert, sondern dienen nur zur Anregung, entsprechende eigene Stoffe zu bilden. Aber auch hierbei ergibt sich wieder das Ungleichgewicht zwischen Aufbau und Abbau mit der Notwendigkeit der Ausscheidung. Es wäre natürlich auch bei diesem Funktionssystem durchaus denkbar, dass die Stoffprozesse innerhalb des Organismus nur der Anregung durch die Kräfte der Außenwelt, nicht aber der durch die Substanzen selbst bedürften, gewissermaßen ohne Materie auskämen, um in der rein prozessualen Ebene von Aufbau und Abbau, d.h. im ätherisch-physischen Zwischenfeld das Stoffwechselgeschehen und damit die Geistigkeit der Raumeswelt (der Vater-Welt) zu erleben. Damit würde der Auferstehungsleib auch ein Verdauungs- und Stoffwechselsystem besitzen, aber nur als Werkzeug der Wahrnehmung der mit dem Substanziellen zusammenhängenden Kräfte des Makrokosmos sowie als ein Organsystem, durch das dann auch eine Einwirkung auf diese Kräftewelt, z.B. durch die Macht der Liebe, möglich werden würde.

Es gehört zu den größten Rätseln des Evangeliums, dass z.B. am Ende des Lukas-Evangeliums der Auferstandene den Jüngern erscheint und um etwas Essen bittet. Es wurden ihm «ein Stück Fisch und eine Scheibe Honig gegeben. Und er aß vor ihren Augen» (Lukas, 24, 42). Selbstverständlich darf man nicht glauben, dass hier eine echte Mahlzeit stattgefunden habe. Vielmehr war es für die Jünger ein übersinnliches Erlebnis, das ihnen zeigen sollte, dass auch der Auferstehungsleib noch ein Stoffwechselsystem besitzt, durch das er mit der «stofflichen Seite» der Welt in Verbindung treten kann, aber nicht in Form materieller Körper, sondern in Form geistiger Bilder aus der Stoffeswelt. Der Fisch, an der Wurzel des Wirbeltierstammes stehend, verkörpert noch das reine, unverdorbene Seelische im Stofflichen, sozusagen die geläuterte Astralität; der Honig, der von den höchstentwickelten Tieren der Nichtwirbeltiere, den Bienen, erzeugt wird, stammt aus der Astralsphäre der Pflanzen, nämlich den Blüten, deren Substanzialität durch die Bienen in selbstloser, liebevoller Weise gereinigt und auf eine höhere Stufe gehoben worden ist. Dadurch wird beides zu einem Bild für eine höhere Art der Auseinandersetzung mit der Stoffes- (oder Vater-)welt, die zu einer Stoffverwandlung führt, an der sich von nun an der Auferstandene mit seiner neu errungenen, sonnenhaft durchgeistigten Leiblichkeit zusammen mit den durchchristeten Menschen beteiligen wird.

Diese Umwandlungs- oder Verwandlungsprozesse setzen aber letztlich die Mitwirkung eines Organsystems voraus, das wir bisher in diesem Zusammenhang noch gar nicht besprochen haben, nämlich des *Blutes*. Blut, Blutkreislauf und Herz spielen in dem beschriebenen neukonstituierten Organismus, d.h. im Phantom, eine zentrale Rolle.

Während in den übrigen Organsystemen Luzifer nur Verschiebungen bzw. Unordnungen und Ungleichgewichte erzeugen konnte, hat er auf das Blut «einen direkten Einfluss als Materie, als Stoff» genommen (GA 124, S. 93). Das menschliche Blut, das ja das Organ des Ichs darstellt, ist also durch und durch luziferischer Natur; es ist gewissermaßen substanziell vergiftet. Daher ist das Golgatha-Geschehen in erster Linie eine «Entgiftung» des Blutes und damit eine Neukonstituierung des gesamten Organismus.

Beim gegenwärtigen Menschen fließt das Blut durch alle Organe. Man kann von einem verflüssigten Organsystem sprechen, das sowohl mit dem «Niedrigsten» (die Welt der Materie) als auch «Höchsten» (die Welt des Geistes) Kontakte eingeht. Rudolf Steiner spricht von der Bluttafel (GA 128, S. 51), die einmal von innen (durch die Organe, d.h. die Innenwelt), und einmal von außen (durch die Sinnesorgane, d.h. die Außenwelt) «beschrieben» wird. Die gewaltige Dimension, die zwischen den makrokosmischen und mikrokosmischen Prozessen liegt, verändert das durch den Organismus strömende Blut ständig in seiner Zusammensetzung und Struktur. Das Ich erlebt durch das Blut die Prozesse des «inneren Weltsystems» (d.h. der inneren Planetenkräfte), wenn auch unbewusst, andererseits aber auch durch die auf das Blut einwirkenden Sinnesorgane die Vorgänge der Außenwelt, wenn auch nur im erstorbenen Abbild. Durch die Blutkräfte kann das Ich im «oberen Bereich» Gedanken hervorbringen, die die Weltenkräfte des Makrokosmos widerspiegeln. Im «unteren Bereich» erlebt das Ich die mikrokosmischen Prozesse, die mit dem Stofflichen zusammenhängen. Bei den Stoffumsetzungen im Körper wird aber immer Energie verbraucht, die aus den im Blut zirkulierenden Energieträgern stammt. Im Gewebe, vor allem in der Muskulatur, spielen sich «Verbrennungsvorgänge» ab, bei denen Wärme frei wird. Die Blutwärme ist nun aber nicht nur eine physikalische Größe, die bei unseren vom Willen ausgehenden Bewegungen eine Rolle spielt, sondern zugleich ein seelisches Element, das von uns erlebt und gestaltet werden kann. Die «inneren Verbrennungsprozesse» haben damit zugleich eine seelisch-geistige Dimension. Die an der Stoffeswelt entzündete Blutwärme kann in uns in Mitgefühl und Anteilnahme verwandelt und damit zu einem Quell der Liebe werden, die, wenn sie in die Welt ausströmt, die Erde verwandeln kann.

«Es ist eine wunderbare Tatsache, dass die Weltwesenheit den Umweg gemacht hat über unsere gesamte Organisation, um uns zuletzt die Erwärmung zu geben, die wir Menschen berufen sind, umzuwandeln durch unser Ich in lebendiges Mitfühlen mit allen Wesenheiten»... «Was wir durch lebendiges Interesse in unsere Seele aufnehmen und wodurch wir immer mehr und mehr unsere Seele erweitern, das werden wir mitnehmen, wenn wir durch viele Inkarnationen (Organisationen) gegangen sind, durch die wir ausgenutzt haben, was uns von der Erde gegeben werden kann als Erwärmung, als Heizwärme, als Verbrennungswärme für den Geist. Und wenn wir durch die verschiedenen Inkarnationen diese ganze Heizwärme in uns aufgenommen haben werden, dann wird die Erde ihr Ziel, ihren Zweck erreicht haben, dann wird sie als ein großer Leichnam unter uns versinken in den unbestimmten Weltenraum ...»

Das aus den Erwärmungsvorgängen (‹Heizwärme›) durch unser Ich entstandene Mitleid ist der «Grundstein für unsere höheren Seelentätigkeiten», [...] «was die Erde produziert durch die Menschenseelen, das wird durch die Menschenseelen in Ewigkeiten hinüber getragen» – das ist die eigentliche «Erdenmission» (GA 128, S. 180/181).

Wenn das luziferisch infizierte Ich die aus den Stoffprozessen der Organwelt aufscheinende Wärme für egoistische Zwecke missbraucht, entstehen in der Welt zerstörerische Prozesse. Wenn aber der Mensch die Christuskraft in sich aufnimmt und die Blutwärme in Liebe verwandelt, arbeitet er an der Vergeistigung unseres Planeten, d.h. an der Zukunft der Erde, an der Erdenmission mit.

«... das, was heute nur seelische Wärme ist, wird im späteren, zukünftigen Weltendasein eine physische Rolle dadurch spielen, dass der Christus-Impuls drinnen leben wird ...» (GA 201, S. 242).

Christus, der die verkörperte göttliche Liebe ist, hat auf Golgatha das Blut von dem luziferischen Impuls befreit, indem er das Materielle aus dem Blut herauswarf und in das Geistige der Substanz die Liebe einströmen ließ.

Dadurch wurde der ganze Auferstehungsleib von einer Wärmeströmung durchglüht, die einerseits (im Stoffwechselbereich) das dem Stofflichen zugrunde liegende Geistige für das höhere Ich wieder erlebbar machte, andererseits (im Kopfbereich) die Welt der «kosmischen Gedanken», d.h. die Realität des Geistigen und der darin lebenden geistigen Wesenheiten wieder für das (höhere) Ich erschloss.

Der Auferstandene hätte damit die ursprüngliche, von den Göttern veranlagte Geistgestalt des Menschen (das Phantom mit all seinen Wesensgliedern und dem «höheren», ursprünglich im Schoße der Götter lebenden Ich) wiederhergestellt und in eine neue Form gegossen, die das eigentliche Ziel der Evolution war.

Warum aber, mag sich der heutige Mensch fragen, haben denn die Götter die luziferische Verführung überhaupt zugelassen, warum war dieser schmerzvolle Gang durch das «Jammertal der Erde», dieses unendliche Leid beim Durchgang durch die Finsternis der materiellen Welt überhaupt nötig, wenn man am Ende doch wieder «im Paradies» landet?

Der Sündenfall ist kein menschliches Vergehen – keine Schuld. Er wurde von den Göttern gewollt. Krankheit und Tod sind ein «Geschenk der Götter», um dem Menschen durch die Notwendigkeit vieler Reinkarnationen die Entwicklungsmöglichkeiten zu einer höheren, geistigen Daseinsstufe zu geben.

Steiner sagte einmal (GA 143, S. 209):

«Gott ist reine, lautere Liebe, nicht höchste Weisheit, nicht höchste Macht. Gott hat die Liebe behalten, geteilt aber hat er die Macht und die Weisheit mit Luzifer und Ahriman. Die Weisheit hat er geteilt mit Luzifer, mit Ahriman die Macht, damit der Mensch frei sei, damit der Mensch unter dem Einfluss der Weisheit weiterschreiten könne.»

Die Macht kommt aus der Materie. Von hier aus bekommt Ahriman seinen Einfluss auf den Menschen. Über die (irdische) Intelligenz, das Wissen, die «Weisheit» gewinnt Luzifer seinen Einfluss auf den Menschen. Wenn aber der Mensch in sich die Kraft der Liebe entwickelt, überwindet er gleichzeitig Luzifer und Ahriman und baut an seiner höheren, materie-befreiten Leiblichkeit. Aber der Durchgang durch diese Prüfungen hat ihm die *Freiheit* gebracht. Wäre er im Schoße der Götter (im Paradies) geblieben, hätte er nie zu einem freien Ich-Erleben, zu einer individuellen Selbstständigkeit kommen können. Dass damit zugleich auch die Möglichkeit einer Abkehr vom Schöpfergott und eines Missbrauches der Freiheit in Form von Willkür und Egoismus gegeben war, ist unvermeidlich gewesen.

Die *Liebe*, die das große Ziel der Erdenevolution darstellt, ist die Metamorphose der Freiheit im Seinsbereich. Wirklich erfasste Freiheit setzt immer eine Erkenntnis der Wesenszusammenhänge in der Welt voraus, in die man sich freiwillig einfügt, d.h. man schafft nicht willkürlich Zusammenhänge, sondern man ergreift Aufgaben, die mit den Weltgesetzen konform sind. Man ordnet sich (aus Freiheit) in diese Gesetzmäßigkeiten ein, womit sich auch der scheinbar unlösbare Gegensatz zwischen Freiheit und Notwendigkeit selbst auflöst (vgl. GA 4).

Die Liebe ist nun genau die gleiche Kraft im Bereich des Seins. Haben wir bei der Freiheit die Dimension der Gedankenwelt (Weisheit), so hier die der Willenswelt, der Substanz- und Stoffeswelt in ihrer ganzen Geistigkeit vor uns. Wenn der Mensch die Weisheit verinnerlicht hat «wird sie der Keim der Liebe. Weisheit ist die Vorbedingung der Liebe; Liebe ist das Ergebnis der im ‹Ich› wiedergeborenen Weisheit.» (GA 13, S. 416). Die Liebe fragt nicht nach dem persönlichen Vorteil, dann wäre es keine Liebe, sondern Egoismus. Die Liebe schenkt, opfert und gibt weg. Damit ordnet sie sich aber immer auch «systemgerecht» in die Weltgesetzmäßigkeiten ein. Sie verändert nichts willkürlich zum eigenen Vorteil, sondern fügt sich in diese Gesetze, die sie durch Mitfühlen erkennt (als metamorphosierte Weisheit), und schenkt die eigenen Kräfte zur Fortentwicklung und Förderung des anderen, des nicht mit dem Eigenen Zusammenhängenden. So wie das Freiheitserleben auf dem Sich-Opfern im Erkennen beruht, so die Liebe auf dem Hingeben eigener Kräfte für das andere. Liebe ist damit die Metamorphose der Freiheit im «unteren Bereich» und der Weisheit im «oberen Bereich» der menschlichen Organisation. Hat der Mensch – durch das Vorbild und die Hilfe Christi – Freiheit und Liebe errungen, so kann er durch diese Kräfte nach und nach auch seine Leiblichkeit in Richtung des Auferstehungsleibes umwandeln und damit die Erdenmission erfüllen. Dann wird das, was die Götter am Weltenanfang veranlagt hatten und wozu der Christus auf die Erde heruntergestiegen ist, Wirklichkeit. Dann wird die Menschheit – am Ende der Zeiten – zur 10. Hierarchie im Chor der die Trinität umgebenden Wesenheiten aufgestiegen sein und das Ziel der Evolution erfüllt haben. Aber bis dahin muss der Mensch noch viele, viele Inkarnationen (den steinigen Weg zur Höherentwicklung) durchlaufen.

IX. Die Reinkarnation als biologischer Prozess

Die Reinkarnationslehre Rudolf Steiners unterscheidet sich grundlegend von den Wiederverkörperungslehren früherer Epochen – vor allem dadurch, dass sie nicht nur die Metamorphose der Wesensglieder des Menschen, sondern auch die Entwicklung der am Menschen arbeitenden «Götter» und der Welt mit einbezieht. Sie wird dadurch zu einer fundamentalen Evolutionslehre, die Mensch und Welt als Ganzes umfasst. Der Mensch erscheint dabei nicht mehr als Außenseiter angesichts einer toten, maschinenhaft starren, nur von materiellen Gesetzmäßigkeiten beherrschten Welt, sondern als zentrales, ja verantwortliches Glied innerhalb der Weltentwicklung selbst. Die ungeheuerlichen Dimensionen dieser Erkenntnisse eines «Geistesforschers» (wie Steiner sich immer wieder selbst charakterisiert) liegen auf der Hand. Im okkulten Bereich wird hier das ptolemäische Weltbild (im Geistigen, nicht im Physischen) wiederbegründet. Steiner soll auf die Frage, was er als seine zentrale Aufgabe in dieser seiner Inkarnation ansehe, geantwortet haben: die Entwicklung einer modernen Reinkarnationslehre und die Erforschung karmischer Zusammenhänge. In der Tat käme es zu einer schlagartigen Veränderung unserer ganzen Lebensverhältnisse und Verhaltensweisen, wenn Steiners Reinkarnationslehre zur allgemeinen, selbstverständlichen Lebensanschauung würde. Es bedeutete einen fundamentalen geistigen Umbruch, wenn diese okkulten Forschungsergebnisse zum Allgemeingut der Menschen würden, denn es käme zu einem Bewusstseinswandel, ähnlich dem beim Übergang vom Mittelalter zur Neuzeit, von der Glaubenswelt zur Wissenswelt, vor 500 Jahren. Leben und Entwicklung bekämen wieder einen Sinn und heiliger Ernst zöge in das menschliche Streben ein, das bemüht wäre, Mensch und Welt weiterzuentwickeln und im Einklang mit den «Zielen der Götter» auf eine höhere Daseinsform zu heben. Es ist eine Tragik der Biografie Rudolf Steiners, dass er über die Ergebnisse seiner Karmaforschungen erst ganz am Schluss seines Lebens sprechen konnte (s. GA 233–239) und dass es zu einer zusammenfassenden Darstellung seiner Metamorphosenlehre nicht mehr gekommen ist.

Die zentralen Aussagen der Reinkarnationslehre Steiners sind folgende: 1. Die Erhaltung des ICH als unseres geistigen (und göttlichen) Wesenskerns auch nach dem Tode, 2. die Umwandlung (Metamorphose) des Rumpfes (mit all seinen Organen) in den Kopf beim Durchgang durch die geistige Welt und 3. die Veränderungen der Wesensglieder (Ätherleib, Astralleib usw.) in den nachtodlichen Entwicklungsabschnitten und die damit zusammenhängenden Karmaprozesse. Man muss all dies in engem Zusammenhang mit der evolutiven Weiterentwicklung der menschlichen Leiblichkeit, d.h. der zunehmenden Vergeistigung des physischen Leibes im Sinne der Christustat sehen und nicht als Prozess einer von Inkarnation zu Inkarnation stärker werdenden Vergeistigung und Loslösung vom «leidbringenden» Körper, wie etwa beim Buddhismus. Aber gerade die physischen Aspekte der Steiner'schen Reinkarnationslehre, die ja für das Verständnis von Mensch und Welt so grundlegend und zentral sind, wurden bis heute weder genügend verstanden noch weiterentwickelt. Im Vortragswerk Steiners sind sie nur bruchstückhaft und teilweise auch nur in Andeutungen zur Darstellung gekommen. Dennoch lässt sich heute schon – wenn auch nur fragmentarisch – ein Gesamtbild entwerfen.

1. Die Veränderungen der Wesensglieder nach dem Tode

Für die Angehörigen und Mitmenschen ist der Tod eines geliebten Menschen fast immer ein erschreckendes Ereignis. Man sieht nur noch die starre Hülle, die sich nicht mehr bewegt und sich mehr und mehr auflöst. Leben und Geist sind entwichen. Auch wenn man die Form des Körpers durch Konservierungsmittel (z.B. bei Lenin) oder gar Mumifizierung (z.B. bei den Pharaonen) zu erhalten sucht, Lebensäußerungen sind nicht mehr zu beobachten, die Seele kehrt nicht in den Körper zurück. Zellen und Gewebe lösen sich auf. Die aktiven Ionenpumpen in den Zellmembranen, die die Ungleichgewichte in den inneren Konzentrationsverhältnissen aufrechterhalten haben, hören auf zu arbeiten. Die Elemente folgen den physikalischen Gesetzen, die Konzentrationsunterschiede der Stoffe gleichen sich aus, feste und flüssige Stoffe gehen in die Erde, Gasförmiges in den Umkreis über. Nur die Wärme, so weit sie geistiger Natur ist, macht nach Steiner eine Ausnahme. Das Geistige unseres physischen Körpers, gewissermaßen sein Urbild, seine geistige Struktur, verlässt die Stofflichkeit, die verwest (welch tiefes Wort!), und wird «aufgenommen in das ganze Universum» (GA 168, S. 70), nur «ein Stück dieses Geistigen wird abgetrennt, das in Wärme lebt, und das bei der Erde verbleibt. Wärme, unsere innere Wärme, unsere Eigenwärme wird abgetrennt, bleibt bei der Erde. Aber alles dasjenige, was sonst geistig ist am physischen Leib, das wird hinausgetragen in den ganzen Weltenraum, in den ganzen Kosmos» (GA 168, S. 71).

Hier berühren wir ein zentrales Problem unserer Existenz, und zwar nicht nur unseres Lebens, sondern auch unserer Welt und Evolution. Dies wird uns weiter unten noch beschäftigen.

So traurig der Tod für die Hinterbliebenen ist, so großartig erscheint er, nach den okkulten Beobachtungen Steiners, dem Verstorbenen selbst. Er erlebt den Tod als einen beglückenden Sieg des Geistigen über das Physische. Der Tod erscheint ihm «als das größte, herrlichste, als das bedeutsamste Ereignis», woran sich sein «Ich-Bewusstsein nach dem Tode entzündet». Man hat immer den Moment des Sterbens «als einen der herrlichsten und erhabensten Augenblicke vor sich» (GA 168. S. 71).

In der Tat haben viele Menschen, die nach einem «tödlichen» Unfall oder nach dem «Ertrinken» wieder zum Leben zurückgebracht worden sind, übereinstimmend das Lichtvolle und Beglückende dieses «Todesmomentes» geschildert (s. z.B. Jankovich, 1985).

Es ist nämlich keineswegs so, dass wir unser Ich-Bewusstsein verlieren und in die dunkle Nacht der Nichtexistenz hinabsinken. Der Ätherleib löst sich vom Körper; Seele und Geist verlieren den Zusammenhang mit ihm, aber das Ich-Bewusstsein löst sich nicht auf. Es schaut zurück auf den Raum, den der Körper einmal ausgefüllt hat, auf die «Leere», die an dessen Stelle zurückbleibt.

«Mit dem, was hier unserem physischen Leib als übersinnliche Kräfte zugrunde liegt», sind wir in der Zeit zwischen Tod und neuer Geburt «überall in der Welt, nur an einem einzigen Ort nicht, der bleibt leer. Das ist der *Raum*, den wir hier in der physischen Welt einnehmen innerhalb unserer Haut. Und immer blicken wir auf diese Leere. Wir schauen uns dann von außen an und schauen in eine Hohlheit hinein. Das, in was wir hineinschauen, bleibt leer, aber es bleibt so leer, dass wir davon eine Grundempfindung haben .... verbunden mit einer mächtigen inneren Lebenserfahrung, mit einem mächtigen Erlebnis .... eine Empfindung, die uns nun begleitet durch unser ganzes Leben zwischen dem Tod und einer neuen Geburt, ... was wir überhaupt dieses jenseitige Leben nennen. Es ist die Empfindung: Da ist etwas in der Welt, das muss immer wieder und wiederum von dir ausgefüllt werden. Und man erlangt dann die Empfindung: Man ist in der Welt zu etwas da, wozu man nur selber da sein kann. Man empfindet seinen Platz in der Welt. Man empfindet, dass man ein Baustein ist in der Welt, ohne den die Welt nicht sein könnte. Das ist die Anschauung dieser Leere.» (GA 168, S. 73/74).

Und dieses Anschauen des leeren Bereiches des Geistleibes, der unserem physischen Körper zugrunde liegt, erweckt den Drang, sich wieder zu inkarnieren, um (vielleicht erst nach vielen Inkarnationen) die Leere dieses Raumes ins Geistige zurückzuholen, d.h. die neue Geburt, die sich auf Golgatha vollzogen hat, auch für die eigene Individualität nachzuvollziehen.

Der physische Leib mit seinen vielen Organen enthält ja die Kräfte des gesamten Makrokosmos, stellt also abbildhaft einen Mikrokosmos dar. Nach dem Tod wird dieser Mikrokosmos wieder «ausgerollt» ins Makrokosmische, mit Ausnahme des «Raumes der Leere», d.h. des gestorbenen Körpers (s. o.). Nach dem Tode vollzieht sich daher ein grandioser Umstülpungs- bzw. Metamorphosenprozess. Die in den Makrokosmos ausgeströmten Kräfte der Organe und Gewebe werden dann von Neuem in einen neuen physischen Leib hinein verdichtet, der den zurückgelassenen «Hohlraum» wieder ausfüllt – nun allerdings bereichert um die Früchte der Lebenserfahrungen der vergangenen Inkarnation (Abb. 17).

Dabei vollzieht sich nach Steiner eine Metamorphose der Rumpforgane in den Kopf. Der alte Kopf wird abgestoßen. Der Großteil der nachtodlichen Zeit (in der Regel mehrere Jahrhunderte) wird für die Umbildung des Rumpfes in den Kopf des neuen Organismus verwendet, an den sich dann ein neuer Rumpf-Körper angliedert, den der Mensch im Wesentlichen «von den Vorfahren, von der Erde» bekommt. Der Mensch ist also «im Wesentlichen eine Doppelnatur, ... in dem der Kopf von einem ganz anderen Gesichtspunkte aus gebaut ist als der übrige Organismus» (GA 170, S. 94; Anhang 10).

Unmittelbar nach dem Tode beginnt sich der Kopf aufzulösen («wegzuschmelzen»), d.h. die Gestaltungskräfte des Hauptes strömen auseinander und werden nicht mehr erlebbar. Anders ist es mit den Gestaltungskräften des

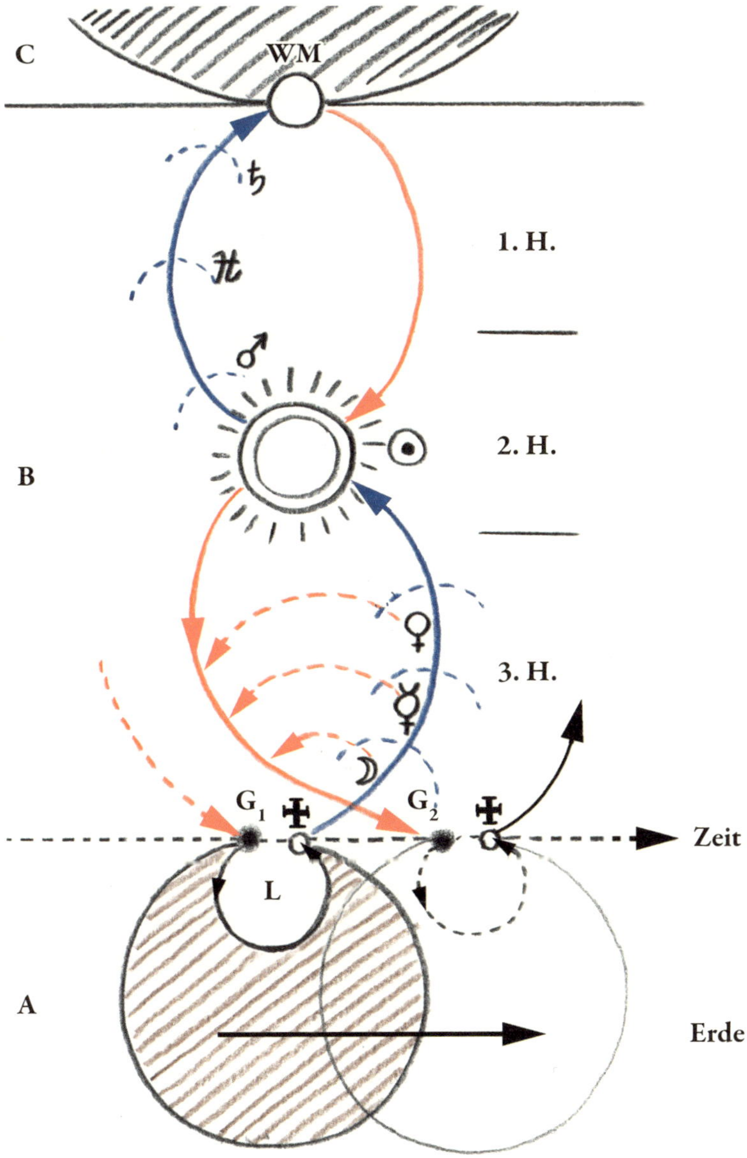

Abb. 17. Stationen des Lebens nach dem Tode bis zur Reinkarnation in eine neue Körperlichkeit. G = Konzeption bzw. Geburt; H = Hierarchien; L = Individueller Lebenslauf; WM = Weltenmitternachtsstunde; Sphären: A = Erdensphäre; B = Planetensphären; C = Universum.

übrigen Körpers, mit dem *Ätherleib* des Rumpfes. Dort sind ja hauptsächlich unsere Erinnerungen gespeichert, nicht allein im Nervensystem, wie Steiner mehrfach betont hat. Diese werden jetzt frei, sodass ein gewaltiges, lichtvolles *Erinnerungstableau* entsteht, das das ganze vergangene Leben umfasst. In lebendigen Imaginationen treten die Ereignisse des abgelaufenen Lebens in unser Bewusstsein, was etwa zwei bis drei Tage nach dem Tod in Anspruch nimmt. Dann verblassen diese Bilder. Sie «fliegen» gewissermaßen «fort in das Weltenall – wir können sie nicht halten – die Welt nimmt sie uns weg». (GA 234, S. 150).

Aber dann tritt etwas ganz Neues auf. Hinter den Erinnerungsbildern tauchen allmählich die moralischen Werte auf. Wir gehen aus dem Imaginationsbereich in den Inspirationsbereich über. Das ist die Welt des *Astralischen*. Jetzt werden «die geistigen Gegenbilder all der Taten, die wir durchgemacht haben bis zur Geburt hin, sichtbar» (GA 234, S. 152) – ein Prozess, der etwa ein Drittel unserer Lebenszeit andauert. Jetzt erleben wir das Unrecht, das Glück oder Unglück, das wir anderen zugefügt haben, indem wir nicht unsere Gefühle, sondern die der anderen Wesen erleben. Dies kann brennende Schmerzen – aber auch große Beglückungen – mit sich bringen. Es handelt sich um den Bereich, der früher oft als Fegefeuer oder als Kamaloka bezeichnet worden ist. Hier entsteht der Drang, das Unrecht wiedergutzumachen und das Karma in einem neuen Leben wieder auszugleichen. Kosmisch gesehen ist dies alles noch die Mondenregion.

Erst wenn der Astralleib seine «Unreinheiten» abgestreift und das Ungeläuterte aus sich ausgesondert hat, kann sich die Seele der Sonnensphäre nähern. Aber der Mensch hat nicht die Kraft, nach dem Kamaloka von der Mondensphäre in die Sonnen- und weiter in die Sternensphäre überzutreten. Hier hilft dann «das hohe Sonnenwesen» (Christus), «befreit» den Menschen «von seinem Schicksalskern und nimmt [ihn] auf in die Sternensphäre, sodass [er] ausarbeiten kann den Geistteil [seines] künftigen Organismus.» (GA 215, S. 177).

Jetzt beginnt die grandiose Umstülpung und Umbildung der Organe und Organsysteme des Rumpfes in die des Kopfes, wobei die Wesen der ersten und zweiten Hierarchie entscheidend mitwirken (Abb. 17).

Man muss sich aber vorstellen, dass bei diesem Durchschreiten der verschiedenen planetarischen Sphären (Mond-, Merkur-, Venus-, Sonnensphäre und dann Mars-, Jupiter-, Saturnsphäre) das Bewusstsein der menschlichen Seele abwechselnd hellere und dunklere Zustände durchläuft, d.h. das innere Licht aufleuchtet und sich der (geistigen) Außenwelt zuwendet, dann aber wieder sich selbst zuwendet und verglimmt. Dann schließlich – in der Mitte zwischen Tod und neuer Geburt – wird die innere Leuchtkraft immer geringer, sodass die Überschau der geistigen Umwelt dunkler und dunkler wird. Das innere Erleben wird reicher und reicher, man wacht gewissermaßen allmählich auf, aber «in die Nacht, wo man sich erlebt wie abgeschlossen in der geistigen Welt» (GA 63, S. 344). Dies ist die «geistige Mitternacht» oder «Weltenmitternachtsstunde», in der die Sehnsucht, sich wieder der Erde zuzuwenden, erwacht und eine innere Umkehr erfolgt, die letztlich die erneute Inkarnation in eine neue Körperlichkeit zur Folge hat. Die nachtodlichen Prozesse verlaufen also «zyklisch», weshalb dafür im Schema der Abbildung 17 das Bild der Lemniskate gewählt wurde.

In der Weltenmitternacht stehen wir, nachdem wir alle Hüllen unseres geistigen Wesenskernes abgelegt haben, gewissermaßen «geistesnackt vor dem geistigen Weltenall», das nun seinerseits uns wieder mit «Bekleidungen anziehen» wird (GA 234, S. 161).

Dieses «Bekleiden» erfolgt unter Mitwirkung der Götter (vor allem der höheren Hierarchien), die ja schon während des Erdenlebens an allen unseren Gedanken, Gemütsbewegungen, Lebenserfahrungen usw. Anteil genommen hatten (GA 168). Aus ihrer Weisheit heraus wird dann, unter Einbeziehung dieser Erfahrungen, der neue Geistleib des Menschen gestaltet, der zunächst die Grundlage für die Kopfbildung des neuen physischen Leibes ist. Nach der Weltenmitternachtsstunde beginnt der Abstieg des Menschen-Ich zur Erde, wobei wiederum die Sonnensphäre passiert werden muss (Abb. 17). In der Mondensphäre werden uns dann die zurückgelassenen Unvollkommenheiten und karmischen Brocken in die neu entstehenden Wesensglieder eingepflanzt, sodass wir sie im neuen Erdenleben auflösen und ausgleichen können. Auf diese Weise kann dann von Inkarnation zu Inkarnation allmählich eine Höherentwicklung des Menschenwesens, und zwar nicht nur des seelisch-geistigen Wesenskerns, sondern auch der Leiblichkeit selbst erreicht werden.

2. *Die Kopfmetamorphose*

Rudolf Steiner hat über die Kopfbildung leider nur wenige Andeutungen gemacht. So sagte er z.B. am 11.11.1923 (GA 230, S. 215):

«... da arbeiten die geistigen Wesenheiten der höheren Welten mit dem Menschen zusammen [...] dasjenige aus, was dann die Gestalt der nächsten Inkarnation, zunächst geistig, wird. Diese Geistgestalt, die verbindet sich dann erst mit dem, was im physischen Leben als Embryo dem Menschen gegeben wird. Aber da oben in der geistigen Welt, da wandelt sich Fuß und Bein um zum Kiefer des Kopfes. Da wandelt sich der Arm und die Hand um zu dem Jochknochen [Oberkiefer] des Kopfes. Da wandelt sich der ganze untere Mensch um in das, was jetzt Geistanlage für den späteren Kopf wird. Das ist, sage ich, das Wunderbarste, das man aus der Welt heraus erkennend erleben kann, wie da diese Metamorphose geschieht: wie gewissermaßen zuerst ein Abbild der ganzen Welt geschaffen wird und wie das hineindifferenziert wird in die Gestalt» (vgl. dazu auch GA 225, S. 29–31; vgl. a. Anhang 10).

Der Kopf ist sozusagen immer ein «Abbild des Ganzen». In ihm spiegelt sich das Ganze auf einer höheren Ebene, was ich in einer früheren Darstellung als *Integration* bezeichnet habe (J. W. Rohen, 2007). Bei der *Wirbelmetamorphose,* die Goethe im Prinzip schon erkannt hatte, wenn auch nicht im Zusammenhang mit dem Reinkarnationsprozess, handelt es sich nicht um die Umgestaltung *eines einzelnen* Wirbels, sondern *aller* Wirbel in den Basisknochen des Schädels. Die Form der gesamten Wirbelsäule wird integriert in die beiden zentralen Knochen der Schädelbasis, Keilbein und Hinterhauptsbein, die zusammen auch als Os basilare bezeichnet werden (Abb. 18). Jedoch erscheint das Hintere der Wirbel, nämlich Wirbelbogen mit sechs Fortsätzen jetzt vorne als Keilbein mit seinen ebenfalls sechs Fortsätzen (Flügeln). Das Vordere, nämlich der Wirbelkörper mit seiner plumpen und ruhenden Gestalt wird dann hinten zur Schale des Hinterhauptsbeins, in die sich das Kleinhirn einlagert. Die hinteren Abschnitte der Wirbel mit ihren Fortsätzen und Gelenken dienen der Bewegung, vor allem der Aufrichtebewegung und dem aufrechten Gang. Diese Aufrichtekraft ist im Bereich des Keilbeins zu einer geistig erlebbaren Ichkraft geworden. Hier befindet sich der Türkensattel, in dem die Hypophyse liegt, und – nicht weit davon entfernt – die Epiphyse (Abb. 11), sodass in diesem zentralen Bereich des Kopfes zwischen Epiphyse

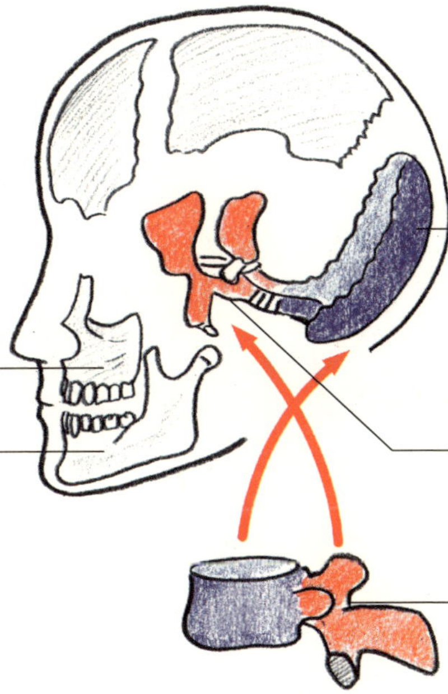

Abb. 18. Schema zur Wirbelmetamorphose. Der Grundstein der Schädelbasis (Keilbein und Hinterhauptsbein) stellt eine Metamorphose der gesamten Wirbelsäule dar, aber in umgekehrter und integrierter Form.

und Hypophyse das geistige Geschehen stattfinden kann, das Rudolf Steiner mit dem Überspringen eines Funkens verglichen hat und das von ihm dem Erinnerungsvermögen zugrunde gelegt wurde (GA 128, S. 86-88). Aber nicht nur für die Erinnerungsvorgänge ist dieser Bereich von Bedeutung, sondern auch – wie oben dargestellt – für die Stoff- und Geistströme generell, die im Organismus auf- bzw. absteigen und unser Leben als bewusste Ich-Wesen ausmachen. Die metamorphosierte Wirbelsäule formt daher in der Schädelbasis gewissermaßen die Gralsschale, die von der darüber liegenden Zirbeldrüse als Konzentrationspunkt des Gehirns (wie die zugehörige «Liebeslanze») die Impulse aus dem Geistigen heraus empfängt und dem Ich-Wesen ermöglicht, Freiheit und Liebe in der Welt zu verwirklichen. Das ist sozusagen die metamorphosierte Aufrichtekraft der Wirbelsäule.

Daran schließt sich im Kopfbereich der *Kiemenbogenapparat* (Pharyngealbögen usw.) an, der möglicherweise die metamorphosierten Rippenelemente der Wirbelsäule darstellt (Abb. 19). Werden diese im Brustkorbbereich zu

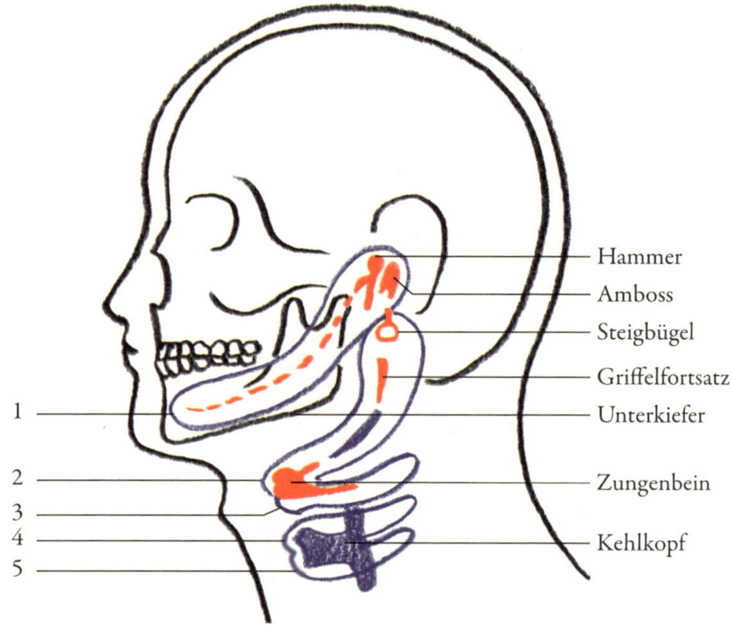

Abb. 19. Metamorphose der 5 «Kiemenbögen» (Pharyngealbögen, blau umgrenzt) *in die Gehörknöchelchen* (Hammer, Amboß, und Steigbügel) *und die Sprachorgane* (Kehlkopf und Zungenbein).

einem Atmungsorgan, so werden daraus im Kopfbereich Organe, die das Geistige der Luftschwingungen wahrzunehmen ermöglichen, nämlich schallleitende (Gehörknöchelchen) und schallerzeugende Organe (Kehlkopf, Zungenbein usw.). Wiederum hat sich hier ein Integrationsprozess zu einer höheren Gestaltstufe vollzogen, in dem die in rhythmischer Folge immer wiederkehrenden Formelemente der Rippen zu differenzierten Einzelorganen (Gehörknöchelchen, Kehlkopf usw.) geworden sind, die einem beim Menschen neu entstandenen Funktionsbereich, nämlich Gehör und Sprache, dienen. Das Geistige in den Bewegungen der Luft wahrzunehmen und durch die Sprache mitteilbar zu machen, ist erst durch die Aufrichtung des Körpers möglich geworden, ist also auch ein Ergebnis der Aufrichte- oder Ichkraft.

Daraus wird auch die Metamorphose der *Kieferknochen* verständlich, die mit diesem Aufrichteprozess eng verknüpft ist. In der Evolution zum Menschen haben sich die unteren Gliedmaßen verlängert und gerade, d.h. in die Senkrechte gestellt. Die Füße wurden rechtwinklig abgeknickt, sodass eine senkrechte Tragsäule entstanden ist. Die oberen Gliedmaßen (Arme mit Schultergürtel und Schlüsselbein) sind dadurch frei geworden. Der Unterkiefer kann als eine Metamorphose der unteren Gliedmaßen, der Oberkiefer als eine solche der oberen Gliedmaße aufgefasst werden, worauf unten noch genauer eingegangen wird (s. S. 142).

Am Kopf bildet der Unterkiefer eine abgewinkelte Spange für Mundboden und Kiefergelenk, das durch diese Abknickung von Druckbelastungen weitgehend unabhängig geworden ist und dadurch der Sprachbildung dienen kann. Zusammen mit dem Oberkiefer, der einen leicht gewölbten Gaumen ausbildet, entsteht am Kopf schließlich ein Hohlraum, die Mundhöhle, die als «Gebärmutter» für die Gestaltung von Worten und Tönen dienen kann.

Zum Verständnis dieser Metamorphosen muss man auch einen Blick auf die zugehörigen inneren Organe werfen. Das Becken beherbergt bei der Frau die inneren Geschlechtsorgane (Uterus, Eileiter usw.), die sich am Kopf in die Sprachorgane (Mundorgane usw.) metamorphosieren.

Die Fortpflanzungsorgane haben sich in der heutigen Form beim Menschen erst spät entwickelt, sind aber nach Steiner nicht mehr entwicklungsfähig, sondern bereits «im Zerfall» begriffen (GA 100, S. 247). Demgegenüber gehören die Organe wie «das Herz und der Kehlkopf und alles, was mit der Bildung des Wortes zusammenhängt» zu denjenigen Organen, «die sich erst in der Keimanlage befinden ...». Aus ihnen werden Organe herausgebildet, welche die Fortpflanzungsorgane in ihren Funktionen ersetzen und weit überragen werden. Sie werden im höchsten Sinne willkürliche Organe werden» (GA 100, S. 247).

Und an anderer Stelle heißt es, der menschliche Kehlkopf sei eigentlich ein Zukunftsorgan. «Heute teilt er nur unsere inneren Zustände durch das Wort der Außenwelt mit, während er in der Zukunft mitteilen wird alles das, was wir selbst sind, d.h. was zur Hervorbringung des ganzen Menschen dienen wird. Er wird das zukünftige Reproduktionsorgan sein. Der Mensch wird in der Zukunft nicht nur die Verfassung seines Gemütes durch das Wort zum Ausdruck bringen mit Hilfe des Kehlkopfes, sondern er wird sich selbst in die Welt hinein durch den Kehlkopf zur Darstellung bringen, d.h. die Vermehrung des Menschen wird an das Organ des Kehlkopfes gebunden sein.» (GA 134).

Dies ist jedoch eine sehr weitreichende Perspektive, etwas, was sich nach Steiner erst in zukünftigen planetarischen Entwicklungsstufen der Erde vollziehen wird. Immerhin zeigt es Tendenzen auf, die auch die gegenwärtige Form dieser Organe verständlich machen können.

Die Mundhöhle ist beim Menschen durch die Aufrichtung zu einem harmonisch gestalteten Hohlraum geworden, sodass sie den vom Kehlkopf ausgestoßenen Luftquanten durch kleine Veränderungen ihres Raumes eine definierte Form geben kann. Sie wird damit zur Gussform des Wortes, das sich durch das Zusammenspiel von Kehlkopf (Phonation) und Mundhöhle (Artikulation), gewissermaßen «inkarniert», so wie sich im Beckenbereich durch das Zusammenwirken der männlichen und weiblichen Fortpflanzungsorgane das Menschenwesen inkarniert.

Der Beckenraum, in dem die Fortpflanzungsorgane liegen, entsteht durch die Zusammenfügung der lemniskatisch gebogenen Beckenknochen mit dem dreieckförmigen Kreuzbein, das aus der Verschmelzung von fünf Wirbeln hervorgegangen ist (Abb. 20). Während am oberen Ende der Wirbelsäule durch die Ausdifferenzierung der zwei ersten Wirbel (Atlas und Axis) ein Maximum an (auch feinsten) Bewegungsmöglichkeiten erreicht wird, entsteht am unteren Ende ein fester Knochen, der seine Bewegungsmöglichkeiten weitgehend der Sicherheit des aufrechten Ganges geopfert hat. Zusammen mit den abgewinkelten Oberschenkeln und den Hüftgelenken bildet sich hier ein stabiler Gewölbebogen, der im Zusammenspiel zwischen den lastenden Kräften von oben und den Schwerkraftwirkungen von unten ein dynamisches und harmonisierendes Gleichgewicht halten kann. Angesichts dieses Bildes gewinnt die Dreiecksform des Schambogens im vorderen Teil des Beckens fast symbolische Bedeutung. Verglichen mit dem Kreuzbeindreieck ist das Schambogendreieck umgekehrt orientiert, nämlich mit der Spitze nach oben. Hier ist gewissermaßen der Raum weggenommen worden, sodass das Kind von hier aus empfangen, aber auch geboren werden kann (Abb. 20). Schamdreieck und Kreuzbein bilden – übereinander projiziert – einen Sechsstern (Hexagramm), wie er im Alten Testament immer als Symbol für das Zusammenwirken der göttlichen (oberes Dreieck) und der irdischen Kräfte (unteres Dreieck) gegolten hat. Hängt es damit zusammen, dass man das Kreuzbein Os sacrum, das heilige Bein, genannt hat? Jedenfalls gibt es hier noch offenbare Geheimnisse, die einer höheren Dimension angehören.

Auf dem Hintergrund dieser Strukturen werden auch die entsprechenden Metamorphosen im Kopfbereich verständlich. Die untere Gliedmaße metamorphosiert sich nach Steiner in den *Unterkiefer* (GA 230, S. 211),

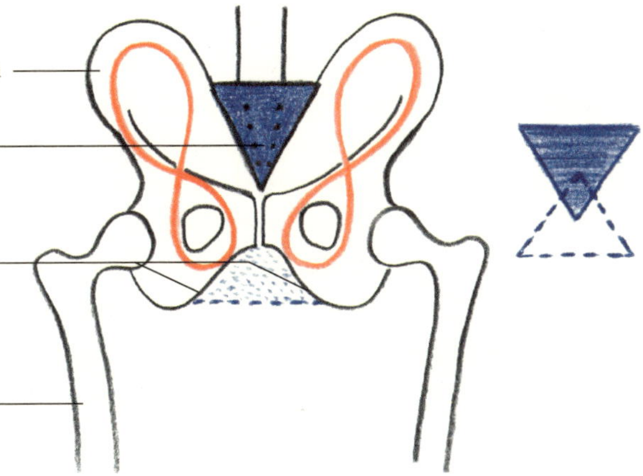

Abb. 20. Knöchernes Becken und Kreuzbein mit Oberschenkelknochen (von vorne). Die Beckenknochen bilden eine nach innen umgebogene Lemniskate, wodurch der Beckeninnenraum entsteht. Kreuzbein und Schambein bilden, übereinanderprojiziert, einen Sechsstern (rechts daneben skizziert). Im weiblichen Beckenraum kann sich das Kind vor der Geburt entwickeln.

wobei, wenn man die Schläfenschuppen und das Felsenbein mit einbezieht, ein größerer, gürtelförmiger Ring entsteht, der die Mundhöhle umschließt. Das wird dann zur «Geburtshöhle» des Wortes, die sich wie der Beckenring nach außen öffnet (Mundöffnung), die aber auch nach innen durch den Schlund (Pharynx) für Kehlkopf und Speiseröhre offen ist. Gehörorgan (Wortwahrnehmung) und Kehlkopf (Worterzeugung) sind damit in diesen Strukturkomplex einbezogen. Wie die Hüftgelenke das harmonisierende Gleichgewicht zwischen oberen und unteren Kräften im dreidimensionalen Raum schaffen, sind die beiden Kiefergelenke im Kopfbereich diejenigen Organe, die einerseits die Verformung der Mundhöhle für die Artikulation, andererseits aber auch die Zerkleinerung der Nahrung beim Kauen, d.h. die Auflösung der raumerfüllenden Stoffe für die Verdauung ermöglichen.

Diese Doppelheit zwischen oberen und unteren Kräften wird auch bei der oberen Gliedmaße und ihrer Metamorphose in den Kopfbereich erkennbar. Durch die Aufrichtung ist die obere Gliedmaße frei geworden. Für die Fortbewegung im Raum genügen allein die unteren Gliedmaßen. Jetzt können sich die Arme zwischen oben und unten frei bewegen, ohne auf die Schwerkraftverhältnisse Rücksicht nehmen zu müssen. Die Vertikale ist gewissermaßen aus der dreifachen Dimensionalität herausgenommen. Steiner drückt das einmal so aus: «Wir erleben in der Arme- und Händebewegung die Dimensionalität so, dass wir in unserem eigenen Akt zwei Dimensionen voll erleben und die dritte Dimension (das Oben-Unten) ... fertig im Bewusstsein dasteht» – dies also gewissermaßen ein Gegebenes darstellt, mit dem wir uns nicht aktiv auseinandersetzen müssen (GA 324, S. 39). Dadurch aber, dass wir hier mit dem Willen nur (oder hauptsächlich) in der Horizontalen leben, kann alles was in der Vertikalen, also in der Dimension des Oben-Unten geschieht, zum Bild werden, d.h. zur Geste, zum Abbild für Geistiges, zum Ausdruckselement. Die Handflächen nach oben wenden bedeutet «empfangen», sie nach unten drehen bedeutet «geben», «segnen» oder «tun». Die Drehung der Unterarmknochen bei diesen beiden polaren Gesten (Pronation = Drehung nach innen, Supination = Drehung nach außen) spiegelt diese Zusammenhänge deutlich wider.

Betrachtet man unter diesen Aspekten den *Oberkiefer*, so erkennt man sofort, dass hier die Doppelheit der Hand-/Armbewegungen in eine große Gesamtgestalt integriert ist, nämlich in dem flügelhaften, aufwärtsstrebenden Stirnfortsatz des Oberkiefers die Hinwendung zum Oberen (sozusagen die supinatorische Geste) und in dem nach unten gerichteten Zahnfortsatz die Hinwendung zum Unteren (sozusagen die pronatorische Geste; Abb. 21). Die Zähne dienen dem Kauvorgang, spielen aber auch bei der Lautbildung eine Rolle. Der Stirnfortsatz grenzt an das Stirnbein an, das die Denkregion repräsentiert (das «Obere») und gestaltlich die Denkfähigkeit eines Menschen, in mancher Hinsicht auch seine Ich-Natur widerspiegelt. Der Zahnfortsatz beherbergt eine in einem geschlossenen Bogen angeordnete Zahnreihe, die insgesamt 16 Zähne umfasst, die sich in drei Gruppen gliedern lassen: Schneide-, Eck- und Mahlzähne. Diese entsprechen wahrscheinlich nicht den einzelnen Fingern, wie gelegentlich angenommen worden ist (Mees, 1981), vielmehr könnte jeder Zahn die gestaltlichen Gesten des Körpers innerhalb der Dreidimensionalität des Raumes in sich integriert haben. Diese Bewegungsdynamik lässt sich am besten an den Gestaltgesten der oberen Gliedmaßen ablesen. Bei der nach oben gewendeten Handbewegung (Auswärtsdrehung des Armes, Supination) liegen alle Finger nebeneinander. Die Hand kann etwas aufnehmen oder empfangen. Wollen wir jedoch etwas ergreifen oder handwerklich tun, müssen wir den Daumen den Fingern gegenüberstellen und den Arm einwärts drehen (Pronation). Diese beiden Grundgesten der Hand zeigen damit, wie der Mensch in die Raumeswelt hineingestellt ist.

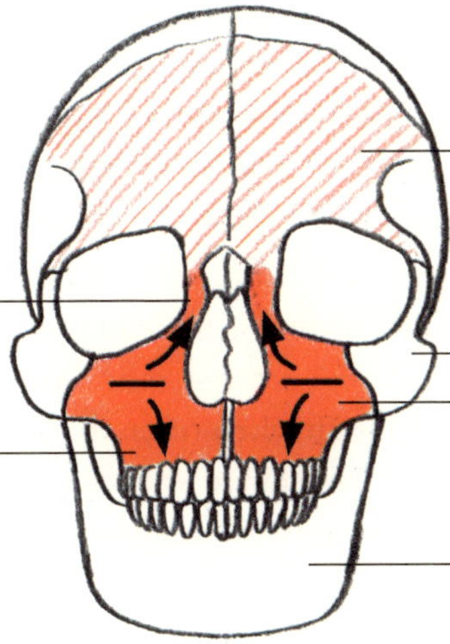

Abb. 21. Bewegungsdynamik des Oberkieferknochens (Pfeile), der mit seinem Stirnfortsatz nach oben zum Stirnbein hochschwingt und mit seinem Zahnfortsatz (Alveolarfortsatz) zum Zahnbogen herunterreicht, um sich dort an der Kauarbeit zu beteiligen. Die Jochbogenbrücke verklammert Gesichts- und Hirnschädel miteinander.

Sie können dadurch auch Gesten des seelischen Erlebens werden. Das Nach-oben-Wenden der Hand (Supination) kann ein «Sich-der-Geistwelt-Zuwenden» bedeuten (homo sapiens), das Nach-unten-und-innen-Drehen der Hand, d.h. eine Faust bilden und zugreifen, kann ein «Sich-dem-Irdischen-Zuwenden» bedeuten (homo faber).

Innerhalb des Gebisses sind die Schneidezähne diejenigen, die die Nahrung ergreifen, aber noch nicht zermahlen und verarbeiten. Sie haben noch eine Gestalt wie die empfangend nach oben gewendete Hand, wo alle Finger parallel nebeneinanderliegen. Schneidezähne sind besonders bei Nagern ausgebildet, die unentwegt Nahrungselemente ergreifen, aber wenig Zeit für die Kautätigkeit selbst verwenden. Bei den Wiederkäuern sind dagegen die Mahlzähne besonders gut ausgebildet. Diese haben eine horizontale Kaufläche ausgebildet, die durch die Vergrößerung eines bei den Schneidezähnen nur andeutungsweise vorhandenen Zahnhöckers entstanden ist. Man könnte diesen Höckerbildungsprozess mit der Opposition des Daumens bei der Hand vergleichen (s. J. W. Rohen, 2007). Durch die Gegenüberstellung des Daumens zu den anderen Fingern wird die Hand zu einer Greifhand, die im Irdischen arbeiten und verändernd wirken kann. Indem die Mahlzähne eine horizontale Kaufläche entwickelt haben, sind sie für das «Kaugeschäft», d.h. die Zerkleinerung und Bearbeitung der Nahrungsstoffe besonders geeignet. Dies ist im Grunde derselbe Prozess, den die Hand beim Ergreifen von Gegenständen und Arbeiten in der irdischen Welt vollzieht.

Die Eckzähne nehmen gestaltlich eine Mittelstellung zwischen den Mahl- und Schneidezähnen ein. Sie sind besonders bei den Raubtieren, die sich ja keine Zeit für das Zermahlen der Beute nehmen, differenziert.

Bei den Tieren ist das Gebiss meist sehr einseitig differenziert, während beim Menschen alle drei Elementarformen der Zähne eine harmonische Gesamtgestalt bilden, eben das lückenlose Gebiss, das dadurch auch Ausdruck der seelischen Konstitution des Menschen werden kann. Die individuelle Gestaltung der Schneidezähne spiegelt die Art und Weise wider, wie sich ein Mensch der Außenwelt gegenüber verhält, ob er mehr ein «Nagertyp» ist, der alles aufgreift und an sich zieht (vorstehende große Zähne), oder mehr introvertiert, Umwelt-abwehrend eingestellt ist (kleine, nach innen gewendete Zähne). Stark entwickelte Eckzähne finden sich häufig bei emotional labilen, temperamentvollen – kräftige Mahlzähne dagegen bei stoffwechselaktiven, pyknischen Menschen. Wie der Gesichtsschädel als Ganzes ist auch das Gebiss, bis in die einzelnen Zahnformen hinein, ein Bild des gesamten Bewegungsmenschen, nur dass am Kopf die Vielfalt des dynamischen Geschehens in eine Gesamtgestalt integriert, sozusagen in eine (relativ) dauernde Form hinein geronnen ist.

Betrachten wir jetzt die Metamorphose der Gliedmaßenknochen (Röhrenknochen) in die Knochen des *Schädeldaches*, auf die Steiner mehrfach hingewiesen hat (z.B. GA 323, S. 27). Dabei wird besonders betont, dass man diese Metamorphose nur verstehen könne, wenn man sich das Ganze wie einen gewaltigen, durch das Unendliche gehenden Umstülpungsvorgang vorstellen würde, wobei das Bild eines Handschuhs, den man umwendet, gebraucht wird (Anhang 11). Dieses Bild darf aber nur als eine allererste Annäherung verstanden werden, da der Gesamtvorgang sicher unendlich viel komplizierter ist. Wir haben oben schon gesehen, dass die Bildung des Schädeldaches von fünf Verknöcherungspunkten ausgeht, die – in etwa – die Form eines Pentagramms haben (Abb. 13). Die Verknöcherung erfolgt direkt aus dem Bindegewebe heraus (desmale Ossifikation), also unmittelbar von außen, wie die Außenschicht der Röhrenknochen (Compacta) auch. Die Röhrenknochen beherbergen jedoch innen noch das Knochenmark, das in den Zwischenräu-

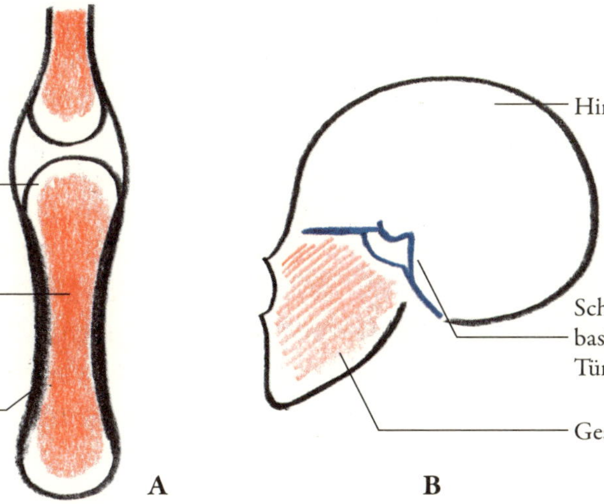

Abb. 22. Vergleich eines Röhrenknochens (A) *mit dem Schädel* (B) *zur Verdeutlichung des Desintegrationsprinzips.* Die Spongiosa des Röhrenknochens mit dem blutbildenden Knochenmark (rot) entspricht dabei dem Gesichtsschädel, der das Wesen der Individualität bildhaft zum Ausdruck bringt.

men einer mehr netzförmig angeordneten Knochensubstanz (Spongiosa) untergebracht ist. Dieses Bälkchengerüst des Knochens unterliegt den terrestrischen Kräften und ist entsprechend den aktuellen Belastungen (trajektoriell) strukturiert; während die Außenzone (Compacta) zusammen mit den Muskeln das eigentliche Bewegungssystem darstellt. Die von außen (desmal) gebildete Compacta steht daher unter dem Einfluss der gestaltenden kosmischen Kräfte, während die Spongiosa den terrestrischen Kräften unterliegt und durch das blutbildende Knochenmark dem Stoffwechsel und der Blutzirkulation dient (Abb. 22).

Am Kopfpol werden nun diese beiden Gestaltelemente getrennt, was wir als Disintegration bezeichnet haben (J. W. Rohen, 2007). Die Gestaltungskräfte, die bei den Gliedmaßen die Außenzone (Compacta) der radiär geformten Röhrenknochen bilden, formen am Kopf von fünf Punkten aus – gewissermaßen vom Umkreis her – eine Kugelfläche und schaffen dadurch den Schädelinnenraum für das Gehirn. Die bei den Gliedmaßen wirkenden Bewegungskräfte (Muskulatur usw.) werden jetzt Vorstellungskräfte, die gewissermaßen von außen den Schädelraum umspielen. Die im Inneren der Röhrenknochen lebenden Blutkräfte beteiligen sich jedoch im Kopfbereich an der Gestaltung des Gesichtsschädels, d.h. sie bilden die Gesichtsknochen (Oberkiefer, Unterkiefer usw.) und formen dabei nicht nur Mund- und Nasenhöhle, sondern auch die Hohlräume des Gesichtsschädels (Kiefer-, Stirnhöhlen usw.), die auch in gesetzmäßigem Zusammenhang mit der Entwicklung des jugendlichen Menschen stehen. So entwickelt sich die Kieferhöhle vor allem in der Pubertätszeit (7. – 12. Lebensjahr) und die Stirnhöhle zwischen dem 21. und 24. Lebensjahr, wenn der junge Mensch beginnt, sich als eine selbstständige Individualität zu erleben. Das Gesichtsskelett wird durch diese Entwicklungsprozesse zum Ausdrucksorgan des individuellen Menschen – gewissermaßen zur Imagination seines Wesens; das Schädeldach dagegen ermöglicht die Gehirnbildung innerhalb der Schädelhöhle und damit die Bewusstwerdung der (objektiven) kosmischen Kräfte durch ihre Spiegelung am Gehirn (Abb. 22).

Diese Doppelheit der Prozesse findet sich auch bei einigen Organen, auf deren metamorphotische Beziehungen Rudolf Steiner hingewiesen hat, wie z.B. bei *Niere* und *Auge*. Beiden Organen ist die Becherform immanent. Aber bei der Niere sind Millionen solcher kleiner Becherchen vorhanden (sog. Nierenkörperchen), während beim Auge nur ein großes Organ (beiderseits) existiert, das aus einem embryonalen Nervenbecher hervorgeht und durch komplizierte Hüllen zu einem hoch differenzierten Sinnesorgan ausgebildet wird (Abb. 23). Wiederum erkennt man den bei der Kopfbildung stattfindenden Integrationsprozess. Die Nierenkörperchen stellen ein becherförmiges Hohlorgan dar, in das ein Gefäßknäuel (Glomerulus) eingestülpt ist, das den Primärharn in das anschließende Kanälchensystem absondert. Wie oben dargestellt, bedeutet jede Drüsenabsonderung immer ein Freiwerden von Kräften. Durch die aus dem Blut erfolgende Absonderung der im Harn gelösten mineralischen Stoffe werden Kräfte frei, die in Form der «Nierenstrahlung» nach oben gehen und im Kopfbereich als Denkkräfte in Erscheinung treten (sog. inneres «originäres oder metamorphosiertes Licht»; siehe GA 312, S. 88).

Beim Auge, bei dem die Gesamtheit aller Nierenkörperchen gewissermaßen in ein großes Sinnesorgan integriert ist, liegt nun der umgekehrte Prozess vor. Die Blutgefäße stülpen sich nicht in den Augenbecher ein, sondern umhüllen ihn in Form der sog. Aderhaut, sodass die frei werdenden Lichtkräfte nach außen strömen und den Sehraum erfüllen können. Das von außen kommende Licht wird durch die Linse gebündelt und in der Netzhaut (inneres Blatt des Augenbechers) perzipiert, was zu Erregungsprozessen im Sehnerven und den

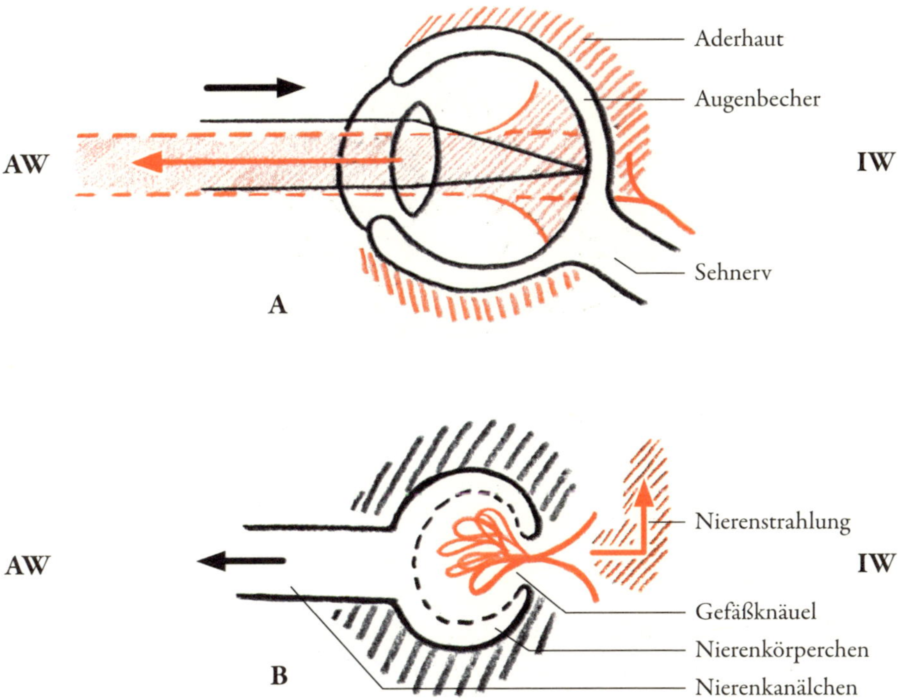

Abb. 23. Metamorphose Niere–Auge. Die Nierenkörperchen (B) metamorphosieren sich in den Augenbecher (A), dessen Gefäße jetzt aber nicht mehr im Augenbecher, sondern umhüllend außen um den Becher herumliegen. AW = Außenwelt; IW = Innenwelt;

anschließenden Zentren des Gehirns führt. Das Auge hat sozusagen einen Nierenprozess in den Kopfbereich hineingenommen. Nur geht die Ausscheidung nicht nach innen, sondern nach außen. Die aus dem Blut freigesetzten Ätherkräfte stoßen außerhalb des Organismus mit denen der Objekte zusammen, was Bewusstsein erzeugt, wenn dieser Prozess durch das Nervengewebe verarbeitet wird (vgl. a. GA 201, S. 123).

Das andere große Sinnesorgan des Kopfes, das *Labyrinthorgan*, das sich aus den Bogengängen und der Schnecke zusammensetzt, ist ebenfalls durch einen großartigen Integrationsprozess entstanden (Abb. 24). Hier stehen nicht die mit Licht- und Wärmeäther verbundenen Gestaltungskräfte im Vordergrund, sondern die am Stoff gebundenen Lebenskräfte selbst. Die großen Organe der Bauchhöhle, Leber und Milz, sind diejenigen Organe, die die Stoffprozesse

Abb. 24. Labyrinthorgan mit seinen zwei funktionell grundverschiedenen Anteilen, dem Gleichgewichtsorgan mit den 3 Bogengängen (blau) und der spiralig gewundenen Schnecke (rot), die das Gehörorgan darstellt.

des Körpers beherrschen und dem Organismus seine Existenz in der Stoffeswelt ermöglichen. Dabei produziert die Leber vor allem die im Körper umgesetzten Stoffe, während die Milz mehr auf diese Stoffeswelt «von außen» schaut und als Organ des Immunsystems jedes nicht zum Körper gehörende Eiweiß abbaut und ausscheidet.

Eine ähnliche Polarität der Prozesse liegt nun auch beim Labyrinthorgan vor. Der Bogengangsapparat schaut gewissermaßen nach außen auf die Stoffeswelt des Raumes, sodass die Gleichgewichtsregulationen und die Wahrnehmung des Raumes als außerorganismische Struktur möglich werden. Das Ohr (Cochlea) hingegen dringt wahrnehmend in das Innere der Raumeswelt ein, die sich in den Tönen und Klängen offenbart. Hier wird – fast inspirativ – das Wesen der Stoffe erlebbar, bei der Sprache sogar das Wesen des Menschen selbst. Es erscheint daher gut denkbar, dass sich bei der Kopfbildung im Rahmen des Reinkarnationsprozesses – ähnlich wie das Nierensystem in das Sehsystem metamorphosiert wird – auch im Stoffwechselbereich gewaltige Transformationen vollziehen. Vom Prozessualen ausgehend erscheint die Polarität zwischen Bogengangsapparat und Schnecke bei den Stoffwechselorganen in ähnlicher Form bei Milz und Leber wieder. Wir möchten daher annehmen, dass sich im Zuge der Kopfbildung die Leber in das Gehörorgan und die Milz in den Bogengangsapparat metamorphosiert (vgl. a. J. W. Rohen, 2007, S. 384 ff.). Steiner hat dazu leider keine Angaben gemacht.

Bleibt als Letztes nur die *Gehirnbildung* selbst. Hierüber liegen keine Angaben Steiners vor. Lediglich über funktionale Beziehungen zwischen Dickdarm und Großhirn hat er sich einmal geäußert (z.B. GA 312, S. 93 ff.). Das Darmsystem dient der Ernährung, die aber nicht in der direkten Aufnahme von Nahrungsstoffen besteht, sondern in Wirklichkeit eine differenzierte Auseinandersetzung mit der Stoffeswelt darstellt. Vollständiger Abbau der Stoffe und Wiederaufbau entsprechender körpereigener Substanzen charakterisieren den Verdauungsprozess, der erst, wie oben dargelegt, durch die Tätigkeit angeschlossener Organe (Leber, Herz, Lungen usw.) zu einem Ernährungsprozess wird. Im Dickdarm werden die Verdauungsprodukte nochmals zurückgehalten – gewissermaßen von innen «angeschaut» – und die für den Körper wichtigen Stoffe gezielt zurückgenommen. Hier spielt sich im stofflichen Bereich eine Art Wahrnehmungsprozess ab, der für das Leben des Organismus von großer Bedeutung ist. Auch im Großhirn, das sich ähnlich wie der Dickdarm girlandenartig über die anderen Gehirnabschnitte lagert, werden Sinneseindrücke verarbeitet und gegebenenfalls im Gedächtnis zurückbehalten. Hier handelt es sich letztlich auch um Auseinandersetzungen mit der Umwelt, aber nicht auf stofflicher, sondern auf geistig-seelischer Ebene. Wie weit auch bei den unter dem Großhirn liegenden subkortikalen Kerngebieten ähnliche Prozesse ablaufen wie beispielsweise im oberen Dünndarm mit den zugehörigen Organen (Leber, Bauchspeicheldrüse, Milz usw.) müsste noch untersucht werden.

Es ist heute noch zu früh, die Metamorphose des Kopfes, insbesondere des Nervensystems, im Zusammenhang mit den Stoffwechselorganen wirklichkeitsgemäß zu erfassen. Hier liegt eine Aufgabe für zukünftige Generationen.

3. Die Bedeutung der Reinkarnation für die Evolution von Erde und Mensch

In den 1923 in Dornach gehaltenen Vorträgen mit dem Titel *Der Mensch als Zusammenklang des schaffenden, bildenden und gestaltenden Weltenwortes* hat Rudolf Steiner den gewaltigen geistigen Prozess der Metamorphose der Gestalt des Menschen in der Zeit zwischen Tod und neuer Geburt einmal wie folgt zusammengefasst (GA 230, S. 206 f.; Anhang 12):

«Für den geistigen Blick der Imagination sieht der Mensch, wenn er durch die Pforte des Todes geschritten ist, eigentlich noch ähnlich aus, wie er hier auf Erden war. Denn das, was der Mensch hier auf Erden in sich trägt, das sind ja die Substanzen, die mehr oder weniger in körniger Form ... in ihm sitzen, aber die Gestalt des Menschen ist ja geistig ... Die Gestalt, die nur ein Kraftkörper ist, hält dies, was sonst in einen Haufen auseinanderfallen würde, gestaltmäßig zusammen ... Diese [geistige] Gestalt ... sieht man [nach dem Tode] schimmernd, schillernd, in Farben glänzend. Nur dass der Mensch zuerst dasjenige verliert, was die Gestalt seines Hauptes ist; dann schmilzt allmählich das andere ab. ... Und dann sehen wir, wie da [eine] wunderbare Metamorphose vor sich geht, [indem] aus der Gestalt des vorhergehenden Erdenlebens dasjenige [wird], was dann die Gestalt der nächsten Inkarnation, zunächst geistig wird. Diese *Geistgestalt*, die verbindet sich dann erst mit dem, was im physischen Leben als Embryo dem Menschen gegeben wird. Aber da oben in der geistigen Welt, da wandelt sich Fuß und Bein um zum Kiefer des Kopfes. Da wandelt sich der Arm und die Hand um zu dem Jochknochen des Kopfes. Da wandelt sich der ganze untere Mensch um in das, was jetzt Geistanlage für den späteren Kopf wird. Das ist, sage ich, das Wunderbarste, das man aus der Welt heraus erkennend erleben kann, wie da diese Metamorphose geschieht. ... Jetzt muss dieser umgewandelten Geistgestalt gewissermaßen das angesetzt werden – denn sie ist im Grunde nur die Anlage für den künftigen Kopf –, was Brustorgane werden, was Gliedmaßenorgane, Stoffwechselorgane werden.»

In der Weltenmitternachtsstunde steht der Mensch gewissermaßen «geistnackt» vor der Ewigkeit (GA 234, S. 161) und schaut zurück auf das beim Tod zurückgelassene «leere Feld», den leeren Raum, den sein Körper einmal ausgefüllt hatte (GA 168, S. 73 ff.) und wird allmählich erfüllt von der Sehnsucht, wieder zur Erde zurückzukehren und sich wieder zu inkarnieren. Im Herabsteigen durch die Planetensphären nimmt er all das zurückgelassene Ungeläuterte, zum Karma Gehörende wieder auf, es wird seinem Astral- und Ätherleib von den Wesen der zweiten und dritten Hierarchie («gnadenvoll») eingefügt und mit dem jetzt entstehenden Geistbild für Rumpf und Gliedmaßen verbunden. Mehr und mehr fühlt er sich angezogen «durch dasjenige Elternpaar, welches ihm die körperliche Hülle geben kann, die dem in der geistigen Welt geschaffenen Urbilde seines kommenden Erdenlebens am meisten entsprechen kann. Ein Dreifaches verbindet sich also bei der Wiedergeburt des Menschen: das Männliche, das Weibliche und das Geistige. Man kann sagen: Lange bevor der Mensch mit der Geburt in das neue Erdenleben tritt, zieht diese ausgebildete Kraft zu dem betreffenden Elternpaare hin ...» (GA 63, S. 350).

Dieses Suchen nach dem geeigneten Elternpaar geht nach Steiner oft über viele Generationen, sodass die Geburt von der geistigen Welt aus manchmal durch mehrere Jahrhunderte hindurch vorbereitet wird.

Dass eine *Konzeption* erfolgen kann, setzt voraus, dass die bei der Befruchtung zusammenkommenden Keimzellen ihre Eigennatur fast vollständig aufgegeben haben, der «Eikeim» – wie Steiner sich ausdrückt – weitgehend «chaotisiert» wird und kein Eigenleben mehr hat (GA 226, S. 35/36). Natürlich wird durch die männlichen und weiblichen Keimzellen genetisches Material (als Grundlage der Vererbung) übertragen. Wir wissen aber heute, dass die Chromosomen vor der Konzeption ein Reifestadium durchmachen (Reifeteilungen, Tetradenbildung usw.), in dem eine völlige Neuordnung der genetischen Information (durch Überkreuzungen, Austausche usw., sogenannte Rekombination) erfolgt, und dass auch die «Programmierung» der Gene durch die den Chromosomen anhaftenden Stoffgruppen, d.h. durch eine Remythelierung, wie die Genetiker sagen, vollständig erneuert wird. Ist es so ausgeschlossen, dass sich in diesem Stadium die sich inkarnierende Individualität bereits ihre erbliche Konstitution vorbereitet und dadurch lange vor der Empfängnis an ihrer späteren Leiblichkeit arbeitet? Von den physischen Prozessen aus gesehen erscheint es jedenfalls möglich.

Die *Embryonalentwicklung* erfolgt nun aber nicht so, wie man z.B. ein Haus baut, indem man Stein auf Stein setzt, additiv eins zum andern kommen lässt, gewissermaßen (linear) Zelle für Zelle anbaut, sondern sie erfolgt immer vom Ganzen in die Teile. Die befruchtete Eizelle (Zygote) ist bereits das Ganze, das sich nach und nach in die verschiedenen Systeme, Organe und Gewebe gliedert. Die spezialisierte Zelle ist also das Letzte, was sich entwickelt, nicht das Erste.

Diese Stufenfolge aufeinanderfolgender Entwicklungsphasen ist nun eine exakte Wiederholung der Weltentwicklung selbst. Wir machen – wenn auch nur in prinzipieller, abbildhafter Form – die großen Stufen der Menschwerdung nochmals durch. Die Furchungsprozesse der Morula spiegeln die Saturnphase, die Keimblattbildungen die Sonnenentwicklung und die anschließende Gastrulationsphase die Entwicklung des «alten Mondes», wie sie Steiner in seiner *Geheimwissenschaft* (GA 13) beschrieben hat, eindrucksvoll wider (J. W. Rohen, 2007). Dabei befindet sich der Mensch mit seinen Wesensgliedern zunächst gar nicht innerhalb des Keimmaterials, sondern in einer Art Sphäre in den Eihüllen um die Keimscheibe herum. Die Eihäute (Trophoblast, Amnion, Chorion usw.) besitzen nämlich anfangs alle Funktionen, die das Leben eines Organismus ausmachen, also Atmung, Stoffwechsel, Ausscheidung, Steuerung usw., ohne dass entsprechende Organe dafür differenziert sind. Man sieht also, dass in den Hüllen um den Keim herum praktisch der gesamte menschliche Organismus bereits anwesend ist und lebt und dann erst vom Umkreis «heruntersteigt» in den sich bildenden Embryonalkörper, quasi in ihn hineinkriecht. Dies ist der Moment der Gastrulation, die eine gewaltige Umstülpung einleitet, deren Gegenbild später die Ausstülpung (oder «Ausrollung») beim Tode darstellt. An der flächenhaften Keimscheibe (am äußeren Keimblatt) beginnt etwa am 17. Tag nach der Befruchtung eine grubenförmige Einbuchtung sowie eine rinnenartige Vertiefung sichtbar zu werden (Primitivgrube, Primitivrinne). Dies ist der Beginn des Einwachsens von Zellmaterial zwischen die Keimblätter, wodurch nach und nach ein von einer Haut umgebener Embryonalkörper entsteht. Je mehr sich dann Funktionen von der umhüllenden «Sphäre» auf die Organe des Embryonalkörpers verlagern (sich dorthin eingestülpt haben), umso mehr stirbt das Hüllenorgan (die Plazenta) ab und die Geburt wird notwendig. Das Hüllenorgan wird als Nachgeburt ausgestoßen. Der Mensch mit seinen Wesensgliedern lebt jetzt innerhalb des neugeborenen Organismus und nicht mehr im Umkreis (J. W. Rohen u. E. Lütjen-Drecoll, 2006; J. W. Rohen, 2007).

Diese Vorgänge hat Steiner bereits 1907 aus geistiger Anschauung exakt beschrieben (GA 99, S. 53/54). Er sagte damals, dass der Mensch, bestehend aus Ich, Astralleib und Ätherleib nach der Konzeption zwar in der Nähe der

Mutter sei, aber nur von außen einwirke. «Etwa in der dritten Woche fängt dann der Astralleib und Ätherleib gleichsam den Menschenkeim ab und beginnt nun mitzuarbeiten an dem Menschen; bis dahin geht die Entwicklung des physischen Menschenleibes ohne den Einfluss von Astral- und Ätherleib vor sich ...» (Anhang 13).

In den ersten zwei Wochen erfolgen ja die Furchungsteilungen sowie die Bläschenbildung (Blastozyste). Sie repräsentieren gewissermaßen noch die mineralische Stufe ohne eigentliche Innerlichkeit. Hier findet auch häufig ein natürlicher Abort statt, da die weitere Entwicklung die Einnistung (Implantation) in die Uterusschleimhaut voraussetzt. Der entscheidende Übergang für die sich inkarnierende Individualität von der «Sphäre» um den Keim herum zur Arbeit am Keim selbst, also der Beginn des geschilderten Umstülpungsvorganges, findet nach Steiner (GA 109, S. 201) zwischen dem 18. und 21. Tag nach der Konzeption statt. Dies stimmt genau mit dem Beginn der Gastrulationsprozesse überein (Primitivgrube, Primitivrinnenbildung usw.).

Allerdings hat der in der Sphäre lebende (Steiner sagt «vorirdische») Mensch zunächst wenig Anteil an der Primitiventwicklung selbst. Er hat «den größten Anteil an alledem, was rundherum ist. Da drinnen lebt der vorirdische Mensch ... was [später] abgebaut wird, Chorion, Amnion usw.» (Anhang 14).

Neugeborenes und Kleinkind sind bis etwa zum 7. Lebensjahr nur ein «Modell» für den «vorirdischen» Menschen.

«Dieser möchte eigentlich ein mehr Kugeliges gestalten und einen kugelig organisierten Menschen hervorbringen, aber das wird dann umgearbeitet nach dem Modell ... das von den Vererbungskräften herkommt.» (GA 316, S. 147 ff.).

Nach dem 7. Lebensjahr findet dann nach Steiner gewissermaßen eine zweite Geburt statt, indem der eigene Ätherleib des «vorirdischen» Menschen geboren und alles noch aus dem Vererbungsstrom Mitgebrachte abgestoßen wird. Dasselbe ereignet sich dann nochmals um das 14. Lebensjahr herum, wo sich der individuelle Astralleib etabliert (dritte Geburt). Erst zwischen dem 18. und 21. Lebensjahr ist dann die Individualität selbst vollständig in die physische Leiblichkeit eingezogen und beginnt ihr individuelles Karma zu durchleben.

Man schaue jetzt nochmals kurz auf die nachtodlichen Ereignisse. Auch dort folgt auf den physischen Tod nach etwa drei Tagen der «zweite Tod», nämlich die Auflösung des Ätherleibes, und nach einem Drittel der Lebenszeit, nach Absolvieren des Kamaloka, der «dritte Tod», d.h. die Auflösung des Astralleibes, soweit er noch nicht vom Ich umgearbeitet worden ist.

Die Exkarnationsvorgänge nach dem Tod und die Inkarnationsvorgänge nach der Konzeption haben also spiegelbildlichen Charakter. Man könnte das Bild des «Entkleidens» (nachtodliches Leben) und des «Bekleidens» (vorgeburtliches Leben) auch hier gebrauchen. Die Geburts- bzw. Todesstunde auf der einen Seite und die «Weltenmitternachtsstunde» auf der anderen stehen sich spiegelbildlich gegenüber.

Warum muss der Mensch nun diesen Zyklus immer wieder von Neuem durchlaufen? Welchen Sinn hat dieser immer wiederholte Umstülpungs- und Einstülpungsprozess – vom makrokosmischen Umkreis zum mikrokosmischen Innenraum und umgekehrt? Ist das die «Erziehung des Menschengeschlechts» (G. E. Lessing, 1780) zu immer höheren Daseinsformen, ist das die eigentliche Evolution der Menschheit, und wenn ja, welche Bedeutung hätte diese für die Welt? Sind wir für die Welt nicht eigentlich überflüssig – ja möglicherweise sogar eine Gefahr?

Hier liegen Fragen von ungeheurer Tragweite, deren Beantwortung nicht nur für den Menschen selbst, sondern auch für die Welt existenziell ist. Wir verdanken der Geistesforschung Rudolf Steiners einige Hinweise zu diesen Fragen, die so erschütternd sind, dass man sie kaum auszusprechen wagt. Auch wenn man sie zunächst nur annäherungsweise verstehen lernt, können sie uns doch ein vollständig neues und tief greifendes Menschen- und Weltverständnis vermitteln und ein neues, bisher nicht gekanntes Verantwortungsgefühl gegenüber dem Evolutionsgeschehen in uns aufsteigen lassen. Wir wollen zum Schluss dieser Studie versuchen, uns an die Inhalte der Aussagen Rudolf Steiners heranzutasten und ihre Bedeutung, wenn auch nur ahnend, zu erfassen. Die Konsequenzen mag dann jeder für sich selbst ziehen. Dogmatismus war Rudolf Steiner fremd.

Von den vier Wesensgliedern ist der physische Leib am weitesten entwickelt. Er hat eine Entwicklung über vier, der Ätherleib über drei, der Astralleib über zwei planetarische Stufen hinter sich. Erst während der Erdentwicklung ist das Ich als der eigentliche göttliche Funke oder Geistkeim hinzugekommen. Das Ich ist nun diejenige Kraft, die den Menschen im ureigensten Sinne zum Menschen macht und das Ziel der ganzen vorangegangenen Evolution darstellt. Es war ein Geschenk der Götter, die nun erwarten, dass der Mensch mit seinen «Talenten» wuchert und die Evolution von seinem selbstständig gewordenen Ich-Zentrum aus selbst in die Hand nimmt und vorwärtstreibt. Solange der Mensch noch im «Schoße der Götter» lebte – wie ein Kind im Schoße der Familie –, konnte er nicht eigenständig zu wirken beginnen. Jetzt ist er jedoch mündig geworden und kann selbst Verantwortung übernehmen. Diese Selbstständigkeit hat ihm die materielle Welt gegeben. Der Mensch hat durch seine Denkfähigkeit Zugang zur Ideenwelt, d.h. zur Geistwelt, die allen Erscheinungen zugrunde liegt. Aber die Materie verhüllt ihm den wahren Geistgehalt der Welt. Für die Götter ist, ebenso wie für den Verstorbenen, da, wo Materie («Physisches») ist, ein «leerer Raum» (GA 168, S. 74). Diese Abschirmung oder Verschleierung der Geistwelt durch das Physische ist nötig, um dem Menschen die *Freiheit* zu geben. Im Angesicht Gottes kann man nicht lügen! Freie Entscheidungen sind nur möglich, wenn die Geistwelt unerkannt bleibt und keinen Einfluss auf Denken und Handeln ausübt. Das hat andererseits zur Folge, dass der Mensch auch Fehlhandlungen begehen und Fehlurteile treffen kann, dass er seine Freiheit missbrauchen und für egoistische Ziele einsetzen kann. Durch dieses Tal der Einsamkeit und des Irrtums muss er hindurch – das ist das eigentliche Menschenschicksal!

Das Denken des Menschen kann nun aber, und das ist eine zentrale Entdeckung des Philosophen Rudolf Steiner, aus eigener Kraft zu den Ideen der Welt hinfinden (s. *Die Philosophie der Freiheit*, GA 4). Es kann den Schleier der Sinneswelt durchbrechen und den Geistgehalt der Welt in das denkende Bewusstsein aufnehmen. Das geht heute schon in der Dimension der physikalischen Gesetzmäßigkeiten (die Technik wäre sonst nicht möglich), ist aber prinzipiell auch in der Dimension der ätherischen und astralischen Kräfte ebenso möglich. Mit diesen Kräften kann der freie Mensch dann nicht nur in seine eigene Organisation, sondern auch in die Welt selbst verändernd einwirken. Man bedenke doch, dass der Mensch das einzige Wesen ist, das Entwicklungsmöglichkeiten besitzt, lernfähig ist und neue, schöpferische Ideen, die auch realisierbar sind, entwickeln kann. Kein Tier, kein anderes Wesen hat diese Entwicklungsmöglichkeiten! Der Mensch ist sozusagen die Vegetationsknospe am Stammbaum der Natur. Solange ihm aber die moralische Reife fehlt, kann diese Freiheit auch Unheil stiften, wofür die Gegenwart genügend Beispiele bietet.

Die «guten Götter» haben daher zunächst dafür gesorgt, dass vom Kopf aus, der die Ideen bildet und die Entwürfe für das Handeln liefert, *nicht* unmittelbar das Geistige, das er von der Weltenmitternacht mitbringt und an dem die Götter mitgewirkt haben, in seinen eigenen Organismus eindringt. Steiner sagt: «Von der Kopforganisation wirkt von Anfang der menschlichen Erdenentwicklung an am stärksten dasjenige, was von früheren Erdenleben an Kraft sich durch die Zeit zwischen Tod und neuer Geburt erhalten hat. Vom Kopf geht das aus, was als Individualitätskraft des Kindes wirkt. Aber es darf nicht ungesiebt in die übrige Körperorganisation hinunter. Es muss ein Sieb da sein, eine Zwischenschichte. Es ist nicht äußerlich sichtbar, aber es ist in der Organisation da. Es darf nichts ungesiebt hinunter ...» (GA 316, S. 201; Anhang 15).

Wenn diese Kräfte aber doch in den Körper hinunter vordringen, entstehen Funktionsstörungen oder Krankheiten. Es ist wahrscheinlich, dass dieses «Sieb» das Gehirn selbst ist. Das Gehirn spiegelt die Welt ebenso wie das eigene Vorstellen in Abbildern, aber nicht in seiner vollen Realität. Dazu ist eine okkulte Schulung notwendig. Dadurch, dass es nur Spiegelbilder sind, haben wir den nötigen Freiraum für die Entwicklung unserer Individualität.

In diesem Freiraum können aber nun (erstmalig in der Evolution!) ganz neue Kräfte und Impulse erblühen. Hier kann eine Seelenkraft entwickelt werden, deren Bedeutung heute noch gar nicht voll erkannt worden ist, nämlich die Liebe. Die *Liebe* ist eine Kraft, die den Schleier der physischen Welt durchbricht und zur Erkenntnis der in ihr verborgenen Geistigkeit führt. Sie ist unegoistisch, aufopfernd und von hoher moralischer Qualität. Mit dieser Kraft kann der Mensch nicht nur seine eigenen Wesensglieder umwandeln und aus dem physisch-materiellen Kerker herausholen, sondern auch schöpferisch in der Welt wirken, d.h. auch die Welt aus der materiellen Verhärtung erlösen. Das sind natürlich lang dauernde Prozesse über mehrere planetarische Stufen hinweg. Aber sie werden jetzt veranlagt und beginnen nach und nach wirksam zu werden.

Die Liebe, die auf dem Wege der geistigen Wärmekräfte ins Physische hinunterwirkt (beim menschlichen Organismus vom Kopf aus vor allem über das Herz), hinterlässt in der Welt Spuren, die für den Menschen zu *Erfahrungen* werden, die auch im Nachtodlichen erlebbar und wirksam sind. Der Mensch kann an den durch Liebe bewirkten Veränderungen in der Welt die Wirksamkeit des Geistigen, dessen Gesetzmäßigkeiten er sich dann aber freiwillig unterordnet, erleben. Das könnte als ein Verlust der Freiheit erscheinen. Ist es aber nicht! Denn die wirkliche Freiheit besitzt nur derjenige, der sich aus freiem Entschluss in die geistigen Notwendigkeiten einordnet und dabei aus tiefster Wesenserkenntnis diejenigen Aufgaben ergreift, für die er die bestentwickelten Fähigkeiten mitbringt. Der in dieser Weise geistig erwachende und Liebe als schöpferische Kraft entwickelnde Mensch wird erschüttert feststellen, dass er umso mehr erhält, je mehr er schenkt; dass er strömende und unterstützende Hilfen aus der geistigen Welt erhält, je mehr er selbst von sich opfert, also nicht ärmer, sondern reicher wird.

Von hier aus mag man verstehen, warum die «geistige Wärme», d.h. die im Leben entwickelten Liebekräfte, die einzigen sind, die nach dem Tode, nach den Worten Steiners, bei der Erde verbleiben. Sie sind das Ferment, das die Erde einmal vergeistigen und in einen neuen planetarischen Zustand überführen wird (s.o.). Jetzt beginnt man zu verstehen, was Steiner meinte, wenn er sagte, die menschlichen Leichname sind das Ferment der Erde. Sie helfen, die Erde vor dem Vertrocknen zu bewahren und den Verlebendigungs- und Vergeistigungsprozess in Gang zu halten (GA 191, S. 61/62; Anhang 16).

Und man beginnt dann auch zu verstehen, welch ungeheure Bedeutung der *Christusimpuls* für diese Entwicklungsprozesse hat. Als Geist der Liebe und der Sonnenkräfte kann er dem Menschen auf der Erde helfen, seine Sendung, nämlich stoffumwandelnde Liebekräfte in die Welt zu bringen, zu erfüllen. Er ist der führende Geist, der den Menschen auf dem nachtodlichen Weg bis zur Weltenmitternacht und bis zur Erde zurück helfend begleitet und damit die Evolution weiterbringt (Abb. 25). Man begreift jetzt auch, warum Ahriman gerade am Schwellenübergang nach dem Tode vor die Seele tritt und das menschliche Ich am Irdischen festhalten will, weshalb sich Materialisten so schwer tun, nach dem Tode den Weg in die geistige Welt zu finden. Umgekehrt steht Luzifer am Beginn einer neuen Inkarnation und versucht, den Eintritt in die dunkle Stoffeswelt zu verhindern, da nur der Durchgang durch eine neue Inkarnation Mensch und Welt in ihrer Entwicklung weiterbringen kann. Manchmal schreckt der Mensch auch vor Eintritt in die Wiedergeburt so schockartig vor seinem auf ihn zukommenden Schicksal zurück, dass er sich dann nicht richtig inkarniert und zu einem Behinderten wird (GA 63, S. 352).

Wenn der Mensch mithilfe des Christus innerhalb des irdischen Lebens Erkenntnis- und Liebekräfte entwickelt, holt er nach und nach die seelische

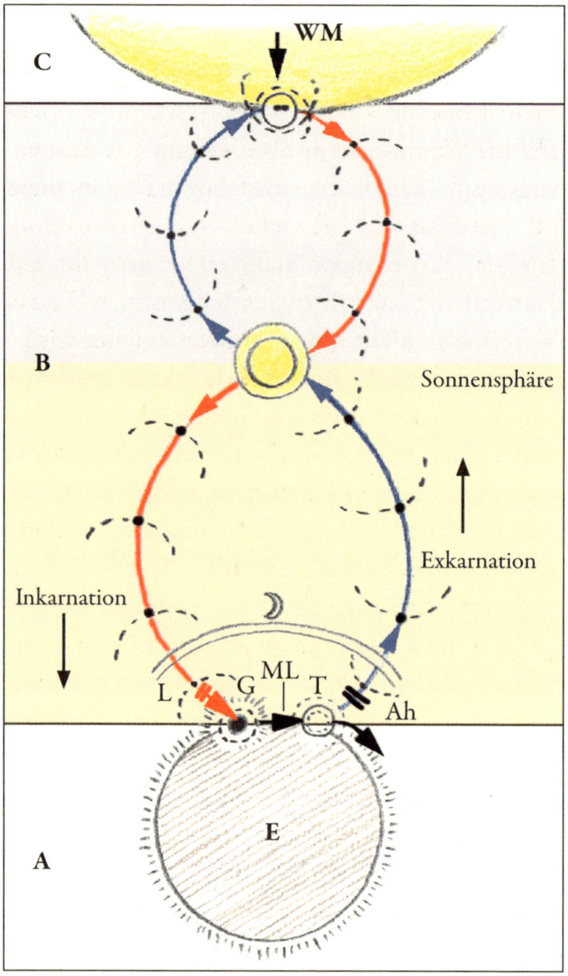

Abb. 25. Inkarnation und Exkarnation als geistig-physischer Entwicklungsprozess. Das menschliche Leben (ML) spielt sich auf der Erde (E) zwischen Geburt (G) und Tod (T) ab. Bei der Inkarnation werden die in der Weltenmitternachtsstunde (WM) aufgenommenen Impulse stufenweise in die geistig-seelischen Hüllen übernommen und bei der Konzeption mit dem physischen Keim (schwarzer Punkt) vereinigt. Vorher sucht Luzifer (L) diese Vereinigung noch zu verhindern (roter Querstrich). Am Ende des Lebens hat der physische Körper (schwarzer Kreis) die geistig-seelischen Kräfte in sich aufgenommen (punktierter Kreis) und entlässt sie (durch Erfahrungen bereichert) nach dem Tode (T) wieder in die geistige Welt (punktierte Halbkreise). Ahriman (Ah) sucht diesen Exkarnationsprozess zu verhindern (schwarzer Querstrich). Während die geistig-seelischen Kräfte nach dem Tode den Gang durch die Planetensphären (B) antreten, wobei von Christus die für die Metamorphosen notwendigen helfenden Kräfte ausstrahlen, bleiben die Formkräfte des physischen Leibes als Wärmestrukturen in der Erdensphäre (A, Vaterwelt) und werden zu Verjüngungskräften (schraffierte Linien) der mehr und mehr absterbenden Erde. In der Geistwelt (C), aus der die vom Geist-Gott ausgehenden neuen, schöpferischen Impulse stammen, vollzieht sich die vollständige Umstülpung der Kräfte (punktierte, gebogene Linien).

und physische Organisation aus der durch die Materie bedingten Isolation heraus, holt sie in das Geistreich zurück. Die physische Gestalt des Menschen ist ja eigentlich «geistig vorzustellen. Das Physische ist gewissermaßen überall in kleinen Partikelchen darinnen. Die Gestalt, die nur ein Kraftkörper ist, hält dies, was sonst in einen Haufen auseinanderfallen würde, gestaltmäßig zusammen» (GA 230, S. 211).

Würde man diesen Geistleib allmählich ganz mit Erkenntnis- und Liebekräften durchsetzen und von seinem Ich aus beherrschen lernen, könnte man die «Materie-Partikelchen» sozusagen herausschütteln und mit diesem – nun ganz Geistkörper gewordenen – «Leib» wieder im Geiste leben, ohne sich immer wieder neu inkarnieren zu müssen. Diese verwandelnden Kräfte dringen heute zunächst nur in das Seelische vor und reinigen das Astralische, das dadurch zum «Geistselbst (Manas)» wird. Dringen wir aber tiefer in unser Inneres vor, so verwandeln wir den Ätherleib allmählich in den «Lebensgeist oder Budhi». Erst dann können wir nach und nach auch den physischen Leib mit unseren geistigen Wärme- und Liebekräften erreichen und die «Geistgestalt» unseres physischen Leibes aus dem Kerker der Materie befreien, sodass in uns der «Geistesmensch (Atma)» geboren wird. Das wird dann auf einem der letzten planetarischen Stufen der Erdentwicklung eintreten können, wenn die Menschen aus Freiheit und Überzeugung diesen steinigen Weg gegangen sind. Wenn der Mensch aber, wie in der Jetztzeit, die ihm überlassenen Kräfte hauptsächlich in egoistischem Sinne für sich verwendet, löst er die Kräfte aus dem Weltenzusammenhang heraus. Er nimmt anderen etwas weg und wird dadurch schuldig. Er nimmt, statt zu geben – er verhärtet und verbraucht, statt zu durchwärmen und aufzulösen. Ein Zurückführen ins Geistige wird dadurch verhindert. So entsteht die Notwendigkeit, in einem neuen Erdenleben die karmische Schuld auszugleichen und das Vergangene wiedergutzumachen.

Was wir an Erfahrungen in der Auseinandersetzung mit der Welt und mit unserem eigenen Schicksal gewonnen haben, hat aber nicht nur für uns selbst, d.h. für die Vervollkommnung unserer Wesensglieder, eine Bedeutung, sondern auch für die geistige Welt selbst. Die «Götter» nehmen an all unseren Handlungen teil und weben dies in den Weltenplan ein. So sagt Steiner z.B. einmal (GA 168, S. 76):

«Während wir glauben, wir leben nur für uns, arbeiten sich die Götter durch unser Erleben etwas aus, wodurch sie etwas haben, was sie jetzt der

Welt einweben können. Wir haben Gedanken gefasst, wir haben Gemütserlebnisse gehabt – die Götter nehmen sie und teilen sie ihrer Welt mit. Und nachdem wir gestorben sind, wissen wir, dass wir gelebt haben deshalb, damit die Götter dieses Gewebe spinnen können, das jetzt in unserem Ätherleib von uns kommt und dem ganzen Universum mitgeteilt wird. Die Götter haben uns leben lassen, damit sie für sich etwas spinnen können, wodurch sie ihre Welt um ein Stück bereichern können.»

Von der geistigen Welt aus ist das Materielle nicht wahrnehmbar, es ist gewissermaßen «ein leerer Raum». Daher können die geistigen Wesen keine im und am Raum entstandenen Erfahrungen machen. Deshalb kann der Mensch durch seine Gedanken und Handlungen die Welt bereichern! Daher fährt Steiner in dem soeben zitierten Vortrag fort:

«Es ist ein erschütternder Gedanke! Wenn wir nur einen Schritt durch die Welt machen, so ist dieser Schritt der äußere Ausdruck für ein Göttergeschehen und ein Stück von dem Gewebe, das die Götter in ihrem Weltenplan verwenden, das sie uns nur lassen, bis wir durch die Pforte des Todes gehen, um es dann von uns wegzuziehen und dem Universum einzuverleiben. *Diese unsere Menschengeschicke sind zugleich Götterhandlungen*, und was sie für uns Menschen sind, ist nur eine Außenseite. Das ist das Bedeutsame, das Wichtige, das Wesentliche.» (GA 168, S. 77).

Wird von uns Gutes vollbracht und Schöpferisch-Neues ins Leben gerufen, so wird die Welt im Zusammenwirken mit den «Göttern» in ihrer Entwicklung vorangebracht; andernfalls gehemmt und zerstört. Hier liegt die große Verantwortung des Menschen, der ja, wie gesagt, das einzige Wesen dieser Erde ist, das noch – durch sein Ideenvermögen – entwicklungsfähig ist. Dadurch, dass nach dem Tode die Rumpforganisation des Menschen aufgelöst wird und ihre Kräfte in die geistige Welt übergehen, können die Früchte unseres Lebens in den Weltenplan eingefügt werden. Das Ungute, Schuldhafte, «Böse», was wir im Leben vollbracht haben, kann jedoch im Weltenplan nur zerstörerisch wirken. Es wird von den Göttern «zurückgewiesen» und bleibt als «Rest» erhalten, den wir nach der Weltenmitternacht bei der Neubildung unseres Rumpforganismus und unserer Gliedmaßen wieder in uns hineinnehmen. Die Metamorphose von Rumpf in Kopf nach dem Tode und die immer wieder stattfindende Neubildung unseres Rumpf- und Gliedmaßenmenschen, dem unser Karma eingepflanzt wird, ist also der «Mechanismus», durch den die Weltentwicklung *durch den Menschen* im Zusammenwirken mit den geistigen Hierarchien vorangetrieben wird. Ein Gedanke von größter Tragweite!

Wir haben die Fähigkeit, die Welt zu erlösen, aber auch zu zerstören. Wer die Welt des Geistigen ernst nimmt, kommt nicht umhin, angesichts dieser gewaltigen Verantwortung für sein Leben daraus auch Konsequenzen zu ziehen.

X. Der Lebenslauf als Spiegel der individuellen und evolutiven Entwicklung des Menschen

Der Lebenslauf des Menschen ist kein geradliniger, linearer Prozess, sondern ein rhythmisches, evolutives Geschehen. Wie bei vielen biologischen Prozessen läuft das Leben des Menschen in Siebenjahresrhythmen ab, die meist mit mehr oder weniger dramatischen gestaltlichen und seelischen Wandlungen einhergehen. So liegt z.B. am Ende der ersten Siebenjahresperiode die Schulreife (erster Gestaltwandel), am Ende der zweiten die Geschlechtsreife (zweiter Gestaltwandel) und am Ende der dritten schließlich die «Lebens- oder Gesellschaftsreife», d.h. der Zeitpunkt, von dem an man die Individualität als Vollmitglied in der Gesellschaft – sich selbst bestimmend und verwirklichend – ansehen kann. Rudolf Steiner hat als Erster darauf hingewiesen, dass die Reifungsphasen der Jugend im Alter ihre Entsprechungen haben, ja dass die Siebenjahresperioden des Alters gewissermaßen Metamorphosen der Jugendphasen sind und dass Eingriffe in das Entwicklungsgeschehen beim jungen Menschen bis ins körperliche hineingehende, auch krank machende Veränderungen im Alter zur Folge haben können (GA 306, S. 28).

Wenn man die ersten drei Siebenjahresperioden als Jugendphasen, die letzten drei als Altersphasen und die mittleren vier Siebenjahresperioden unter dem Begriff der Lebensmitte zusammenfasst, ergibt sich eine Dreigliederung des Lebenslaufes, die nicht nur die Schritte der körperlichen, sondern auch die der geistig-seelischen Entwicklung des Menschen widerspiegeln kann (Abb. 26). «Der Mensch durchläuft in seinem Leben etwas, was durch das Spektrum selber symbolisiert» werden kann, nämlich in der Jugend den mehr «chemischen Teil des Spektrums (blau, violett), dann .... den Lichtteil des Spektrums (grün, gelb) und schließlich den Wärmeteil des Spektrums (rot)» (GA 312, S. 343). Die Jugendphasen stehen prozessual mehr im Zeichen eines «Sal-Prozesses», die mittlere Lebensphase in «einer Art Merkurialprozess» und die Altersphasen in «einer Art Sulphurprozess». In der Jugend spielen die Aufbauprozesse («chemisierend»), später die «Lichtprozesse»,

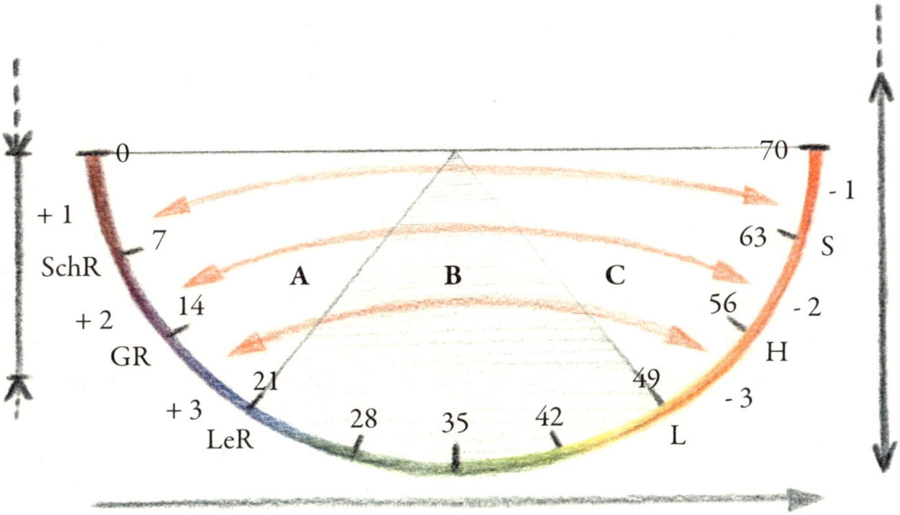

Abb. 26. Die Siebenjahresrhythmen des menschlichen Lebenslaufes. Grundsätzlich lassen sich drei große Abschnitte unterschiedlicher Qualität unterscheiden: Jugend (A), mittlere Lebensphase (B) und Alter (C). Die drei Siebenjahresperioden der Jugend (+1, +2, +3) wiederholen sich in verwandelter Form in den drei Altersphasen (-1, -2, -3, rote Pfeile). Nach dem 6./7. Lebensjahr wird die Schulreife (SchR), nach dem 12./14. Lebensjahr die Geschlechtsreife (GR) und nach dem 18./21. Lebensjahr die Lebensreife (LeR) erreicht. In metamorphosierter Form kann dann in der ersten Altersperiode (-3) eine (geistige) Liebefähigkeit (L), in der zweiten (-2) eine in die Welt ausstrahlende Heilungsfähigkeit (H) und in der dritten (-1) Weisheit und Segnenkönnen (S) entwickelt werden. Der mittlere Lebensabschnitt (B, etwa 20. – 50. Lebensjahr) ist die wichtigste Periode für die Entfaltung der Ich-Tätigkeit am eigenen Wesen und in der Welt.

im Alter dagegen mehr das «Sulphurige, Phosphorige» eine Rolle (GA 312, S. 345), d.h. in der Jugend dominiert die Inkarnation, im Alter dagegen die Exkarnation mit all ihren Folgeerscheinungen.

Nun kann heute selbstverständlich dies klassische Bild des Lebenslaufes mit zehn Siebenjahresperioden nicht mehr aufrechterhalten werden. So ist z.B. die Lebenserwartung im letzten Jahrhundert dramatisch gestiegen. Hundertjährige sind in der heutigen Gesellschaft keine allzu große Seltenheit mehr. Wir beobachten also im Alter gegenwärtig eine «Dehnung» der Lebensperioden, umgekehrt aber am Anfang des Lebens eine Reifungsbeschleunigung (Akzeleration; in Abb. 26 durch Pfeilspitzen charakterisiert). Die Schulreife tritt heute meist schon mit 5 oder 6 Jahren und die Geschlechtsreife zwischen 10 und 12 Jahren ein. Im Jahre 1840 lag die Menarche (Beginn der Regelblutungen) bei Mädchen durchschnittlich noch bei

17, um 1900 bei 15 Jahren. Die körperlichen Reifungsprozesse haben sich also in der heutigen Jugend stark beschleunigt. Das Gegenbild dazu ist die Verlängerung der Alterungsphasen im letzten Lebensdrittel.

Die biologischen Ursachen dieser Veränderungen sind nicht bekannt. Es passt aber durchaus in die Phänomenologie unserer Zeit, dass die alten Menschen länger leben, d.h. von der modernen Medizin (oft nur vegetativ) am Leben erhalten werden. Der Exkarnationsvorgang wird verlangsamt, während der Inkarnationsvorgang in der Jugend beschleunigt verläuft und damit die Reifungsvorgänge verkürzt werden. Dennoch soll der folgenden Darstellung noch das klassische Bild der Siebenjahresperioden zugrunde gelegt werden, gewissermaßen als das Urbild des menschlichen Lebenslaufes, auch wenn es sich im Laufe der Evolution besonders im letzten Jahrhundert stark verändert hat und in Zukunft auch weiter verändern wird.

1. Die Siebenjahresrhythmen des Lebenslaufes

Die stärksten und eingreifendsten gestaltlichen Veränderungen des Menschen finden zweifellos in der *ersten Siebenjahresperiode*, vor allem in den ersten drei Lebensjahren statt. Hier vollzieht sich nicht nur die Aufrichtung, d.h. das Erkämpfen und Erüben des aufrechten Ganges mit all seinen Folgeerscheinungen, sondern auch das Sprechen- und Wahrnehmenlernen. Das Kind ist sozusagen ganz Sinnesorgan. Es nimmt alles begierig auf und ahmt es nach. Das Kind lebt ganz in der Nachahmung. In den ersten Lebensjahren differenziert sich hauptsächlich das Gehirn. Die Zahl der Nervenzellen wird nach der Geburt nicht mehr vermehrt; aber unter dem Einfluss der Sinneseindrücke und der gestaltenden Impulse des sich inkarnierenden Ätherleibes bilden sich außerordentlich viele feinste Verbindungen (Synapsen) zwischen den Nervenzellen.

Beim «Herunterstieg in die irdische Welt» ziehen wir die Ätherkräfte heran und nehmen dabei «in unseren Ätherleib eine Art Abbild des Kosmos mit». Könnten wir den Ätherleib «in dem Moment, wo der Mensch sich mit dem physischen Leib verbindet» gewissermaßen herausnehmen und

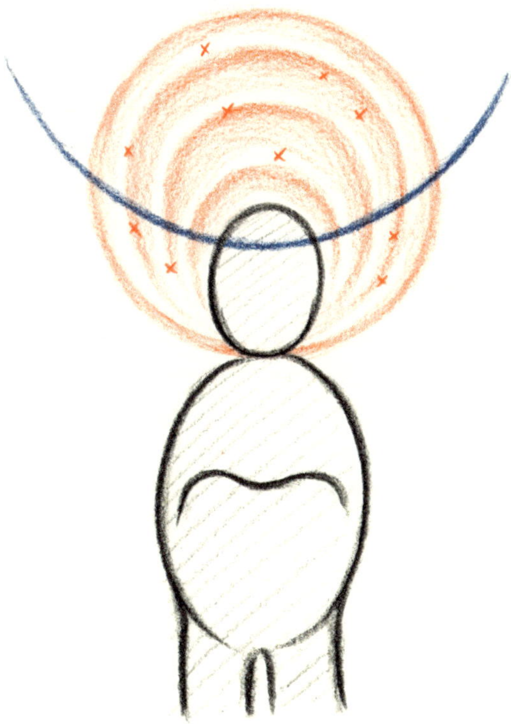

Abb. 27. Erste Siebenjahresperiode (0. – 7. Lebensjahr). Der Ätherleib (rot), den sich die Individualität aus der kosmischen Heimat mitbringt, gestaltet zunächst nur die Kopforgane aus (Nervensystem, Sinnesorgane). Der Astralleib (blau) folgt dann nach.

anschauen, so «würden wir, viel schöner als das jemals mechanisch geformt worden ist, eine Sphäre mit den Sternen, mit dem Tierkreis, mit Sonne und Mond» sehen (GA 212, S. 114/115). «Diese Konfigurationen des Ätherleibes bleiben noch vorhanden, wenn der Mensch mit seinem physischen Leib während des Embryonallebens immer mehr und mehr zusammenwächst. Sie blassen nur [später] etwas ab» und gehen dann nach dem 7. Lebensjahr in eine mehr strahlige Form über. In der ersten Siebenjahresperiode gestaltet also der Ätherleib mit seinen sternendurchwirkten kosmischen Kräften Gehirn und Sinnesorgane so aus, dass sich die Individualität von hier aus in den Körper inkarnieren kann (Abb. 27).

Erst in der *zweiten Siebenjahresperiode* (7.–14. Jahr) beginnt dann der Ätherleib auch den übrigen Organismus seiner individuellen Natur nach umzugestalten. Steiner sagte: Die sternenhaften «Gebilde, die man da drinnen im Ätherleibe schaut, beginnen gewissermaßen strahlig zu werden» (GA 212, S. 115). Sie konzentrieren sich auf den Brustraum und bilden ein neues Herzorgan, ein «Ätherherz», das jetzt, wie Steiner sich ausdrückt, aus den Kräften des sich inkarnierenden Menschen stammt und nicht mehr nur ein «provisorisch gebildetes Ätherherz» darstellt, das aus der Vererbung heraus entstanden ist und abgestoßen werden muss – gewissermaßen «verfaulen» muss (GA 212, S. 117). In dieser Lebensperiode, die mit der Geschlechtsreife endet, vollzieht sich nicht nur die Ausbildung der Geschlechtsorgane und der zugehörigen Hormondrüsen, sondern auch die geschlechtspezifische Ausgestaltung des Bewegungssystems (Knochen, Muskeln, Sehnen; vgl. a. GA 303, S. 204; Abb. 28). In der zweiten Hälfte dieser Periode finden ein Wachstumsschub und eine tief greifende körperliche Umgestaltung statt. Während dieser ganzen Periode vollzieht sich auch der Zahnwechsel, der im Wesentlichen ein Knochenbildungsprozess ist, denn die Zahnkronen sind ja lange vorher entstanden. Die Zähne brechen nach außen durch, indem sich die Wurzeln (eine spezielle Form von Knochen) verlängern und zusammen mit spezifischen Umbauvorgängen im Kieferknochen die definitive Zahnstellung bewirken. Ähnlich wie beim Herzorgan sind es auch hier die individuellen (vom Kosmos mitgebrachten) Lebenskräfte, die letztlich Form und Stellung der Zähne und damit des Gebisses bestimmen. Das Zweitgebiss trägt daher immer die individuellen Züge des Menschen. Die Milchzähne, die nur eine Vorläuferfunktion hatten, ähnlich wie das Ätherherz der ersten sieben Jahre, werden abgestoßen. Jetzt bekommt das Gesicht erstmals einen für die Individualität charakteristischen Ausdruck.

Der Astralleib, der Träger des individuellen Schicksals, den der Mensch aus der übersinnlichen Welt mitgebracht hat, umhüllt das Kind zunächst noch wie eine große, leuchtende Aura. In der ersten Siebenjahresperiode hat er an der Gestaltung des Kopfes, insbesondere des Gehirns mitgewirkt. Jetzt kommen das Gebiss und das Gesichtsskelett hinzu. Anschließend werden vor allem die Brustorgane ergriffen und durchgestaltet. Die Atmung wird immer stärker Ausdruck des individuellen Erlebens. Morphologisch haben sich bis zum 9./10. Lebensjahr die Lungen weitgehend ausdifferenziert. Die Zahl der Lungenbläschen vergrößert sich von diesem Zeitpunkt an nicht

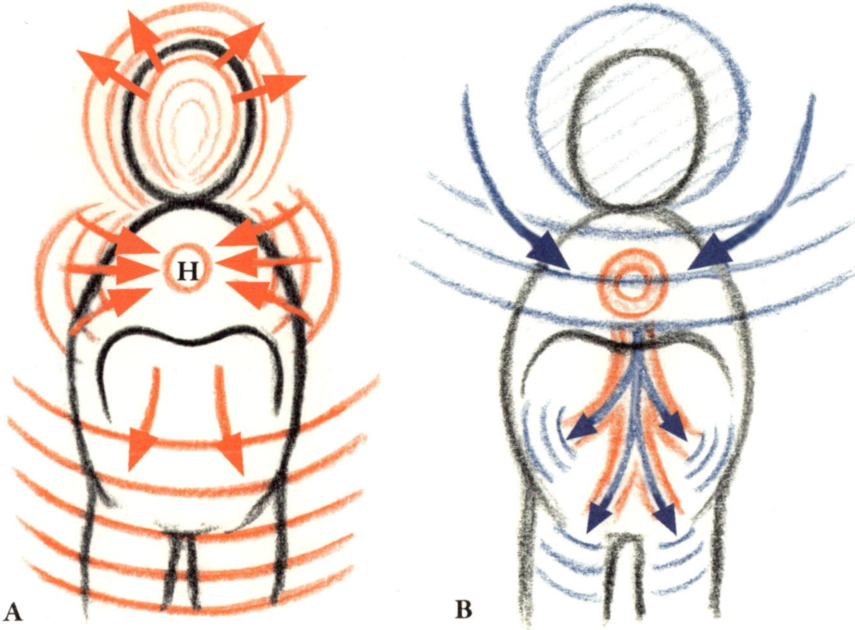

Abb. 28. Zweite Siebenjahresperiode.
A Erste Hälfte (7. – 9. Lebensjahr).
Im Kopfbereich werden Ätherkräfte frei (Pfeile), die für das Vorstellen benützt werden (Schulreife). Im Rumpfbereich dringt der Ätherleib (rot) der sich inkarnierenden Individualität jetzt bis in die Gliedmaßen vor und verdrängt allmählich die ererbten Strukturen. Im Brustbereich wird das ererbte Ätherherz durch das eigene ersetzt (H) (Pfeile). Im Stoffwechsel- Gliedmaßensystem entwickeln sich die Keimdrüsen, die Lebensorgane und das Knochensystem aus den eigenen Ätherkräften. «Geburt des Ätherleibes».
B Zweite Hälfte (10. – 14. Lebensjahr).
Der Astralleib (blau) der sich inkarnierenden Individualität «schlüpft» in die Organe des mittleren Menschen hinein («bis ungefähr zum Zwerchfell», mit Ausnahme des Herzens), erreicht aber die Organe des Stoffwechselsystems nur über das Blutgefäßsystem (rot). «Geburt des Astralleibes».

mehr, ihre Oberflächen werden jedoch noch größer, sodass die Atmungskapazität zunimmt. Nach Steiner «schlüpft der [individuelle] astralische Leib bis zur Geschlechtsreife in die physischen Organe hinein – allerdings nur bis zum Zwerchfell» – die Bauchorgane erreicht er nur «durch die Arterien, sodass nach und nach das vererbte Astralische ganz durchsetzt wird von dem, was der Mensch sich als seinen astralischen Leib selber mitbringt und was Stück für Stück untertaucht in die physischen und ätherischen Organe» (GA 212).

Nur das Herz macht hier eine Ausnahme und wird dadurch für den Menschen ein besonders wichtiges Organ (Abb. 28). Warum?

Wir haben oben dargestellt, wie der ernährende Stoffstrom aus dem Verdauungstrakt in der Leber «ätherisiert», d.h. in das lebendige Kräftesystem des Organismus eingefügt wird (Abb. 2). Diese neuen Lebenskräfte fließen dem Herzen zu, das dann durch den von Steiner als «Ätherisation» bezeichneten Prozess diese Kräfte beim wachen Menschen dem Kopf zuströmen lässt (vgl. Abb. 5). Wenn nun in der zweiten Lebensperiode das Herz zum Zentrum der individuellen Lebenskräfte geworden ist und nach Abschluss der Gehirnbildung im Kopf Kräfte für das Vorstellen frei werden, kann der Mensch jetzt erstmalig – gewissermaßen vom Herzen aus – nach oben sein Denken und nach unten durch die inzwischen ausgestalteten Stoffwechsel-Gliedmaßen-Organe sein Wollen selbstständig in die Hand nehmen und gestalten. Am Anfang dieser Periode steht die Schulreife (Kopforgane), am Ende die Geschlechtsreife (Stoffwechselorgane). Jetzt muss der Mensch lernen, zwischen oben und unten ein harmonisches Gleichgewicht zu finden. Deswegen steht in dieser Lebensphase die ausgleichende und rhythmisierende Atmung so stark im Vordergrund. Der junge Mensch pendelt zwischen den Extremen hin und her, ist oft labil, unausgeglichen, fahrig und weiß noch nicht recht, was er mit seinen neuen Kräften – einerseits im Vorstellungsbereich, andererseits im Willensbereich – anfangen soll. Dieses Hin- und Herpendeln und Suchen nach einem Gleichgewicht (sog. Pubertätskrise) findet besonders nach dem 9./10. Lebensjahr statt, das daher von den Pädagogen auch als «Rubikon» zum Erwachsenenalter bezeichnet wird.

Wenn dann in der *dritten Lebensperiode* (14. – 21. Jahr) das Ich die Führung übernimmt und anfängt die Seelenkräfte zu beherrschen, wird alles schlagartig anders. In dieser Phase ist der Astralleib nun auch in die Gliedmaßen und Stoffwechselorgane «hineingeschlüpft», sodass Karma wirksam werden kann. Wir erlaufen gewissermaßen durch unsere Glieder und Muskeln – meist unbewusst – unser Schicksal. Finden wir doch oft gerade in dieser Lebensperiode unsere beruflichen Ziele und Ideale sowie auch die passenden Lebenspartner und Lebensbereiche – nicht selten für das ganze kommende Leben. Das Ich erringt die Herrschaft über den Organismus vor allem mit Hilfe des Blutkreislaufsystems, im Gegensatz zum Astralleib, der mehr über das Nervensystem wirkt. In der dritten Lebensperiode steigt der Hämoglobinspiegel des Blutes an, die Atmungskapazität des Blutes (über den

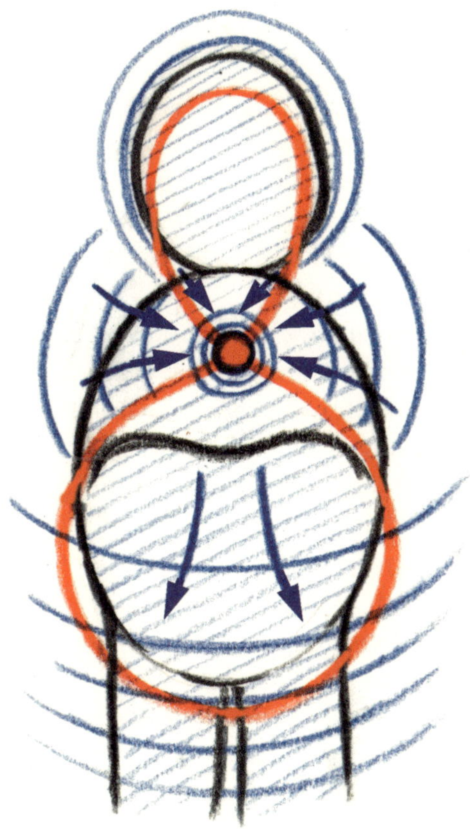

Abb. 29. Dritte Siebenjahresperiode (14. – 21. Lebensjahr). Der Astralleib der sich inkarnierenden Individualität (blau), der das mitgebrachte Karma enthält, gestaltet jetzt auch die Organe des Stoffwechsel- Gliedmaßensystems, sodass die Karmagesetze wirksam werden können. Es formt sich ein «Astralherz» und wird zum Zentrum des individuellen Schicksals. Das Herzkreislaufsystem (rot) als Träger der Ich-Organisation wird zum Mittelpunkt der Individualität und verbindet in lemniskatischen Kräfteströmungen obere und untere Funktionsbereiche des dreigliedrigen Organismus. «Geburt des Ich».

eisenhaltigen roten Blutfarbstoff Hämoglobin) wird größer, der Eisengehalt der Leber nimmt zu und die immunologischen Abwehrkräfte erreichen ihre größte Leistungsfähigkeit. Jetzt wird das Herz zum wirklichen Zentrum der Individualität (Abb. 29).

«Von der Geschlechtsreife an schaltet sich auf dem Umwege durch den Astralleib die gesamte menschliche Tätigkeit in das Ätherherz ein, in dasjenige Organ, das aus den Abbildern der Sterne, aus den Abbildern des

Kosmos geworden ist» (GA 212, S. 123). Jetzt bildet sich ein «astralisches Herz» aus, das aber bald zum Zentrum der Ich-Organisation wird. Wenn der Mensch durch die folgenden Lebensperioden hindurchgegangen ist und sich sein Schicksal erfüllt hat, wenn neue Erfahrungen und Lebensfrüchte gewonnen worden sind, kann nach dem Tode durch das Tor des Herzens das Irdische wieder den Anschluss an das Kosmische gewinnen – der Mensch kann sozusagen «sein ganzes Karma dem Kosmos übergeben» (GA 212, S. 124). Sein Leben hat sich erfüllt.

Nach der dritten Siebenjahresperiode sind das Wachstum, die körperliche Entwicklung, aber auch die Inkarnation des Seelisch/Geistigen weitgehend abgeschlossen, die Lebensreife ist erreicht, der Grundstein für das kommende «Arbeitsleben», aber auch für das Alter ist gelegt.

In früheren Kulturperioden haben die Menschen erst sehr viel später ihre Lebensreife erreicht. Erst heute «kann unsere Seele [Astralleib und Ich] vollständig in den physischen Leib und den Ätherleib untertauchen, und zwar auch jetzt erst ungefähr für unsere Zeit ... nach dem 27. und 28. Jahr» (GA 193, S. 143). Dadurch können wir materialistische und naturwissenschaftliche Gedanken entwickeln, wie sie z.B. von Galilei oder Kopernikus in die Welt gebracht worden sind. In früheren Kulturperioden wäre das nicht möglich gewesen.

Die *Lebensperioden des Alters* (etwa ab 50) sind nun interessanterweise in vieler Hinsicht ein Spiegel der ersten drei Entwicklungsperioden und enthalten deren Früchte, sodass sie gewissermaßen als Metamorphosen dieser Entwicklungsstufen angesehen werden können (in Abb. 26 mit –3, –2 und –1 symbolisiert).

Die *erste Altersphase* (etwa zwischen 50 und 60) steht – wie die dritte Jugendphase – ganz unter dem Zeichen der Ich-Kräfte. Jetzt beginnt allmählich der Exkarnationsprozess. Man überschaut rückblickend erstmals etwas bewusster sein Leben, sein Erreichtes und auch Nichterreichtes. Das Nachlassen der Fertilität wird spürbar. Bei Frauen beginnt die Menopause. Viele möchten das Rad nochmals zurückdrehen und durch neue Lebenspartner oder neue Unternehmungen neue Lebensverhältnisse schaffen, um dadurch eine «Verjüngung» zu erfahren, was nicht selten zu Krisen und Krankheiten führt. Das gibt dann die berühmte «Midlife-Crisis» mit Herzinfarkt, Depressionen oder Kreislaufstörungen (Blutdruckerhöhung usw.). Andererseits bietet diese Lebensphase aber auch die Möglichkeit, höhere Kräfte zu entwickeln. Der junge Mensch hatte erstmals die körperliche Liebe erfahren, jetzt kann der reif gewordene Mensch geistige Liebe entwickeln, so wie Faust im ersten Teil der Tragödie das Gretchendrama durchlebt, im zweiten Teil als reifer Mensch aber mit Helena die höhere geistige Liebe kennenlernt.

In der *zweiten Altersphase* (heute etwa zwischen 60 und 70) ist der Exkarnationsprozess dann schon weiter fortgeschritten. In der Regel beginnt jetzt die Pensionierung, das Sich-Zurückziehen aus Beruf und Umwelt. Wiederum kann dieses Loslassen höhere, aus den Lebenserfahrungen gewonnene Kräfte freisetzen, die dann zum Heile der Menschen und der Gesellschaft eingesetzt werden können. So wie der Mensch in der zweiten Jugendphase lernen musste, ein Gleichgewicht zwischen Denk- und Stoffwechsel- bzw. Fortpflanzungskräften herzustellen, so kann der reife Mensch jetzt in der zweiten Altersphase seine von Liebe durchdrungenen Lebenskräfte für die Harmonisierung der Welt gebrauchen lernen. Seine lebendigen, erkenntnisdurchdrungenen Ausstrahlungen können jetzt in der Gesellschaft fruchtbar werden und substanziell heilend wirken.

Andererseits kann aber auch die fortschreitende Exkarnation zu Resignation und Krankheitsprozessen führen. Steiner hat in seinen pädagogischen Vorträgen mehrfach erwähnt, dass eine zu starke Inanspruchnahme des Gedächtnisses in der zweiten Jugendphase im Alter degenerative Erkrankungen (z.B. Rheuma, Gicht, Diabetes), vor allem Sklerosen, zur Folge haben kann (GA 306, S. 28). So sagte Steiner 1922 einmal:

«Wenn wir ein Kind zuviel auswendig lernen lassen, so bildet es in einer unregelmäßigen Weise Erinnerungsgedanken aus, die sich in die Kopforganisation einleben, die aber dann Unregelmäßigkeiten bewirken, indem sie sich in Willensgedanken fortsetzen, auch in den Stoffwechsel- und Gliedmaßenorganismus. Und wir können es erleben ..., dass sich dieser Fehler vielleicht [im Alter] zeigt in einer schlechten inneren Verdauung und Stoffwechselstörungen» (GA 215, S. 163).

Durch die starke Intellektualisierung der Kinder, wie sie heute zu beobachten ist (z.B. durch Fernsehen, apparative, einseitig mechanische Betätigungen, Bewegungs- und Phantasiearmut), werden dem jungen Menschen Kräfte entzogen, die er eigentlich für den Aufbau seines Knochensystems und seiner Stoffwechselorgane benötigt. Dann fehlen diese Kräfte in der korrespondierenden zweiten Alterungsperiode. Osteoporosen, Arthrosen und sklerosierende Erkrankungen können die Folge sein.

In der *dritten Altersphase* (heute etwa ab 70) erfolgt die endgültige Exkarnation. Alles, was über das 70. Lebensjahr hinausgeht, kann (nach Steiner) als ein «gnadevoll geschenktes Leben» angesehen werden (GA 237, S. 47). Bei genialen Menschen können in dieser Zeit aber durchaus noch große Werke entstehen. So vollendete Goethe seinen Faust erst mit 80 Jahren. Wenn sich die Lebenskräfte aus dem Kopfbereich wieder lösen und erneut kosmische Dimensionen gewinnen, kann der Mensch einen hohen Grad an Weisheit entwickeln, die in die Welt segenbringend ausstrahlen kann. Steiner hat dargestellt, dass Kinder, die früh Religiosität und Ehrfurcht erlebt haben, im Alter die Fähigkeit des Segnens entwickeln können (GA 303, S. 62).

Hier ist einmal eine konkrete Metamorphose zwischen zwei Lebensbereichen aufgezeigt, die uns leider auf vielen anderen Gebieten noch fehlt.

Die Exkarnation der Lebens- und Seelenkräfte in der dritten und letzten Lebensperiode kann aber auch zu degenerativen Erscheinungen führen. Diese beziehen sich dann wieder – wie in der ersten Siebenjahresperiode – vornehmlich auf die Kopforgane. Die Sinnesorgane werden stumpf. Hörstörungen, partielle Erblindungen, Gleichgewichtsstörungen treten auf, in schlimmen Fällen sogar Demenz, Parkinson-Erkrankung, Gedächtnis- und Bewusstseinsverlust.

2. *Evolutive und kosmische Aspekte*

Alterung als Reifungs- und Entwicklungsprozess kommt nur beim Menschen vor. Bei wild lebenden Tieren wird eine echte Alterung nicht beobachtet. Nach der Fortpflanzung sterben die Tiere oder werden ausgemerzt, sobald ihre Kräfte nachlassen. Angesehene Biologen, wie z.B. Leonard Hayflick, die sich mit den Alterungsphänomenen beim Menschen beschäftigt haben, sagen sogar, dass die Alterung des Menschen biologisch sinnlos oder zumindest grundlos sei («Wir kennen keinen vernünftigen Grund für das Altern»). Diese Biologen sehen nicht den geistigen Fortschritt, den der Mensch im Alter erreichen, und schon gar nicht den Gewinn, den die Welt dadurch bekommen kann. Nach dem «Sündenfall» haben die «guten

Götter» dem Menschen Alterung und Tod geschenkt, gerade um ihm diese höheren Entwicklungsmöglichkeiten zu geben. Freiheit kann der Mensch nur auf der Erde entwickeln. Nützt er diese Freiheit, um höhere geistige Kräfte (Liebe, Weisheit usw.) auszubilden und diese in die Welt auszustrahlen, bringt er die Evolution als solche einen Schritt voran. Tiere können sich in dieser Weise noch nicht entwickeln. Sie sind am Ende ihres Weges angelangt. Der Sinn ihres Lebens besteht in der Erhaltung der Art, nicht in der Entwicklung selbst. Daher gibt es hier keine echte Alterung. Beim Menschen wird der tiefere Sinn des Lebens erst nach der Fortpflanzungsperiode erkennbar, wenn die Arbeit an der Erde und der eigenen Existenz bewusst gestaltet wird, sodass deren Früchte ins Nachtodliche metamorphosiert mitgenommen werden können. Der Mensch stammt nicht von Tieren ab, sondern diese von ihm (vgl. J. W. Rohen 2007, S. 415). Auch wenn er in der Stammesgeschichte später in Erscheinung tritt als die Tiere, ist er der Vegetationspunkt am Baum des Lebens, von dem sich immer neue Knospen entwickeln. In früheren Entwicklungsperioden haben sich zwar auch immer neue «Knospen» gebildet, aus denen dann die einzelnen Tierformen hervorgegangen sind, der Mensch aber – der «Vegetationspunkt» – ist undifferenziert, plastisch und entwicklungsfähig geblieben, und zwar bis in die Gegenwart hinein, sodass auch nur von ihm aus die Evolution weitergehen kann.

Da nach dem biogenetischen Grundgesetz die individuelle Entwicklung (Ontogenese) die Stammesgeschichte (Phylogenese) in Grundzügen wiederholt, können an der menschlichen Embryonalentwicklung sowie am Lebenslauf selbst die wesentlichsten Stufen der gesamten Erd- und Menschheitsentwicklung abgelesen werden.

Der Lebenslauf wird zu einem Schlüssel, der uns helfen kann, viele Rätsel der Menschheits- und Weltentwicklung zu lösen, vorausgesetzt, dass wir die richtigen Fragen stellen. Der Lebenslauf ist kein quantitativ fortschreitender, kontinuierlicher Alterungsprozess, sondern ein Entwicklungs- und Reifungsgeschehen, das auch für die Welt Bedeutung hat und an dem, wie Steiner sich ausdrückt, auch die «Götter» Anteil nehmen. So stehen die Entwicklungsperioden in der Jugend mehr unter dem Schutz der dritten Hierarchie (Engel, Erzengel, Archai), die des mittleren Lebensalters unter dem der zweiten Hierarchie (Exusiai, Dynamis, Kyriotetes) und die des Alters unter dem Schutz und Einfluss der ersten und höchsten Hierarchie (Throne, Cherubim und Seraphim). In der Jugend sind es Schönheit, Ideale, Triebe, Religiosität, die besonders entwickelt werden können. Das mittlere Lebensalter steht unter dem Zeichen der Freiheit und der eigenen schöpferischen Kräfte; die Altersphasen dagegen mehr unter dem der Liebe und Weisheit (GA 239, S. 99/100). So wird der Lebenslauf ein kunstvolles, fast möchte man sagen, heiliges Geschehen, das voller Geheimnisse ist.

Jede Lebensperiode steht nach Rudolf Steiner auch unter dem Einfluss eines eigenen Planeten, so die erste Periode unter dem des Mondes, die zweite unter dem des Merkur, die dritte unter dem der Venus. Das mittlere Lebensalter verläuft im Zeichen der Sonne. Dann folgen in den drei charakterisierten Altersperioden Mars, Jupiter und Saturn (GA 243, S. 144/145 sowie auch GA 239, S. 97/98). Es ist ein gewaltiges Geschehen, an dem letztlich auch der «Himmel» beteiligt ist.

In tiefste Geheimnisse kann uns schließlich die Betrachtung des *Lebenslaufes* führen, wenn wir diesen als *Spiegel der planetarischen Evolution* unserer Erde selbst ansehen. Rudolf Steiner vergleicht die Embryonalentwicklung und die Jugendphasen mit den ersten drei planetarischen Entwicklungsstufen, das mittlere Lebensalter mit der eigentlichen Erdentwicklung und die Altersperioden mit dem, was in den kommenden planetarischen Entwicklungsstufen auf uns zukommt (GA 96, S. 244 ff).

Wir haben oben gesehen, wie die Embryonalentwicklung mit den Furchungsteilungen beginnt und ohne Wachstum und Differenzierung zur Bildung eines ungegliederten Zellhaufens führt (Morula- oder Maulbeerstadium). Steiner (GA 13) gebraucht für die Beschreibung des ersten planetarischen Zustandes, des «alten Saturns», ebenfalls den Begriff Maulbeere. In den ersten sieben Tagen der Embryonalentwicklung wiederholen wir gewissermaßen den Saturnzustand. Nach der Einbettung des Keimes in die Gebärmutterschleimhaut werden zunächst nur Oberflächen gebildet, man spricht von Zotten, von Keimblättern und bläschenartigen Gebilden. Hier herrscht ein pflanzenartiges Wachstum vor, aber noch keine Körper- und Organbildung. Wir haben dieses Stadium mit der Stufe der «alten Sonne» verglichen (s.o.). Anschließend erfolgt dann die Einstülpung von der umhüllenden «Sphäre» aus nach innen in einen Embryonalkörper hinein (Gastrulation), was insgesamt eine Art Tierwerdung darstellt. Das wäre dann die Wiederholung des alten Mondenzustandes. Erst nach der Geburt, wenn das Neugeborene aus der schützenden Flüssigkeitshülle der Gebärmutter entlassen wird, erstmals ans Tageslicht kommt, Luft atmet und die Erde betritt, ist die Mondenentwicklung in die eigentliche Erdenentwicklung übergegangen (vgl. J. W. Rohen, 2007).

Aus den Darstellungen Steiners geht hervor, dass das Eintauchen des Menschengeistes in die Körperlichkeit und die Erringung der aufrechten Gestalt in der lemurischen Periode der Erdentwicklung, die eine Wiederholung der alten Mondphase darstellt, erfolgt ist (GA 13). Dies war der erste «Sündenfall», von dem das Alte Testament spricht, das Verlassen der geistigen Heimat, d.h. des Paradieses. Wie in den ersten sieben Lebensjahren stand damals die Entwicklung der Sinnesorgane und des Gehirns im Vordergrund, sodass der Mensch erstmals begann, die Welt von außen wahrzunehmen und gedanklich mit seinem allmählich etwas selbstständiger werdenden Ich zu verarbeiten.

Erst in der nachfolgenden atlantischen Phase, die man in diesem Zusammenhang mit der zweiten Siebenjahresperiode des Kindes vergleichen kann, ergreifen die Lebenskräfte den ganzen Organismus. Jetzt beginnt nach der Geschlechtsreife die eigentliche leibliche Fortpflanzung (die Geschlechtertrennung war ja schon in Lemurien eingetreten). Jetzt beginnt auch das auf die Körperlichkeit gestützte Trieb- und Begierdenleben, was beim ungeläuterten «Atlantier» dann zur Wasserkatastrophe, d.h. zum «Untergang der Atlantis» geführt hat. Man könnte in diesem Zusammenhang von einem zweiten Sündenfall sprechen.

Wenn man diese Phase der Weltentwicklung mit der zweiten Siebenjahresperiode vergleicht, dann müsste die dritte (14. – 21. Jahr) der nachatlantischen Phase entsprechen, in der nun erstmalig das selbstständig gewordene, den Körper beherrschende Ich auf den Plan tritt.

Wir werden diese Verhältnisse noch klarer überschauen können, wenn wir die Darstellungen Rudolf Steiners über die Vorstufen des Mysteriums von Golgatha mit einbeziehen (GA 152).

3. Die Vorstufen des Mysteriums von Golgatha und die Entwicklungsstufen des Lebenslaufes

Die planetarische Entwicklung unserer heutigen Erde begann nach Steiner (GA 13) mit einer Art Wiederholung des Wärme- oder Feuerzustandes des «alten Saturn» (polarische Zeit), dann des Licht- und Lebenszustandes der «alten Sonne» (hyperboräische Zeit) und schließlich mit der Wiederholung der Phase des «alten Mondes», die Steiner Lemurien genannt hat.

Der Mensch lebte in dieser *lemurischen Zeit* gewissermaßen noch im Schoße der Götter (Paradieszustand), bis der sog. «Sündenfall» eintrat, durch den der Menschengeist erstmalig in die materielle Welt hineingezogen wurde. Man muss sich vorstellen, dass die Menschenvorfahren in dieser Entwicklungsphase noch horizontal (tierhaft) herumkrochen, keine Konstanz der Körpertemperatur besaßen und kein Selbstbewusstsein, sondern nur ein traumhaftes, dämmerndes Bewusstsein entwickelt hatten. Die Lebenskräfte umspielten den Kopf wie eine riesige Aura. Der Schädel war noch weich und oben offen, sodass die Zirbeldrüse wie ein großer «leuchtender Körper» mit seinen strahlenden Kräften die einzige Verbindung zwischen dem noch nicht inkarnierten Seelisch-Geistigen des Menschen und dem Physisch-Ätherischen darstellte (GA 109 und 111, S. 224). Vielleicht war dies die Zeit, in der sich die Kriechtiere und Saurier vom plastisch bleibenden Menschenstamm abgespalten haben.

Nun kam die «luziferische Verführung» («Sündenfall») – das Essen vom Baum der Erkenntnis. Dies bewirkte das erste wirkliche Eindringen des Geistig-Seelischen in die Körperlichkeit, d.h. es wurden dem Menschen – wie es in der Bibel heißt – die Augen aufgetan. Die Sinneswelt wurde als Außenwelt, unabhängig von dem darin lebenden Geistigen, als solche erlebbar. Aber «die 12 Sinneskräfte» wären, wenn Luzifer allein bestimmend geblieben wäre, «übersensitiv» geworden, Rot z.B. wäre physisch stechend, blau schmerzhaft saugend erlebt worden; alle Sinnesempfindungen hätten Schmerzen oder «entwürdigende Wolllust» ausgelöst, wenn nicht der Christusgeist eingegriffen und das Sinneserleben objektiviert hätte. Dies war das erste Christusopfer, das dem Mysterium von Golgatha vorausgegangen ist (GA 152, S. 91 und 119). Dieses wurde dadurch möglich, dass die «Götter», bevor das Menschenwesen diese (fast tierhafte) Verkörperung einging, einen

Teil des noch reinen (unschuldigen) Menschenwesens in der geistigen Welt zurückbehielten, sodass auch an diesem Wesen die reinigende und harmonisierende Christuskraft wirksam werden konnte. Die oben erwähnte durch Luzifer bewirkte Verschiebung des Physischen gegenüber dem Ätherischen im Bereich der Sinnesorgane und des Nervensystems wurde von den «Göttern» zugelassen, aber durch das Christusopfer gemildert und ausgeglichen, sodass der Mensch später zur Freiheit, d.h. zu einem freien und objektiven Sinneserleben kommen konnte.

Jetzt vollzog sich auch die Aufrichtung des Körpers, sodass der Kopf mehr unter den Einfluss der Himmelskräfte (freier, offener und geistzugewandt), die Gliedmaßen unter den der Erde kommen konnten. Der Schlaf-Wachrhythmus begann, wobei der Schlaf zunächst als das geisthelle, lichte Gott-Erleben im Geistbereich, der Wachzustand als das dumpfe, dunkle Trieb-Erleben auf der Erde empfunden wurde.

Vergleicht man dieses Bild mit der ersten Entwicklungsstufe des Menschen nach der Geburt, so findet man viele Parallelen. In der ersten Kindheitsphase arbeiten die Lebenskräfte vornehmlich an Sinnesorganen und Gehirn. Der Schädel ist durch die Fontanellen nach oben noch offen. Ob die Zirbeldrüse als spirituelles Sinnesorgan, vermittelnd zwischen Geist- und Körperwelt, in dieser Phase eine Rolle spielt, ist nicht bekannt, aber denkbar. Zentrales Ereignis dieser Entwicklungsphase sind die Aufrichtung und das Freiwerden von den unmittelbaren Umwelteinflüssen. Damit beginnt die eigentliche physische Menschwerdung (vgl. nochmals Abb. 26).

In der auf Lemurien folgenden *atlantischen Zeit*, die auf einem heute versunkenen Kontinent ablief, begann ein zweiter Kampf um das Menschenwesen, den man als einen zweiten Sündenfall bezeichnen könnte. Jetzt ging es im Wesentlichen um die Lebensorgane (Drüsen, Atmungs-, Stoffwechsel- und Geschlechtsorgane).

«Diese Organe eines von dem Einfluss Luzifers und Ahrimans durchsetzten Ätherleibes hätten sich so entwickelt, dass der Mensch eine dem Menschenwesen unwürdige Gestalt angenommen hätte. ... Der Mensch hätte das ihm Nützliche mit Gier verfolgt und das, was ihm nicht zuträglich gewesen wäre, hätte er nur mit Ekel anschauen können. Zwischen Gier und Ekel wäre das menschliche Leben verlaufen. Alle Organe wären so gestaltet worden, dass der Mensch sich wie ein wildes Tier in entwürdigender Weise über das gestürzt hätte, was er aufnehmen musste, und unter Ekel tief sich erniedrigt gefühlt hätte unter dem, was ihm nicht zuträglich gewesen wäre» ... selbst beim Atmen hätte schlechte Luft Ekel erregt und gute Luft Begierde wachgerufen (GA 152, S. 120 und 92). Alle «Ernährungs- und Lebensfunktionen» wären durch das Übergewicht des Ätherleibes über den Astralleib tief greifend verändert worden.

Wiederum ist jetzt eine Harmonisierung, vor allem des Ätherleibes, durch das Christuswesen erfolgt, indem die Christuskraft sich in das unschuldig gebliebene, nicht inkarnierte Menschenwesen, das in der geistigen Welt zurückgehalten worden war, eingesenkt hat. Dieses Opfer (das zweite Christusopfer) hat dann so stark ausstrahlend auf die auf der Erde lebenden Menschenwesen gewirkt, dass zwar die charakterisierte Verschiebung prinzipiell erhalten geblieben ist, die Lebensfunktionen aber in harmonischer und objektiver Weise, d.h. ohne emotionale Tingierung ablaufen konnten.

Wahrscheinlich ist damals auch das oben charakterisierte Ungleichgewicht (d.h. die «Verschiebung») zwischen dem zentralen, unter der Kontrolle des Bewusstseins stehenden Nervensystem und dem unbewusst arbeitenden autonomen (vegetativen) Teil des Nervensystems zustande gekommen. Auch die leibliche Fortpflanzung, das Zeugen und Gebären von Kindern, sozusagen die Geschlechtsreife der Menschheit, wird sich in dieser Zeit herausgebildet haben. In der Tierwelt sind die ersten Säugetiere, d.h. Tiere mit dem intrauterinen Fortpflanzungsmodus, entstanden.

Vergleicht man damit die zweite Entwicklungsphase des menschlichen Lebenslaufes (7. – 14. Lebensjahr), so werden wiederum viele Parallelen mit dem Atlantier-Zustand deutlich. Wie wir gesehen haben, steht, nachdem der Kopf ausgereift ist, jetzt die Entwicklung von Rumpf- und Gliedmaßen durch den Ätherleib im Vordergrund (Abb. 28.). Durch ein starkes Größenwachstum, durch den Zahnwechsel, die geschlechtsspezifische Ausgestaltung des Knochen- und Muskelsystems nimmt der Körper individuellere Züge an. Der Astralleib bleibt aber auf die obere Körperhälfte («bis zum Zwerchfell») beschränkt, sodass die Drüsenfunktionen, vor allem später auch die Stoffprozesse bei Schwangerschaft und Geburt unbewusst und unbeeinflusst von Willkür und Emotionen ablaufen können.

Das «dritte Christusopfer» fand nach Steiner gegen *Ende der atlantischen Zeit* statt. Wiederum war durch die Verführermächte (Luzifer und Ahriman) ein Ungleichgewicht in den Wesensgliedern des Menschen entstanden, nämlich ein Übergewicht des Astralleibes über den Ätherleib (GA 134, S. 61).

Man könnte von einem dritten Sündenfall sprechen. Dadurch entstand die Hybris des Menschen («ihr werdet sein wie Gott»). Egoismus und Emotionalität hatten Einfluss auf die Lebensorgane gewonnen. Die drei zentralen Seelenkräfte (Denken, Fühlen, Wollen) sind in Unordnung und Disharmonie gekommen.

«In Leidenschaft erglüht wäre der Mensch jedem Impulse gefolgt oder von Furcht und Hass erfüllt geflohen, ohne dass Vernunft die Kräfte hätte regeln können» (GA 152, S. 92).

Jetzt begann in der Menschheitsgeschichte wohl auch erstmals im vollen Umfang das Stoffwechsel- und Verdauungssystem zu arbeiten, d.h. die Aufnahme von materiellen Elementen und die Ausscheidung von Stoffwechselendprodukten, mit anderen Worten die Inkrustierung mit Materie oder die Fesselung der Seelenkräfte an den Körper, zunächst unter Entwicklung von Begierden, Wolllust, Genusssucht, Eigensucht usw.

Wiederum wurden diese neu angestachelten egozentrischen Seelenkräfte durch die Christuskraft harmonisiert und ins Gleichgewicht gebracht, d.h. aus dem Chaos herausgeholt, sodass die Stoffwechselvorgänge in naturnotwendiger Weise, unbeeinflusst von den Emotionen der Seele, im Körper vonstatten gehen konnten. Der Mythos hat ein großartiges Bild dieser Weltenkrise tradiert, nämlich das Bild vom Erzengel Michael (oder St. Georg), der mit dem Drachen kämpft und diesen besiegt. Der Drache symbolisiert die unbeherrscht gewordenen, wilden Seelenkräfte, die Zerstörung und Chaos bewirken, aber von der Christuskraft besiegt werden.

Hier springt der Vergleich mit der dritten Lebensperiode (14. – 21. Lebensjahr) ins Auge. In dieser Phase muss – wie wir gesehen haben – das Ich über die jetzt den ganzen Organismus durchsetzenden Seelenkräfte Herr werden, was vor allem durch die vom Herzen ausstrahlenden Blutkräfte möglich wird (Abb. 29). Der Astralleib hat in dieser Entwicklungsphase auch die Stoffwechselorgane (Darmkanal, Leber, Nieren, Milz usw.) erreicht, aber durch die Ich-Organisation, die hauptsächlich im Blut und mit den Eisenkräften (Hämoglobin usw.) wirkt, kann das Triebhafte im Fortpflanzungs- und Stoffwechselbereich beherrscht werden. Mithilfe der jetzt selbstständig gewordenen Denkkräfte kann der junge Mensch seine Vorbilder und Ideale entwickeln, die ihm helfen, die in ihm rumorende Triebnatur zu zähmen und sein im Astralleib wirkendes Schicksal (Karma) zu finden. Auch diese Situation wird im Bild vom Drachenkampf Michaels treffend charakterisiert.

Die Lemniskate, als Symbol des Blutkreislaufes, die Oberes und Unteres im menschlichen Organismus, aber auch in der Seele harmonisch miteinander verbindet, kann diese Zusammenhänge verdeutlichen (Abb. 29). Dadurch, dass das Ich mithilfe der Blut- und Herzenskräfte jetzt erstmalig festen Fuß im Seelenbereich zu fassen beginnt, entwickelt sich bei sensiblen jungen Menschen nun auch ein höchst empfindliches System: das Gewissen. Ohne das dritte Christusopfer hätte sich dieses für die Höherentwicklung des Menschen so entscheidende Geistorgan sicher nicht entwickeln können.

In der *nachatlantischen Zeit*, die nach der großen Flutkatastrophe (Sündflut) begann, wurden die «fortschrittlichen» Menschen durch ihre eingeweihten Menschheitsführer (Noah, Manu) hauptsächlich in zwei Strömen nach dem Osten geführt. Der erste ging über Asien nach Indien, der zweite mehr im Süden nach Vorderasien und Palästina. Hier begannen die nachatlantischen Kulturperioden und damit die Vorbereitungen für das vierte Christusopfer auf Golgatha. Hierbei ging es – nicht wie bei den ersten drei Opfern um den physischen Leib (1. Opfer), den Ätherleib (2. Opfer) und den astralischen Leib (3. Opfer) – sondern zentral um die Rettung des menschlichen Ichs selbst, das im Blute wirkt und vom Blut aus die neue Menschengestalt hervorbringen muss. Dieses höhere Ich muss durch die Kraft des gereinigten, durch die Liebe egoismusfrei gewordenen Blutes bis in die Tiefen des Organismus, d.h. in die Geburtsstätten des Blutes, nämlich bis in die Knochen verwandelnd vordringen (GA 109–111, S. 117, GA 112, S. 181) und dadurch die Verschiebungen der Wesensglieder, die durch die Widersachermächte zustande gekommen sind, ausgleichen und in eine höhere Form überführen, nämlich in die Form des Auferstehungsleibes, die wir oben – andeutungsweise – zu charakterisieren versucht haben. Das vierte Christusopfer, der Kreuzestod auf Golgatha, betrifft also wiederum den physischen Leib, aber diesmal nicht den Einzug des Seelisch-Geistigen in das Physisch-Materielle wie beim ersten Opfer in Lemurien, sondern die Rückverwandlung des Physischen ins Geistige mithilfe des in jedem Menschen lebenden göttlichen Wesenkerns, des Ichs. Die letzte heute überschaubare Phase der Menschheitsentwicklung hängt also zentral mit dem Ich zusammen.

Die bisherigen fünf Kulturperioden können im Grunde nur aus dieser Ich-Problematik verstanden werden. In Indien lebte das Ich noch ganz in der umhüllenden ätherischen Aura. Es war noch nicht wirklich auf der Erde angekommen. In der persischen Kulturperiode begann der Mensch, sich die Erde nutzbar zu machen. Es entwickelte sich der Empfindungsleib. In der dritten Periode (ägyptisch-babylonisch-chaldäische Kulturperiode) entwickelte sich die Empfindungsseele. In der vierten, der griechisch-römischen Periode, gewann dann das Ich erstmals Einfluss auf die Verstandes- und Gemütsseele. Erst in der Jetztzeit beginnt sich (nach und nach) die Bewusstseinsseele zu entwickeln.

Das *Mysterium von Golgatha* lässt sich nur verstehen, wenn man die vorangegangenen Stufen der Menschheitsentwicklung mit einbezieht. In den nachatlantischen Kulturperioden haben die Widersachermächte versucht, das menschliche Ich in die Seelenwelt hineinzuziehen, ihm eine einseitige Dominanz zu geben und eine Hybris zu entwickeln, die die wahre Natur dieses göttlichen Kerns im Menschen verschleiert und verfälscht hätte. Materialismus und schrankenloser Egoismus wären die Folgen gewesen. Man kann dies als den vierten Sündenfall bezeichnen, mit dem Resultat, dass ein Übergewicht des Ichs über den Astralleib entstanden wäre (GA 134, S. 44). Die Versuchungsgeschichte im Lukas-Evangelium gibt ein eindrucksvolles Bild von dem Versuch des «Satans», das Ich in diese Richtung zu ziehen. Der Christus kann die Versucher aber erst dann ganz überwinden, wenn er tatsächlich «Steine zu Brot» gemacht hat, d.h. wenn er die verhärtete Körperlichkeit bis in den letzten Winkel (Blut, Knochen usw.) mit der von Liebe erfüllten Ich-Kraft durchdrungen und ins Geistig-Lebendige zurückgeholt hat und dadurch die luziferischen «Verschiebungen und Übergewichte» in eine höhere Strukturform des menschlichen Organismus verwandelt hat. Das geschieht – nach dreijähriger Vorbereitung – auf Golgatha!

Dieses Ereignis musste aber – von den «Göttern» – lange und sorgfältigst vorbereitet werden. Der Christus konnte sich ja nicht in einen x-beliebigen, durch lang dauerndes Karma verunreinigten, sozusagen kranken Leib inkarnieren.

Rudolf Steiner hat mit okkulten Methoden erforscht, dass der von der Maria des Lukas-Evangeliums geborene Jesusknabe aus der nathanischen Linie im Grunde diejenige (unschuldige) Seele gewesen ist, die von den «Göttern» vor dem ersten Sündenfall in der geistigen Welt zurückgehalten worden ist und an der sich die drei genannten Christusopfer vollzogen haben (GA 114, S. 107/108). Dieses «phantomartige» menschliche Wesen hatte also keine luziferischen Verschiebungen seiner Wesensglieder erlebt; es war sozusagen noch ganz rein, sodass sich die göttliche Kraft des Christus darin inkarnieren konnte.

Aber um die Leiblichkeit selbst, d.h. den durch die Jahrmillionen der Menschheitsgeschichte hindurchgegangenen, verhärteten physischen Leib wirklich (erlösend) umwandeln zu können, bedurfte es noch anderer Vorbereitungen. Diese wurden von einer der höchstentwickelten Persönlichkeiten der Geschichte geleistet, nämlich von Zarathustra. Nach Steiner hat sich das Ich des Zarathustra in denjenigen Jesusknaben inkarniert, der aus der salomonischen (königlichen) Linie stammte und in Bethlehem geboren wurde (GA 123, S. 127). Darüber berichtet das Matthäus-Evangelium. Matthäus schildert, wie sich von Abraham an durch 42 Generationen kontinuierlich die besondere Leiblichkeit des Jesus entwickelt hat, in die sich das Zarathustra-Ich inkarnieren konnte. Dieser Jesusknabe starb aber nach zwölf oder dreizehn Jahren, d.h. nach der Geschlechtsreife, nachdem das Zarathustra-Ich auf den anderen (nathanischen) Jesusknaben übergegangen war. Das ist die Szene im Tempel, wo die eigenen Eltern ihren völlig verwandelten Sohn zunächst nicht wiedererkennen konnten. Bis zur Jordantaufe, also achtzehn Jahre lang, arbeitete das Zarathustra-Ich dann an der Leiblichkeit des nathanischen Jesus, um ihn auf die Inkarnation des Christus bei der Jordantaufe vorzubereiten. Danach übernahm der Christus selbst die Umgestaltung dieses Organismus und der zugehörigen Wesensglieder, die ja schon durch die vorausgegangenen Opfertaten ganz durchchristet worden waren. Nun aber sollte – gewissermaßen durch ein viertes Christusopfer – auch der physische Leib entluziferisiert werden, und zwar erstmalig bis in das Knochensystem und die materielle Struktur des Körpers hinein (man denke etwa an die kalziumabhängigen Strukturen des Nervensystems, der Zellmembranen usw.). Dieser Prozess, der die drei Jahre des Christuslebens auf der Erde in Anspruch genommen hat, endete mit dem Kreuzestod und nachfolgend der «Geburt des Auferstehungsleibes» (vgl. a. S. Prokofieff, 2008). Steiner vergleicht daher die Jordantaufe mit der Konzeption und die Auferstehung mit der Geburt eines Menschen (GA 148, S. 212).

Welchen Sinn hat es aber, kann man fragen, eine physische Leiblichkeit wie die des salomonischen Jesus durch viele Generationen auf die Durchchristung (Erlösung) vorzubereiten, wenn sie nach der Pubertät wieder vom Zarathustra-Ich verlassen wird und stirbt? Hier liegt tatsächlich eines der tiefsten Geheimnisse der Menschheitsgeschichte vor.

Steiner sagte damals (1910): «Der materielle physische Leib [des salomonischen Jesusknaben] war gar nicht mehr vorhanden, denn der war mit dem zwölften Jahr aufgegeben. *Doch das Göttliche, die Kräfte waren mit hinübergegangen* in den anderen physischen Leib des nathanischen Jesus» (GA 123, S. 247). Damit sind die beiden Menschheitsströmungen, erstens die nach dem «Sündenfall» mit Adam beginnende irdische Strömung, und zweitens die im Geistbereich verlaufende Strömung mit dem zurückgehaltenen, «unschuldig» gebliebenen Wesen des «anderen Adam» (dem Phantom), an dem sich die drei Vorstufen des großen Christusopfers auf Golgatha vollzogen hatten, wieder zusammengekommen. Dadurch ist der physische Leib des heutigen Menschen vor dem Verfall gerettet und eine neue, höhere Menschenform geschaffen worden, die jeder Mensch, der sich aus freiem Entschluss mit der Christuskraft verbindet, in Zukunft erreichen kann (vgl. Prokofieff, 2008). In den folgenden Kulturperioden wird sich daher zwangsläufig die Menschheit teilen in zwei Entwicklungsströme; der eine wird weiter in die egoistische Verhärtung und leibliche Degeneration hineingehen, der andere Menschheitsstrom wird mithilfe der Christuskräfte mehr und mehr eine vergeistigte, vom Sündenfall gereinigte Leiblichkeit entwickeln, die dem Auferstehungsleib ähnlich wird. Die stufenweise sich entwickelnde Spaltung der Menschheitsströme schildert Johannes in der Apokalypse in eindrucksvollen Bildern.

An dieser Stelle muss aber noch ein letztes und vielleicht tiefstes Geheimnis angesprochen werden, das für die zukünftige Entwicklung der Menschheit von allergrößter Bedeutung werden wird, nämlich das sog. Geheimnis des *«Meisters Jesus»*.

So wie die «bösen Menschen» in Zukunft sich bis in die Leiblichkeit hinein mit den Widersachermächten verbinden können, kann auch der «gute Mensch», der aus seiner Freiheit heraus dem Christus nachfolgen will, Hilfen von der geistigen Welt empfangen – und zwar nicht nur durch geistige Impulse und Visionen, sondern konkret durch die Übergabe der bereits durch Christus verwandelten Wesensglieder selbst. Die während des Erdenlebens Christi und letztlich durch den Kreuzestod gereinigten, gewissermaßen entzerrten Wesensglieder des Menschen (Astralleib, Ätherleib, aber auch der physische Leib) wurden nämlich in ihrer neuen, sozusagen göttlichen Form in der geistigen Welt «vervielfältigt», so wie die Natur ein Samenkorn vervielfältigen oder in der Genetik die DNA repliziert werden kann. Diese neuen Leiber können daher einzelnen Individualitäten geschenkt werden, um die Höherentwicklung der Menschheit insgesamt zu fördern. Auch das ist ein Christusopfer! So haben z.B. Franz von Assisi und Thomas von Aquin nach Steiner eine Kopie des Astralleibes des Jesus von Nazareth erhalten (GA 109 und 111, S. 154). Vieles in der vergangenen und zukünftigen abendländischen Geistesgeschichte kann daraus in neuer Weise verständlich werden.

Für unsere Frage nach den spirituellen Hintergründen des *menschlichen Lebenslaufes* ergibt sich daraus aber noch ein Weiteres. Der erste und der letzte Lebensabschnitt, Jugend und Alter, spiegeln jeweils Vergangenheit und Zukunft der Menschheitsgeschichte. Der *mittlere Lebensabschnitt* jedoch ist die eigentliche Entscheidungszeit, in der der Mensch die Weichen stellen muss – und zwar ganz aus der Freiheit heraus – für oder gegen eine positive Entwicklung, für oder gegen Christus, für oder gegen die gestaltliche und geistige Umwandlung des gesamten Menschenwesens. In unserer Zeit, die zweifellos eine besondere Entscheidungszeit darstellt, hat der Mensch (erstmals in der Geschichte!) die Freiheit, sich für das Gute oder das Böse, für die Anti-Sündenfall-Kräfte oder für die weiter in Dekadenz führenden Kräfte, für die Christuskräfte oder für die Widersachermächte vollbewusst und in klarer Selbstverantwortung zu entscheiden.

Im mittleren Lebensdrittel ist das Ich aufgerufen, am eigenen Organismus, aber auch an der Welt umgestaltend zu wirken. Das, was man in dieser Phase erreichen kann, z.B. durch Liebe zur Umwelt und zu den Mitmenschen, erscheint vielleicht anfangs klein und unbedeutend, wird aber – wie ein Keim bei der Pflanze – durch die Sonnenkraft des Christus wachsen, sodass bis ins Körperliche gehende Umwandlungsprozesse in Gang kommen können. Natürlich wird es noch bis zum Ende der Erdentwicklung dauern, bis sich nicht nur das Geistig-Seelische des Menschen, sondern auch der physische Leib selbst so weit entwickelt haben wird, dass die Menschen als 10. Hierarchie – wie ehemals im Paradies – wieder unter den «Göttern» leben können. Aber die Anfänge müssen jetzt gemacht werden, und zwar vor allem in der mittleren Lebensphase, weil der Mensch besonders in dieser Lebensperiode ganz aus der eigenen Schöpferkraft und den in Freiheit entwickelten Intentionen an sich und der Welt arbeiten kann. Zu diesem Ziel hat die Weisheit der «Götter» die Verschiebungen der Wesensglieder, die Abtrennung von der geistigen Welt («Vertreibung aus dem Paradies») und die Verbannung in die Finsternis des Raumes zugelassen. Nur dadurch konnte der freie und schöpferische Mensch entstehen. Ergreift dieser dann auch seine Aufgaben und arbeitet von sich aus an der Umwandlung (*und* Höherentwicklung) seiner eigenen Leiblichkeit und dadurch zugleich an der Welt mit, ist das Ziel der Schöpfung erreicht, ist die 10. Hierarchie geboren.

Man wird an dieser Stelle sicher einwenden, dass die Menschheit sich in den letzten Jahrhunderten doch kaum verändert habe, dass immer wieder Krieg und Frieden, Machthunger und Unterdrückung, Glaube und Unglaube, das Handeln der Menschen bestimmt hätten und dass im Grunde – wenn auch mit anderen Mitteln und Techniken – immer alles gleich geblieben sei. Dies ist aber – genauer besehen – wirklich falsch und Ergebnis eines sehr oberflächlichen Denkens.

Bei genauerer Betrachtung zeigt sich sehr bald, dass sich im Laufe der letzten Jahrhunderte und insbesondere zu Beginn der Neuzeit ein dramatischer *Bewusstseinswandel* vollzogen hat. Es ist auch unverkennbar, dass heute, vor allem durch die technischen Möglichkeiten der modernen Informatik, ein tief greifender Wandel im Welterleben der Menschen stattfindet. Im Zuge dieser Entwicklungen wird es in Zukunft mehr und mehr zu einer extremen Veräußerlichung unseres Lebens kommen. Steiner prophezeite 1913:

«... in sehr kurzer Zeit wird die Menschheit ungeheuer veräußerlicht sein. Heute lernt der Mensch noch schreiben. In einer nicht sehr fernen Zukunft wird man sich nur noch daran erinnern, dass die Menschen in früheren Jahrhunderten geschrieben haben. Es wird eine Art der mechanischen Stenographie geben, die dazu noch auf der Maschine geschrieben werden wird Mechanisierung des Lebens» (GA 152, S. 81).

So wie wir heute die Hieroglyphen der alten Ägypter anschauen, werden wir schon in nicht allzu ferner Zukunft auf die Handschriften unserer Väter zurückschauen – ohne Verständnis für Art und Inhalt dieser Schriften. Andererseits werden aber die Menschenseelen dazu «drängen, die unmittelbaren Offenbarungen des Geistes wieder zu erhalten» (GA 152, S. 82).

Schon jetzt kann man erleben, wie sich bei den heutigen Menschen ein mächtiger Drang nach Esoterik geltend zu machen beginnt – zum Teil in den merkwürdigsten und abartigsten Formen. Es liegt im Zuge der evolutiven Entwicklung der Menschheit, dass sich der Ätherleib vom physischen Leib mehr und mehr zu lösen beginnt und dass dadurch in ganz natürlicher Weise wieder hellseherische Fähigkeiten auftreten. Das wird – ähnlich wie zu Beginn der Neuzeit – einen radikalen Bewusstseinswandel in der Menschheitsgeschichte hervorrufen. Steiner weist darauf hin, dass sich schon in der jetzigen Menschheitsperiode ein zartes Organ «im Bereich des Stirnhirns (in der Nähe des Brocaschen Sprachzentrums) entwickeln wird, durch das die Menschen dann Erinnerungen an ihre früheren Inkarnationen» erleben werden. Diese müssen aber bewusst vom Ich ergriffen und erkenntnismäßig verarbeitet werden. Wenn aber die Menschen diese neuen Fähigkeiten nicht ergreifen, d.h. das neue Erkenntnisorgan nicht benützen und weiterentwickeln, entstehen – sagt Steiner – fürchterliche Nervenkrankheiten («viel schlimmer als alles, was der Mensch bis jetzt gekannt hat»; GA 152, S. 19 ff.).

Das Stirnhirn ist derjenige Teil des zentralen Nervensystems, der funktionell mit den motorischen Intentionen des Menschen (im weitesten Sinne) befasst ist. Die Neurologen lokalisieren hier Funktionen wie motorischer Antrieb, Kraftgefühl, Ausdauer, Persönlichkeitserleben, soziales Verhalten, Moralität usw. Es ist durchaus denkbar, dass dieser – phylogenetisch erst sehr spät entstandene – Großhirnlappen gerade dadurch, dass er mit unserem Willensleben so eng verknüpft ist, in Zukunft eine für das Ich-Erleben und übersinnliche Erkenntnisvermögen zentrale Bedeutung gewinnen wird. Vielleicht sind auch die heute mehr und mehr in Erscheinung tretenden sinnlos zerstörerisch wirkenden Gewalttätigkeiten sowie neuartige Nervenkrankheiten, wie das «Burn-out-Syndrom» u.a., bereits erste Anzeichen für die von Steiner erwähnten zukünftigen Entwicklungstendenzen. Im Stirnhirn liegen auch die Zentren, die bei manuellen Tätigkeiten (Schreiben usw.) eine Rolle spielen. Wenn durch die zunehmende Veräußerlichung und Mechanisierung unserer Kultur die Menschen in Zukunft – wie Steiner meint – das «Schreiben» verlernen, werden aber auch hier wieder Kräfte frei, die entweder verkommen oder für höhere (spirituelle) Funktionen eingesetzt werden können.

Aber nicht nur im Kopfbereich, auch im mittleren, d.h. rhythmischen System werden sich nach Steiner in Zukunft grundlegende Änderungen vollziehen. Das *Herz* ist nicht nur das Zentrum des Blutkreislaufs, sondern – wie wir oben gesehen haben – ein Zentralorgan für den ganzen Organismus. Hier vollzieht sich durch den Prozess der Ätherisation der Übergang vom Raum in den Nichtraum, vom Physischen ins Geistige, vom Irdischen in das Kosmische und umgekehrt. Je höher sich der Mensch entwickelt, je mehr er sich – auch seine Leiblichkeit – spirituell durchdringen lernt, umso mehr wird er seine «Herzenskräfte» (Liebeskräfte) bewusst gestalten und für die Umwandlung seiner Wesensglieder einsetzen können. Wie der Mensch jetzt schon seine Atmung willkürlich verändern und z.B. bei der Yoga-Schulung für seine spirituelle Entwicklung einsetzen kann, wird er in Zukunft nach Steiner auch die Herztätigkeit willkürlich beeinflussen können. Das Herz besitzt ja schon jetzt quergestreifte Muskulatur wie die Gliedmaßenmuskulatur. Es ist «ein Organ der Zukunft und auf dem Wege, ein willkürliches Organ des Menschen zu werden» (GA 109 und 111, S. 261). Durch das Herz, das Tor zum Geistigen, wird der Mensch aus den Erkenntniskräften, die ihm sein neues Stirnhirnorgan erschlossen hat, die Vergeistigung seiner Leiblichkeit in Gang setzen und – mit gnadenvoller Hilfe der «Götter» – am Ende der Zeiten eine neue Existenzform erschaffen können.

Die alte Existenzform des menschlichen Körpers wird untergehen – das haben heute sogar schon Genetiker prophezeit (s. z.B. Bryan Sykes, 2003). Da das geschlechtsbestimmende Y-Chromosom des Mannes sich nicht durch Austausch mit dem X-Chromosom regenerieren kann, wird es im Laufe der Generationen immer kürzer und fragiler, sodass die Fertilität des Mannes in Zukunft kontinuierlich abnehmen wird. Die Genetiker haben errechnet, dass in schätzungsweise 125.000 Jahren die Fertilität des Mannes auf etwa 1% des jetzigen Wertes gesunken sein wird, d.h. dass die Menschheit dann allmählich aussterben wird. Auch wenn der genannte Zeitrahmen äußerst hypothetisch erscheint, besteht doch von wissenschaftlicher Seite heute offenbar kein Zweifel mehr daran, dass die biologischen Fortpflanzungsformen des Menschen in der planetarischen Zukunft irgendwann an ihr Ende kommen.

Wenn der Mensch aber an der Vergeistigung seiner Leiblichkeit gearbeitet hat, wird er eine neue, geistige Gestalt entwickeln.

Dann werden Reinkarnationen und das «unter Schmerzen Gebären» nicht mehr nötig sein. Dann werden die Fortpflanzungsvorgänge in einer höheren, metamorphosierten Form vor sich gehen, d.h. dann wird auch das dritte große Funktionssystem, der untere Mensch, einer vergeistigten Metamorphose entgegengehen. Wenn der physische Leib sich in Richtung dessen, was wir oben als Phantomleib des Christus charakterisiert haben, vergeistigt hat, wenn die Formkräfte des physischen Leibes durch die Arbeit des freien Ichs wieder in die lebendige Äthergestalt aufgenommen worden sind und damit eine höhere (geistige) Gestaltprägung erhalten haben – dann wird eine leibliche (intrauterine) Fortpflanzung nicht mehr nötig und möglich sein. Dann wird – wohl erst in der nächsten planetarischen Stufe unserer Evolution – das Wort, das vom Menschen erzeugte Wort, die Grundlage für das ins Leben-Treten eines neuen Menschenwesens werden. Der *Kehlkopf* als neues Zeugungsorgan wird – nach Steiner «... das Organ der Zukunft [werden]. Der Mensch wird in der Zukunft seinesgleichen aussprechen, der Kehlkopf wird ein schöpferisches Organ werden. Das Innere, das Seelisch-Geistige in materielle Formen zu gestalten, das ist die Zukunft der Menschheit. Die Menschheit ist auf dem Wege, sich zu spiritualisieren, um immer bewusster und bewusster an der Umarbeitung ihrer Leiber zu arbeiten» (GA 109 und 111, S. 262; s.a. GA 134, S. 102/3).

Natürlich wird noch viel Zeit vergehen, bis wir die Vergeistigung unserer Leiblichkeit, d.h. die Geburt des Geistesmenschen (Atma) erreicht haben. Dennoch können wir auch schon in unserer Kulturperiode bemerken, dass sich unser Verhältnis zur Sprache und zu den Prozessen des mittleren Menschen geändert hat.

Nicht nur dass Menschen eine ganz neue Form der «Herzensempfindlichkeit», d.h. eine Sensibilität des Gewissens gegenüber den Zeiterscheinungen entwickeln und auch ungewöhnliche Herzenskräfte auszustrahlen vermögen. Man kann auch beobachten, dass einzelne Persönlichkeiten in der Vergangenheit oft eine ungewöhnliche Kraft des Wortes entwickelt und damit einen ungeheueren Einfluss auf die Menschen gewonnen haben. Steiner betont, dass – schon in der nächsten Kulturperiode – hohe geistige Führer auftreten werden, deren Wort so gewaltig auf die Menschen wirken wird, dass dies bei den Menschen bis ins Physische hineingehende Veränderungen hervorrufen kann.

Dennoch wird die generelle Dekadenz nicht aufzuhalten sein. Möglicherweise wird es auch zu einer «Katastrophe, ähnlich der Atlantischen, kommen», die alles Degenerierte zugrunde gehen lässt. Aber dann «wird eine neue Kultur mit spirituellen Fähigkeiten aufgehen, die verknüpft sein wird mit dem, was wir die umfassende Bruderschaftsidee der Menschheit nennen» (GA 109–111, S. 43), von der auch F. M. Dostojewskij in seiner Legende vom Großinquisitor schon gesprochen hat.

Wenn die brüderliche Liebe dann zum neuen Entwicklungsprinzip der Menschen geworden sein wird, wird die Krise der Gegenwart überwunden sein und eine neues Zeitalter beginnen können. In der Apokalypse wird die dann erreichte neue Existenzform des Menschen das Neue Jerusalem genannt.

Dennoch werden immer Menschen zurückbleiben, die die Vergeistigung ihres Wesens nicht erreicht haben. Aber auch für diese gibt es – wie Steiner mehrfach erwähnt – in den späteren planetarischen Zuständen der Erde noch Entwicklungsmöglichkeiten. Durch die opfernde, selbstlose Liebe höher entwickelter Wesen, die sich entschließen, die zurückgebliebenen Leiber zu bewohnen und umzugestalten, kann auch dieser Menschheitsstrom das Weltenziel in späteren Entwicklungsperioden noch erreichen. Nur diejenigen, die ihr Ich aufgeben und sich bewusst nicht weiterentwickeln *wollen*, können nicht gerettet werden. Dies ist die «Sünde wider den heiligen Geist, die nicht vergeben werden kann».

Die Menschheit hat einen langen Entwicklungsweg hinter sich; aber sie hat auch noch einen langen vor sich. Der entscheidende Unterschied zwischen diesen beiden Abschnitten ist aber, dass der erste weitgehend unter der Führung der «Götter» vonstatten gegangen ist, der zukünftige jedoch vom Menschen selbst gestaltet werden muss. Wenn der Mensch aus Freiheit – bewusst – Weisheit und Liebe entwickelt und diese Kräfte in die menschliche Gemeinschaft sowie auch in die Welt selbst ausstrahlen lässt, werden ihm die «Götter» helfen, auf seinem Entwicklungsweg weiterzukommen. Christus war der Führer in dem ersten großen Abschnitt der Menschheitsentwicklung. Er wird auch der Führer und Helfer im zweiten sein – vorausgesetzt, dass der Mensch selbst es will. Das Prinzip der Freiheit bedeutet nicht Willkür, sondern freiwillige Hingabe und Eingliederung in die Weltgesetzlichkeit. Nur aus dieser Einsicht kann die höhere Individualität, das höhere Ich, das in jedem Menschen – heute noch weitgehend verborgen lebt, geboren und zur Entwicklung gebracht werden.

Der Lebenslauf ist ein Spiegel der gesamten Menschheitsentwicklung. Der mittlere Abschnitt ist der Zeitraum, in dem sich die Ich-Geburt vollziehen und der Mensch seine Lebensimpulse verwirklichen kann. In den Altersphasen nimmt der Mensch (in ersten bescheidenen Ansätzen) die zukünftige Entwicklung vorweg. Krisen und Katastrophen bleiben uns nicht erspart. Aber das Ziel ist gewaltig und lohnt den Einsatz aller veranlagten oder neu entwickelten Kräfte, damit die Weltentwicklung zu einem guten Ende komme. Der Mensch ist das einzige Wesen dieser Erde, das noch entwicklungsfähig ist. Ohne die Mitwirkung des Menschen wird die Weltentwicklung nicht ihr Ziel erreichen. Es ist das Verdienst Rudolf Steiners, diese Zusammenhänge erkannt und den Menschen das große Menetekel unserer Zeit vor Augen geführt zu haben.

Mögen seine mahnenden Worte auf fruchtbaren Boden fallen. In wunderbarer Weise hat Novalis in seinem Märchen von Eros und Fabel die Höherentwicklung des Menschen durch die beiden großen Seelenkräfte Liebe (Eros) und Weisheit (Sophia) bzw. schöpferische Phantasie (Fabel) dargestellt, was die abschließenden Verse eindrucksvoll zum Ausdruck bringen:

«Gegründet ist das Reich der Ewigkeit
in Lieb' und Frieden endigt sich der Streit,
vorüber ging der lange Traum der Schmerzen,
Sophie ist ewig Priesterin der Herzen.»

Literaturverzeichnis

Fjodor M. Dostojewski, *Die Brüder Karamasoff, V. «Der Großinquisitor»*. Piper Verlag, München 1996.

Leonard Hayflick, *Auf Ewig Jung? Ist unsere biologische Uhr beeinflussbar?* VGS. Verlagsgesellschaft, Köln 1996.

Günther Hildebrandt, Die Zeitgestalt des Menschen. In: *Tycho de Brahe, Jahrbuch für Goetheanismus*, S. 23-57. Tycho de Brahe-Verlag, Niefern-Öschelbronn, 1994.

Stefan von Jankovich, *Ich war klinisch tot. Der Tod – Mein schönstes Erlebnis*. Drei Eichen Verlag, München, 2. Aufl. 1985.

E. R. Kandel, Zelluläre Grundlagen von Lernen und Gedächtnis, in: E. R. Kandel, J. H. Schwartz und T. M. Jessel (Hrsg.), *Neurowissenschaften*. Spektrum Akademischer Verlag, Heidelberg 1996.

Helen Keller, *The story of my life* (1903, deutsch: *Geschichte meines Lebens* 1904).

Gotthold Ephraim Lessing, *Die Erziehung des Menschengeschlechts*. Reclam Verlag, Ditzingen 1986.

Florian Lowndes, *Das Erwecken des Herzdenkens*. Verlag Freies Geistesleben, Stuttgart 1998.

Jacques Lusseyran, *Das wiedergefundene Licht*. Ernst Klett Verlag, Stuttgart 1963.

L.E.C. Mees, *Das menschliche Skelett, Form und Metamorphose*. Stuttgart, 1981.

Novalis, *Das Märchen*, in: Werke, Band I, S. 338 ff. Carl Hanser Verlag, München, 1978.

Sergej O. Prokofieff, *Das Mysterium der Auferstehung im Lichte der Anthroposophie*. Verlag Freies Geistesleben, Stuttgart 2008.

Johannes W. Rohen und Elke Lütjen-Drecoll, *Funktionelle Histologie*, 4. Auflage. Schattauer Verlag, Stuttgart 2000.

Johannes W. Rohen und Elke Lütjen-Drecoll, *Funktionelle Embryologie*. Die Entwicklung der Funktionssysteme des menschlichen Organismus. 3. Auflage. Schattauer Verlag, Stuttgart 2006.

Johannes W. Rohen, *Morphologie des menschlichen Organismus* (Versuch einer goetheanistischen Gestaltlehre des Menschen), 3. Auflage. Verlag Freies Geistesleben, Stuttgart 2007.

Johannes W. Rohen, *Funktionelle Anatomie des Nervensystems*, 6. Auflage. Schattauer Verlag, Stuttgart 2001.

Johannes W. Rohen, *Der Isenheimer Altar als Psychotherapeutikum*. Verlag Freies Geistesleben, Stuttgart 2008.

Peter Selg, *Vom Logos menschlicher Physis. Die Entfaltung einer anthroposophischen Humanphysiologie im Werk Rudolf Steiners*. Verlag am Goetheanum, Dornach 2000.

Bryan Sykes, *Keine Zukunft für Adam. Die revolutionären Folgen der Genforschung*. Gustav Lübbe Verlag, Bergisch Gladbach 2003.

Frank Teichmann, *Der Mensch und sein Tempel, Ägypten*. 3. aktualisierte Auflage, Verlag Urachhaus, Stuttgart 2003.

Frank Teichmann, *Der Mensch und sein Tempel, Griechenland,* 3., erw. Auflage. Verlag Urachhaus, Stuttgart 2003.

Lothar Vogel, *Der dreigliedrige Mensch*, 3. Auflage. Verlag am Goetheanum, Dornach/Schweiz 1992.

Rudolf Steiner (zitiert nach der im Rudolf Steiner Verlag, Dornach /Schweiz erscheinenden Gesamtausgabe (GA). Die im Text angegebenen Seitenzahlen beziehen sich auf die nachfolgend zitierten Buchausgaben)

Aufsatz *Einzig mögliche Kritik der atomistischen Begriffe*. Erstveröffentlichung in der Wochenschrift *Das Goetheanum*, 18. Jgg (Nr. 22 und 23) vom 28.5. u. 4.6.1939. Auch enthalten in: Beiträge zur Rudolf Steiner Gesamtausgabe, Heft 63: *Rudolf Steiner über den Atomismus*. Dornach 1978.

GA 4 *Die Philosophie der Freiheit. Grundzüge einer modernen Weltanschauung*. Berlin 1894. 2. Auflage, Dornach 1918.

GA 9 *Theosophie*. Stuttgart 1955.

GA 13 *Die Geheimwissenschaft im Umriss*. 28. Auflage 1968.

GA 21 *Von Seelenrätseln*. 3. Auflage 1960.

GA 27 *Grundlegendes für eine Erweiterung der Heilkunst nach geisteswissenschaftlichen Erkenntnissen*. 4. Auflage 1972.

GA 28 *Mein Lebensgang*. 8. Auflage 1982.

GA 45 *Anthroposophie, Ein Fragment*. 2. Auflage 1970.

GA 63 *Geisteswissenschaft als Lebensgut*. Vortrag, 19.3.1914 in Berlin. 1. Auflage 1959.

GA 79 *Die Wirklichkeit der höheren Welten*. Vortrag, 26.11.1921 in Kristiania. 1962.

GA 96 *Ursprungsimpulse der Geisteswissenschaft. Christliche Esoterik im Lichte neuer Geisterkenntnis*. Vortrag 4.3.1907 in Berlin. 1. Auflage 1974.

GA 99 *Die Theosophie des Rosenkreuzers*. Vortrag 29.5.1907 in München. 5. Auflage 1962.

GA 100 *Menschheitsentwickelung und Christuserkenntnis*. Vortrag 22.11.1907 in Basel. 1. Auflage 1967.

GA 101 *Mythen und Sagen. Okkulte Zeichen und Symbole.* Vortrag 26.12.1907 in Köln. 2. Auflage 1992.

GA 109 und GA 111 *Das Prinzip der spirituellen Ökonomie im Zusammenhang mit Wiederverkörperungsfragen.* 21 Vorträge 1909 in verschiedenen Städten, Vortrag 7.6.1909 in Budapest. 1. Auflage 1965.

GA 112 *Das Johannes-Evangelium in Verhältnis zu den drei anderen Evangelien, besonders zu dem Lukas-Evangelium.* Vortrag 3.7.1909 in Kassel. 5. Auflage 1975.

GA 114 *Das Lukas-Evangelium.* Vortrag 19.9.1909 in Basel. 6. Auflage 1968.

GA 123 *Das Matthäus-Evangelium.* Vorträge 6.9. und 12.9.1910 in Bern. 4. Auflage 1959.

GA 124 *Exkurse in das Gebiet des Markus-Evangeliums.* Vorträge 7.11.1910 und 19.12.1910 in Berlin. 3. Auflage 1963.

GA 128 *Eine okkulte Physiologie.* Vortrag 23.3.1911 in Prag. 5. Auflage 1991.

GA 129 *Weltenwunder, Seelenprüfungen und Geistesoffenbarungen.* Vortrag 26.8.1911 in München 4. Auflage 1960.

GA 130 *Das esoterische Christentum und die geistige Führung der Menschheit.* Vortrag 1.10.1911 in Basel. 1. Auflage 1962.

GA 131 *Von Jesus zu Christus.* Vortrag 11.10.1911 in Karlsruhe. ? Auflage 1968)

GA 134 *Die Welt der Sinne und die Welt des Geistes.* Sechs Vorträge 27.12.1911-1.1.1912 in Hannover. Vortrag 29.12.1911 in Hannover. 4. Auflage 1979.

GA 143 *Erfahrungen des Übersinnlichen.* Vortrag 17.12.1912 in Zürich. 2. Auflage 1974.

GA 148 *Aus der Akasha-Forschung; Das fünfte Evangelium.* 18 Vorträge 1913 und 1914 in verschiedenen Städten, Vortrag 16.11.1913 in Hamburg. 3. Auflage 1980.

GA 152 *Vorstufen des Mysteriums von Golgatha.* Vortrag 1.5.1913 in London, Vortrag 1.6.1914 in Basel, Vortrag 5.3.1913 in Stuttgart und Vortrag 14.10.1913 in Kopenhagen. 1. Auflage 1964.

GA 158 *Der Zusammenhang des Menschen mit der elementarischen Welt.* Vortrag 21.11.1914 in Dornach. 1. Auflage 1968.

GA 168 *Die Verbindung zwischen Lebenden und Toten.* Vortrag 22.2.1916 in Leipzig. 2. Auflage 1976.

GA 170 *Kosmische und Menschliche Geschichte,* Band I. Vortrag 7.8.1916 in Dornach. 1. Auflage 1964

GA 174 *Zeitgeschichtliche Betrachtungen, das Karma der Unwahrhaftigkeit. II. Teil.* Vortrag 14.1.1917 in Dornach. 1. Auflage 1966.

GA 191 *Soziales Verständnis aus geisteswissenschaftlicher Erkenntnis.* Vortrag 5.10.1919 in Dornach. 2. Auflage 1972.

GA 193 *Der innere Aspekt des sozialen Rätsels.* Vortrag 14.9.1919 in Berlin. 2. Auflage 1972.

GA 199 *Geisteswissenschaft als Erkenntnis der Grundimpulse sozialer Gestaltung.* Vortrag 8.8.1920 in Dornach. 1. Auflage 1967.

GA 201 *Entsprechungen zwischen Mikrokosmos und Makrokosmos. Der Mensch – eine Hieroglyphe des Weltalls.* Vortrag 16.5.1920 in Dornach. 1. Auflage 1958.

GA 202 *Die Brücke zwischen der Weltgeistigkeit und dem Physischen des Menschen.* Vorträge 5.12.1920 und 19.12.1920 in Dornach. 3. Auflage 1988.

GA 203 *Die Verantwortung des Menschen für die Weltentwickelung.* Vortrag 21.1.1921 in Dornach. 2. Auflage 1989.

GA 206 *Menschenwerden, Weltenseele und Weltengeist,* 2. Teil. Vortrag 22.7.1921 in Dornach. 2. Auflage 1991.

GA 212 *Menschliches Seelenleben und Geistesleben im Zusammenhang mit Welt- und Erdentwickelung.* Vortrag vom 26.5.1922 in Dornach. 1. Auflage 1978.

GA 213 *Menschenfragen und Weltenantworten.* Vortrag 24.6.1922 in Dornach. 1. Auflage 1969.

GA 214 *Das Geheimnis der Trinität.* Vorträge 28.7.1922 in Dornach und 20.8.1922 in Oxford. 1. Auflage 1970.

GA 215 *Philosophie, Kosmologie und Religion.* Vortrag 15.9.1922 in Dornach. 1. Auflage 1962.

GA 218 *Geistige Zusammenhänge in der Gestaltung des menschlichen Organismus.* Vortrag 22.10.1922 in Dornach. 3. Auflage 1992.

GA 219 *Das Verhältnis der Sternenwelt zum Menschen und des Menschen zur Sternenwelt.* Vortrag 22.12.1922 in Dornach. 3. Auflage 1966.

GA 221 *Erdenwissen und Himmelserkenntnis.* Vortrag 11.2.1923 in Dornach. 1. Auflage 1966.

GA 225 *Kulturphänomene. Drei Perspektiven der Anthroposophie.* Vortrag 6.5.1923 in Dornach. 1. Auflage 1961.

GA 226 *Menschenwesen, Menschenschicksal und Welt-Entwickelung.* Vortrag 17.5.1923 in Kristiania (Oslo). 3. Auflage 1966.

GA 230 *Der Mensch als Zusammenklang des schaffenden, bildenden und gestaltenden Weltenwortes.* Vortrag 11.11.1923 in Dornach. 4. Auflage 1970.

GA 234 *Anthroposophie. Eine Zusammenfassung nach 21 Jahren.* 9. Vortrag 10.2.1924 in Dornach. 4. Auflage 1974.

GA 237 *Esoterische Betrachtungen karmischer Zusammenhänge, Band III,* Vortrag vom 6.07.1924 in Dornach. 3. Auflage 1959.

GA 239 *Esoterische Betrachtungen karmischer Zusammenhänge, Band V.* Vortrag vom 24.5.1924 in Paris. 1. Auflage 1963.

GA 243 *Das Initiaten-Bewusstsein.* Vortrag 16.8.1924 in Torquay, England. 5. Auflage 1993.

GA 283 *Das Wesen des Musikalischen und das Tonerlebnis im Menschen.* Vortrag 7.3.1923 in Stuttgart. 3. Auflage 1981.

GA 286 *Wege zu einem neuen Baustil. «Und der Bau wird Mensch»*. Vorträge 28.6.1914 und 5.7.1914 in Dornach. 3. Auflage 1982.

GA 293 *Allgemeine Menschenkunde als Grundlage der Pädagogik*. Vorträge 25.8.1919 und 1.9.1919 in Stuttgart. 5. Auflage 1960.

GA 303 *Die gesunde Entwicklung des Leiblich-Physischen als Grundlage der freien Entfaltung des Seelisch-Geistigen*. Vortrag 2.1.1922 in Dornach. 2. Auflage 1969.

GA 306 *Die pädagogische Praxis vom Gesichtspunkte geisteswissenschaftlicher Menschenerkenntnis*. Vortrag 15.4.1923 in Dornach. Troxler Verlag, Bern, 1956.

GA 312 *Geisteswissenschaft und Medizin*. Zwanzig Vorträge 21.3.-9.4.1920, Vorträge vom 28.3.1920 und vom 7.4.1920 in Dornach. 4. Auflage 1961.

GA 316 *Meditative Betrachtungen und Anleitungen zur Vertiefung der Heilkunst*. Vorträge 21.4.1924 und 24.4.1924 in Dornach. 3. Auflage 1987.

GA 322 *Grenzen der Naturerkenntnis*. Vortrag 30.10.1920 in Dornach. 2. Auflage Dresden 1940.

GA 323 *Das Verhältnis der verschiedenen naturwissenschaftlichen Gebiete zur Astronomie*. Vortrag 1.1.1921 in Stuttgart. 2. Auflage 1983.

GA 324 *Naturbeobachtung, Mathematik, wissenschaftliches Experiment und Erkenntnisergebnisse vom Gesichtspunkt der Anthroposophie*. Vortrag 17.3.1921 in Stuttgart. 2. Auflage 1972.

Anhang: Auszüge aus Vorträgen Rudolf Steiners

Anhang 1

Nachdem Rudolf Steiner bereits 1911 in seinem Prager Vortragszyklus (GA 128) erste Andeutungen über die *Dreigliederung der elementaren Funktionsprozesse im menschlichen Organismus* gemacht hatte, wurde 1917 erstmalig im Anhang 6 des Buches *Von Seelenrätseln* (GA 21) eine eingehende Darstellung dieser Prozesse und ihrer Beziehungen zu den drei Grundvorgängen des Seelischen (Denken, Fühlen, Wollen) gegeben. Auch wenn diese Darstellung in späteren Vorträgen noch weiter präzisiert und ausgebaut worden ist, was vor allem für den Zusammenhang zwischen «Atmungstätigkeit» und Fühlen gilt, kann sie doch als der Grundstein für eine ganz neue Anthropologie angesehen werden. Nach Jahrhunderte langen Diskussionen über das Leib-Seele-Problem ist hier erstmalig eine wissenschaftliche Lösung entwickelt worden, die tragfähig und überzeugend ist. Dieser nicht hoch genug einzuschätzende, revolutionäre Durchbruch wird sicher noch Jahrzehnte brauchen, bis er in all seinen Konsequenzen verstanden, geschweige denn entsprechend gewürdigt werden wird. Bei der Tragweite dieser Ideen ist es verständlich, dass Steiner mehr als 30 Jahre okkulter Forschungsarbeit benötigt hat, bis er sich entschloss, diese zu veröffentlichen. Wenn die Menschheit einmal begriffen haben wird, welche Keimkraft in diesen Ideen liegt, wird sie auch die in weite Dimensionen hineinreichenden, sicher ungeahnten Früchte ernten. Später wird man diese fundamentalen Ideen ebenso wenig aus dem Geistesleben des Abendlandes wegdenken können, wie z.B. die Ideen von Kopernikus.

«Die körperlichen Gegenstücke zum Seelischen des Vorstellens hat man in den Vorgängen des Nervensystems mit ihrem Auslaufen in die Sinnesorgane einerseits und in die leibliche Innenorganisation andererseits zu sehen. So sehr man vom anthroposophischen Gesichtspunkte aus manches wird anders zu denken haben, als es die gegenwärtige Wissenschaft tut: eine Grundlage vorzüglicher Art ist in dieser Wissenschaft vorhanden. Nicht so steht es, wenn man die leiblichen Gegenstücke für das Fühlen und Wollen bestimmen will. In bezug darauf muss man sich innerhalb der Ergebnisse gegenwärtiger Physiologie erst den richtigen Weg bahnen. Ist man auf denselben gelangt, so findet man, dass man wie das Vorstellen zur Nerventätigkeit so das Fühlen in Beziehung bringen muss zu demjenigen Lebensrhythmus, der in der Atmungstätigkeit seine Mitte hat und mit ihr zusammenhängt. Man hat dabei zu berücksichtigen, dass man zu dem angestrebten Ziele den Atmungsrhythmus mit allem, was mit ihm zusammenhängt, bis in die äußersten peripherischen Teile der Organisation verfolgen muss. Um auf diesem Gebiete zu konkreten Ergebnissen zu gelangen, müssen die Erfahrungen der physiologischen Forschung in einer Richtung verfolgt werden, welche heute noch vielfach ungewohnt ist. Erst wenn man dies vollbringt, werden alle Widersprüche verschwinden, die sich zunächst ergeben, wenn Fühlen und Atmungsrhythmus zusammengebracht werden. Was zunächst zum Widerspruch herausfordert, wird bei näherem Eingehen zum Beweise für diese Beziehung. Aus dem weiten Gebiet, das hier verfolgt werden muss, sei nur ein einziges Beispiel herausgehoben. Das Erleben des Musikalischen beruht auf einem Fühlen. Der Inhalt des musikalischen Gebildes aber lebt in dem Vorstellen, das durch die Wahrnehmungen des Gehörs vermittelt wird. Wodurch entsteht das musikalische Gefühls-Erlebnis? Die *Vorstellung* des Tongebildes, die auf Gehörorgan und Nervenvorgang beruht, ist noch nicht dieses musikalische Erlebnis. Das letztere entsteht, indem im Gehirn der Atmungsrhythmus in seiner Fortsetzung bis in dieses Organ hinein, sich begegnet mit dem, was durch Ohr und Nervensystem vollbracht wird. Und die Seele lebt nun nicht in dem bloß Gehörten und Vorgestellten, sondern sie lebt in dem Atmungsrhythmus; sie erlebt dasjenige, was im Atmungsrhythmus ausgelöst wird dadurch, dass gewissermaßen das im Nervensystem Vorgehende heranstößt an dieses rhythmische Leben. Man muss nur die Physiologie des Atmungsrhythmus im rechten Lichte sehen, so wird man umfänglich zur Anerkennung des Satzes kommen: die Seele erlebt fühlend, indem sie sich dabei ähnlich auf den Atmungsrhythmus stützt wie im Vorstellen auf die Nervenvorgänge. – Und bezüglich des Wollens findet man, dass dieses sich in ähnlicher Art stützt auf Stoffwechselvorgänge. Wieder muss da in Betracht gezogen werden, was alles an Verzweigungen und Ausläufern der Stoffwechselvorgänge im ganzen Organismus in Betracht kommt. Wie dann, wenn etwas «vorgestellt» wird, sich ein Nervenvorgang abspielt, auf Grund dessen die Seele sich ihres Vorgestellten bewusst wird, wie ferner dann, wenn etwas «gefühlt» wird, eine Modifikation des Atmungsrhythmus verläuft, durch die der Seele ein Gefühl auflebt: *so* geht, wenn etwas «gewollt» wird, ein Stoffwechselvorgang vor sich, der die leibliche Grundlage ist für das als Wollen in der Seele Erlebte. – Nun ist in der Seele ein vollbewusstes waches Erleben nur für das vom Nervensystem vermittelte Vorstellen vorhanden. Was durch den Atmungsrhythmus vermittelt wird, das lebt im gewöhnlichen Bewusstsein in jener Stärke, welche die Traumvorstellungen haben. Dazu gehört alles Gefühlsartige, auch alle Affekte, alle Leidenschaften und so weiter. Das Wollen, das auf Stoffwechselvorgänge gestützt ist, wird in keinem höheren Grade bewusst erlebt als in jenem ganz dumpfen, der im Schlafe vorhanden ist. Man wird bei genauer Betrachtung des hier in Frage Kommenden bemerken, dass man das Wollen ganz anders erlebt als das Vorstellen. Das letztere erlebt man wie man etwa eine von Farbe bestrichene Fläche sieht; das Wollen so, wie eine schwarze Fläche innerhalb eines farbigen Feldes. Man «sieht» innerhalb der Fläche, auf der keine Farbe ist, eben deshalb etwas, weil im Gegensatz zu der Umgebung, von der Farben-Eindrücke ausgehen, von dieser Fläche keine solchen Eindrücke kommen: man «stellt das Wollen vor», weil innerhalb der Vorstellungs-Erlebnisse der Seele an gewissen Stellen sich ein Nicht-Vorstellen einfügt, das sich in das vollbewusste Erleben hineinstellt ähnlich wie die im Schlafe zugebrachten Unterbrechungen des Bewusstseins in den bewussten Lebenslauf. Aus diesen verschiedenen Arten des bewussten Erlebens ergibt sich die Mannigfaltigkeit des seelischen Erfahrens in Vorstellen, Fühlen und Wollen.»

Anhang 2

Die funktionell polare Organisation und *Funktionsweise des zentralen und autonomen Nervensystems* hat Rudolf Steiner eingehend in dem Vortragszyklus *Okkulte Physiologie* (GA 128) dargestellt. Im 3. Vortrag (Prag, 22.3.1911; S. 50 ff.) heißt es:

«Wie das Blut nach der einen, der oberen Seite unseres Organismus das Gehirn durchläuft, um dort mit der Außenwelt in Berührung zu kommen [durch die äußeren Sinneseindrücke], so kommt das Blut, wenn es sich durch den Körper bewegt, in Beziehung zu den inneren Organen. ... [über die Organe] wirkt eine verinnerlichte Außenwelt auf das menschliche Blut ... Wenn wir das menschliche Haupt und das hindurchgehende Blut betrachten, wie es beschrieben wird von außen durch die Sinnesorgane, so wirkt das Gehirn in seiner Arbeit in derselben Weise umwandelnd auf das Blut, wie die inneren Organe auf das Blut umwandelnd wirken. ... So also würde das Blut gleichsam Strahlungen, Wirkungen empfangen können von den inneren Organen und würde damit sozusagen als Werkzeug des Ich in diesem Ich das innere Leben dieser Organe zum Ausdruck bringen, so wie in unserem Gehirnleben das zum Ausdruck kommt, was uns in der Welt umgibt.

Da müssen wir uns allerdings klar sein, dass noch etwas ganz Bestimmtes eintreten muss, damit diese Wirkungen der Organe auf das Blut möglich sind. Erinnern wir uns daran, dass wir sagten, dass in der Wechselwirkung von Nerv und Blutlauf überhaupt erst die Möglichkeit liegt, dass auf das Blut eine Wirkung ausgeübt, dass in das Blut sozusagen etwas eingeschrieben werden kann. Wenn von der Seite der inneren Organe her Wirkungen auf das Blut ausgeübt werden sollen, wenn gleichsam das innere Weltsystem des Menschen auf das Blut wirken soll, so muss zwischen diesen Organen und dem Blut etwas eingeschaltet sein wie ein Nervensystem. Es muss die innere Welt zuerst auf ein Nervensystem wirken können, um dann ihre Wirkungen auf das Blut übertragen zu können.

So sehen wir einfach aus einem Vergleich des unteren Teiles des Menschen mit dem oberen, dass die Voraussetzung gemacht werden muss, dass zwischen unseren inneren Organen – als deren Repräsentanten wir diese drei Organe: Leber, Galle, Milz haben – und dem Blutkreislauf etwas eingeschaltet sein muss wie ein Nervensystem. Fragen wir die äußere Beobachtung, so zeigt sie uns in der Tat, dass in alle diese Organe das eingeschaltet ist, was wir das sympathische Nervensystem nennen, welches die Körperhöhle des Menschen ausfüllt und welches in einem analogen Verhältnisse zu der menschlichen Innenwelt und dem Blutkreislauf steht, wie andererseits das Rückenmark-Nervensystem zwischen der äußeren großen Welt und dem Blutumlauf des Menschen steht. Von diesem sympathischen Nervensystem, das ja zunächst längs des Rückgrates verläuft, dann, von dort ausgehend die verschiedensten Teile des Organismus durchzieht und sich ausbreitet, auch netzförmige Ausbreitungen zeigt, namentlich in der Bauchhöhle, wo man einen Teil dieses Systems populär auch das *Sonnengeflecht* nennt, von diesem sympathischen Nervensystem werden wir zu erwarten haben, dass es in einer gewissen Weise von dem anderen Nervensystem abweicht. Und es ist immerhin interessant – wenn es auch nicht zu einem Beweise dienen soll –, sich zu fragen: Wie könnte denn dieses Nervensystem gestaltet sein im Verhältnis zum Rückenmark-Nervensystem, wenn diese Bedingungen erfüllt würden, die wir jetzt hypothetisch gestellt haben? – Sie könnten einsehen: Wie sich das Rückenmark-Nervensystem öffnen muss dem Umkreis des Raumes, so muss dieses sympathische Nervensystem demjenigen zugeneigt sein, was zusammengedrängt ist in die innere Organisation. [...]

Wenn das sympathische Nervensystem *die* Aufgabe hat, die es nach dem, was wir gesagt haben, haben muss, dann muss sich das innere Leben unseres Organismus, das in der Durchnährung und Durchwärmung des Organismus zum Ausdruck kommt, gleichsam in dieses sympathische Nervensystem hineinergießen, und dieses Nervensystem müsste es auf die Bluttafel geradeso übertragen, wie die äußeren Eindrücke durch das Gehirn-Rückenmark-Nervensystem auf das Blut übertragen werden. So bekommen wir in das individuelle Ich hinein, durch das Instrument des Ich, das Blut – auf dem Umwege durch das sympathische Nervensystem –, die Eindrücke unseres eigenen körperlichen Inneren. Da aber unser körperliches Innere wie alles Physische aus dem Geiste heraus auferbaut ist, so bekommen wir das, was sich als geistige Welt zusammengedrängt hat in den entsprechenden Organen des inneren Menschen, herauf in unser [waches] Ich auf dem Umwege durch das sympathische Nervensystem.»

In einem späteren Vortrag (Prag, 24.3.1911) desselben Zyklus (GA 128, S. 106/107) wird dann die Funktion des autonomen Nervensystems, vor allem im Hinblick auf die Bewusstseinsstufen, noch näher charakterisiert:

«In den menschlichen Organismus wirken von außen Kräfte herein, deren Tätigkeit wir mit unserem Bewusstsein nicht wahrnehmen. Das alles geht unterhalb unseres Bewusstseinshorizontes vor sich, was wir da als Tätigkeit ausführen; niemand kann im normalen Bewusstsein die Tätigkeit seiner Leber, Galle, Milz und so weiter beobachten. Nun entsteht die Frage: Wodurch werden wir denn verhindert, etwas zu wissen von den Form- und Bewegungskräften, die sich in unseren inneren Organen abspielen, da doch unser Seelenleben dem Organismus eingegliedert ist? Da gehen ja in unserem Innern gewaltige Tätigkeiten vor sich. Woher kommt es, dass wir davon nichts wissen?

Nun, genau ebenso wie unser Gehirn-Rückenmark-Nervensystem dazu bestimmt ist, die äußeren Eindrücke, die wir durch unsere Sinne erhalten, bis zum Blute hinzuleiten, das heißt, die Impressionen von äußeren Vorgängen in unser Blut, in das Werkzeug des Ich, aufzunehmen, ebenso wie also das Gehirn-Rückenmark-Nervensystem dazu bestimmt ist, im normalen Bewusstsein dem Ich zu dienen, gerade so ist das sympathische Nervensystem, das sich mit seinen Knoten und Verzweigungen dem inneren Weltsystem gleichsam vorlagert, dazu ausersehen, die Vorgänge, die sich im Innern des Organismus abspielen, nicht an das Blut, das Werkzeug des Ich, heranzulassen, sondern sie vom Blut zurückzuhalten.

So sehen Sie, dass das sympathische Nervensystem eine entgegengesetzte Aufgabe hat wie das Gehirn-Rückenmark-Nervensystem, und hier haben wir eine Erklärung für den Unterschied in Bau und Beschaffenheit dieser beiden Systeme. Während das Gehirn-Rückenmark-Nervensystem sich anstrengen muss, um möglichst gut die äußeren Eindrücke zum Blut überzuleiten, muss durch das entgegengesetzt wirkende sympathische Nervensystem vom Blut – als dem Werkzeug des Ich – fortwährend zurückgestaut werden die Eigenregsamkeit der aufgenommenen Stoffe. Wenn wir den Verdauungsprozess betrachten, so haben wir zuerst das Aufnehmen der äußeren Nahrungsstoffe, dann das Zurückstauen der Eigenregsamkeit der Nahrungsstoffe und dann die Umwandlung dieser Regsamkeiten durch das innere Weltsystem des Menschen. Damit wir nicht fortwährend, wie wir so dastehen in der Welt, alles das wahrnehmen, was in unseren inne-

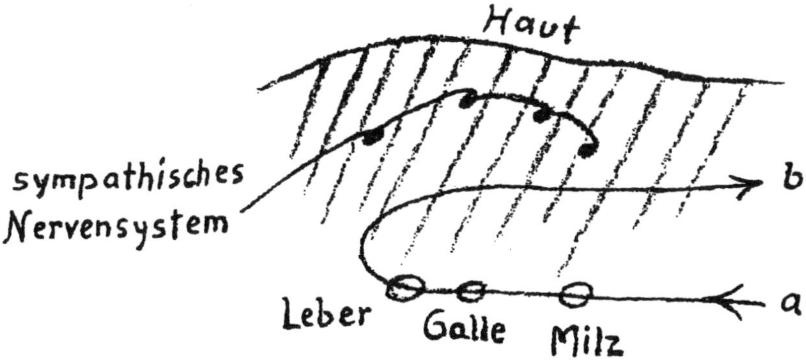

ren Organen bewirkt wird, muss der ganze Strom der Vorgänge durch das sympathische Nervensystem zurückgestaut werden vom Blut, geradeso wie durch das Gehirn-Rückenmark-Nervensystem das zum Blute hingetragen wird, was von außen aufgenommen wird. Da haben Sie die Aufgabe des sympathischen Nervensystems, unsere inneren Vorgänge in uns zu halten, sie nicht bis zum Blut, dem Werkzeug des Ich, hinaufdringen zu lassen, und das Eintreten dieser inneren Vorgänge in das Ichbewusstsein zu verhindern.

Anhang 3

Über die *funktionelle Dreigliederung des Nervensystems* im Zusammenhang mit der jeweiligen Bewusstseinsstufe hat sich Rudolf Steiner im Vortragszyklus *Zeitgeschichtliche Betrachtungen* (2. Teil, GA 174) im Vortrag vom 14.1.1917 in Dornach sehr eingehend geäußert. Die hier gegebenen bildhaften Darstellungen wurden durch einfache Tafelzeichnungen ergänzt. Im Einzelnen heißt es dort:

«Das Ich wirkt durch den Angriffspunkt des Sonnengeflechtes ... . Das Ich des Menschen selbst ist eigentlich mit einem sehr dumpfen Bewusstsein ausgestattet. Der Ich-Gedanke ist etwas anderes als das Ich. Der Ich-Gedanke ist gewissermaßen dasjenige, was als eine Welle heraufschlägt ins Bewusstsein, aber der Ich-Gedanke ist nicht das wirkliche Ich. Das wirkliche Ich greift als bildsame Kraft durch das Sonnengeflecht in die ganze Organisation des Menschen ein.

Gewiss kann man sagen, das Ich verteilt sich über den ganzen Leib. Aber sein Hauptangriffspunkt, wo es besonders in die menschliche Bildsamkeit, in die menschliche Organisation eingreift, ist das Sonnengeflecht, oder besser gesagt, weil alle die Zweigungen dazugehören, das Gangliensystem, dieser im Unterbewusstsein lebende Nervenprozess, der sich im Gangliensystem abspielt. Da das Gangliensystem die ganze Zirkulation des Blutes mitbedingt, so widerspricht das auch nicht der Tatsache, dass das Ich im Blute seinen Ausdruck hat. In diesen Dingen muss man das Gesagte eben ganz genau nehmen. Es ist etwas anderes, wenn gesagt wird: Das Ich greift durch das Gangliensystem in die Bildungskräfte und in die ganzen Lebensverhältnisse des Organismus ein, als wenn davon gesprochen wird, dass das Blut mit seiner Zirkulation der Ausdruck für das Ich im Menschen ist. Die menschliche Natur ist eben kompliziert ... Es ist so, dass, wenn der Mensch im normal-gesunden Zustande lebt, dieses Ich wie gefesselt ist im Sonnengeflecht und allem, was damit zusammenhängt. Es ist gebunden an dieses Sonnengeflecht. Was heißt das? Dieses menschliche Ich, das dem Menschen im Verlaufe der Erdenevolution als eine Gabe der Geister der Form zugekommen ist, war ja, wie wir wissen, der luziferischen Versuchung ausgesetzt. So wie der Mensch dieses Ich hat, würde es eigentlich, da es infiziert ist von luziferischen Kräften, der Träger böser Kräfte sein. Das muss unbedingt wahrheitsgemäß erkannt werden. Nicht durch seine Natur ist das Ich der Träger böser Kräfte; aber dadurch, dass das Ich durch die luziferische Verführung mit luziferischen Kräften infiziert ist, ist es an sich der Träger von wirklich bösen Kräften, von Kräften, welche durch die luziferische Infektion geneigt sind, dasjenige, was das Gedankenleben des Ich bedeutet, ins Böse zu verzerren. Der Mensch kann, seit er ein Ich erhalten hat, denken. Wenn es keine luziferische Versuchung gegeben hätte, würde er über alle Dinge gut denken. Da es aber die luziferische Versuchung gegeben hat, denkt das Ich nicht gut, sondern luziferisch infiziert, so wie es nun einmal in der Erdenevolution ist: tückisch, heimtückisch. Es denkt so, dass es überall sich selbst ins Licht und alles andere in den Schatten stellen möchte. Es ist infiziert mit allen möglichen Egoismen. So ist das Ich nun einmal, da es luziferisch infiziert ist. Was nun als Gangliensystem, als Sonnengeflecht im Menschen lebt, ist schon von der Mondenentwickelung herübergekommen und stellt gewissermaßen das Haus für das Ich dar; da passt das Ich in einer gewissen Weise hinein. Es kann daher darin gebunden, gefesselt werden. Und so liegt folgende Tatsache vor: Das Ich hat durch seine luziferische Infektion fortwährend die Tendenz, sich tückisch, lügenhaft zu gebärden, sich selbst ins Licht, das andere in den Schatten zu stellen; aber es wird gefesselt durch das Nervensystem des Unterleibes. Da muss es parieren. Durch das Nervensystem des Unterleibes zwingen die regelrecht fortschreitenden Mächte, die durch Saturn-, Sonnen- und Mondenentwickelung heraufgekommen sind, das Ich, nicht ein

Dämon im bösen Sinne des Worte zu sein. Sodass wir also unser Ich so in uns tragen, dass es gefesselt ist an die Unterleibsorgane.

Geradeso wie das Ich seinen Angriffspunkt hat im Gangliensystem, so hat der astralische Leib seinen Angriffspunkt in all den Prozessen, die mit dem Rückenmarksnervensystem zusammenhängen. Natürlich gehen die Nerven durch die ganze Körperlichkeit; aber wir haben hier einen zweiten Angriffspunkt. Dazu gehören natürlich wieder alle Prozesse, welche mit diesem Nervensystem zusammenhängen. Das ist noch nicht das Gehirnnervensystem, sondern das Rückenmarkssystem, das zum Beispiel mit unseren Reflexbewegungen zusammenhängt, und das ein Regulator ist für sehr vieles im menschlichen Leib.

Nun, ebenso wie der astralische Leib auf diese Weise durch das Rückenmarkssystem und alle Prozesse im organischen Leben, die damit zusammenhängen, gefesselt ist, so ist der ätherische Leib durch das Gehirnsystem mit allem, was dazu gehört, gefesselt. Der ätherische Leib hat seinen Angriffspunkt also durch das Gehirnsystem.»

Anhang 4

In dem Prager Vortragszyklus über *Okkulte Physiologie* (GA 128) schildert Rudolf Steiner das *Zusammenwirken von Epiphysen- und Hypophysensystem* sehr eingehend (4. Vortrag, Prag, 23.3.1911). Wörtlich heißt es dort (S. 84 ff.):

«Denken Sie nur einmal nach über die einfache Erscheinung des Gedächtnisses, der Erinnerung. Wenn Sie sich an etwas erinnern, woran Sie vor Jahren auf Grundlage äußerer Wahrnehmungen Eindrücke gewonnen haben, sich Vorstellungen gebildet haben, die Sie heute aus den Untergründen Ihrer Seele heraufholen, und es kommt Ihnen die Erinnerung, sagen wir an etwas ganz Einfaches, einen Baum oder einen Geruch, da müssen Sie sagen, Sie haben in Ihrer Seele etwas aufgespeichert, was Ihnen hat bleiben können von dem äußeren Eindruck. Nun zeigt uns aber eine wiederum nur durch Übungen der Seele zu gewinnende Betrachtung des Seelenlebens selber, dass in dem Augenblick, wo wir unser Seelenleben soweit haben, dass wir aufgespeicherte Eindrücke als Erinnerungsvorstellungen zurückrufen können, wir mit unseren seelischen Erlebnissen nicht nur in unserem Ich wirken. Zunächst tun wir das ja, indem wir mit unserem Ich der Außenwelt gegenübertreten, Eindrücke aus ihr aufnehmen und sie verarbeiten im Astralleibe. Würden wir aber nur das tun, so würden wir alles gleich wieder vergessen. Wenn wir Schlüsse ziehen, arbeiten wir im Astralleib. Wenn wir aber die Eindrücke in uns so fest machen, dass wir sie nach einiger Zeit – ja, oder auch nur nach Minuten – wieder heraufholen können, dann prägen wir die Eindrücke, die wir durch unser Ich gewonnen und durch unseren Astralleib verarbeitet haben, in unseren Ätherleib ein; sodass wir also in den Gedächtnisvorstellungen vom Ich aus hineingepresst haben in den Ätherleib dasjenige, was wir als seelische Betätigung in der Berührung mit der Außenwelt gewonnen haben. Wenn wir nun die Fähigkeit haben, von unserer Seele her in den Ätherleib hineinzupressen unsere Erinnerungsvorstellungen, und wenn wir den Ätherleib auf der anderen Seite anerkennen als den nächsten übersinnlichen Ausdruck unseres Organismus, so fragt es sich nun: Wie geschieht dieses Hineinpressen? Wie geht das vor sich, dass der Mensch tatsächlich das, was vom Astralleibe verarbeitet ist, jetzt wirklich in den Ätherleib hineinbringt? Wie kann er es in den Ätherleib überleiten?

Diese Überleitung geschieht auf eine sehr merkwürdige Weise. Wenn wir zunächst ganz schematisch den Verlauf des Blutes durch den ganzen menschlichen Körper betrachten und dieses Blut als den äußeren physischen Ausdruck des menschlichen Ich fassen, so sehen wir – wenn wir das jetzt so betrachten, als ob wir im Ätherleibe drinnen stünden –, wie das Ich arbeitet in Korrespondenz mit der Außenwelt, wie es Impressionen empfängt und diese zu Vorstellungen verdichtet, und wir sehen, wie dabei in der Tat unser Blut nicht nur tätig ist, sondern wie unser Blut im ganzen Verlauf, namentlich nach oben zu – nach unten weniger –, überall den Ätherleib erregt, sodass wir überall im Ätherleibe Strömungen sich entwickeln sehen, die einen ganz bestimmten Verlauf nehmen. Sie erscheinen so, als ob sie sich an das Blut anschließen würden, vom Herzen nach dem Kopfe gehen und sich im Kopfe sammeln würden. Sie sammeln sich ungefähr so – wenn ich jetzt einen äußeren Vergleich gebrauchen darf –, wie etwa Ströme von Elektrizität einer Spitze zugehen, der eine andere Spitze entgegengestellt ist, und so zum Ausgleich von positiver und negativer Elektrizität hinstreben.

Wenn wir diesen Vorgang okkult betrachten mit entsprechend geübter Seele, so sehen wir, wie in einem Punkte sich jene Ätherkräfte unter einer gewaltigen Spannung zusammendrängen, welche hervorgerufen sind durch die Eindrücke, die jetzt gewisse Vorstellungen werden wollen, Gedächtnisvorstellungen, die sich in den Ätherleib einprägen wollen. Man sieht es den Ätherkräften an, dass sie Gedächtniskräfte werden wollen. Ich will die letzten Ausläufer dieser Ätherströmungen nach dem Gehirn herauf und das Sichzusammendrängen so zeichnen, wie es sich etwa wirklich darstellen würde.

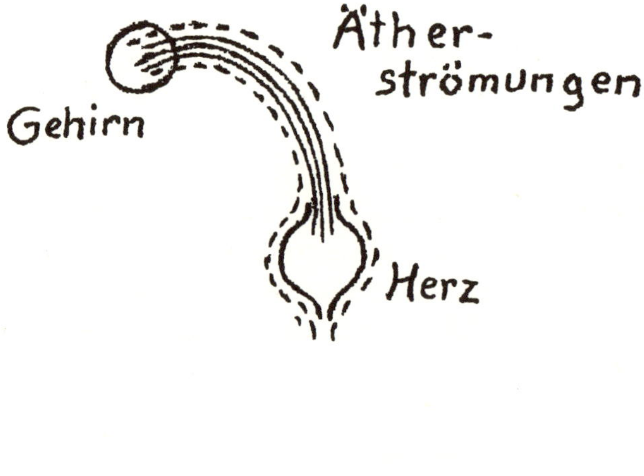

Wir sehen da eine mächtige Spannung, die sich an einer Stelle sammelt und gleichsam sagt: Ich will in den Ätherleib hinein! – Wir sehen nun, wie dieser Ätherströmung des Kopfes andere Strömungen entgegenkommen, die ausgehen namentlich von den Lymphgefäßen und die sich so sammeln, dass sie sich der ersten Strömung entgegenstellen. So haben wir im Gehirn, wenn sich eine Gedächtnisvorstellung bilden will, einander gegenüberstehen zwei Ätherströmungen, die sich mit größtmöglicher Kraft konzentrieren, etwa so wie positive und negative Elektrizität sich an ihren Polen mit größter Spannung konzentrieren und nach Ausgleich streben. Ein Ausgleich zwischen den beiden Ätherströmungen geschieht in der Tat, und wenn er vollzogen ist, dann ist eine Vorstellung Gedächtnisvorstellung geworden und hat sich dem Ätherleibe einverleibt.

Solche übersinnlichen Realitäten, solche übersinnlichen Strömungen im menschlichen Organismus drücken sich dadurch aus, dass sie sich auch ein physisch-sinnliches Organ schaffen, welches wir wie eine Versinnlichung solcher Strömungen anzusehen haben. So haben wir ein Organ, welches sich im mittleren Gehirn befindet, das der physisch-sinnliche Ausdruck ist für das, was als Gedächtnisvorstellung sich bilden will. Dem stellt sich gegenüber ein anderes Organ im Gehirn, das der Ausdruck ist für diejenigen Strömungen im Ätherleib, die von den unteren Organen kommen. Diese beiden Organe im menschlichen Gehirn sind der physisch-sinnliche Ausdruck für diese beiden Strömungen im menschlichen Ätherleibe, sie sind etwas wie letzte Anzeichen dafür, dass solche Strömungen im Ätherleibe stattfinden. Es verdichten sich gleichsam diese Strömungen so stark, dass sie die menschliche Leibessubstanz ergreifen und zu diesen Organen verdichten, sodass wir in der Tat den Eindruck haben, wie wenn von dem einen Organ helle Lichtströmungen ausstrahlen, die zu dem anderen Organ überfließen. Das physische Organ, das die Gedächtnisvorstellung bilden will, ist die Zirbeldrüse, der aufnehmende Teil ist der Gehirnanhang, Hypophysis.

Hier haben Sie an einer ganz bestimmten Stelle des physischen Organismus den äußeren physischen Ausdruck für das Zusammenwirken des Seelischen mit dem Leiblichen!»

Anhang 5

Rudolf Steiner (GA 286, S. 83–84) schildert die im Menschen aufeinander stoßenden *Kräftewirkungen in der Dimension des oben – unten* von okkulten Beobachtungen aus nicht nur in ihrer Dynamik selbst, sondern auch unter dem Gesichtspunkt der individuellen Entwicklung. Das Hineinwachsen in die vertikale Dimension, das mit der *Aufrichtung* beginnt, bedeutet damit zugleich ein Sich-Inkarnieren und (gegen Lebensende) wieder das Sich-Exkarnieren. Wörtlich heißt es dort (Vortrag, Dornach 28.6.1914):

«Der Mensch, wie er als Mensch in die Welt tritt, ist eigentlich ein sehr kompliziertes Wesen. Wenn er so als Mensch in die Welt tritt – ich habe das ja schon oft erwähnt –, dann kann er zunächst nicht aufrecht stehen. Er kriecht; anfangs kriecht er sogar nicht einmal. Er lernt nach und nach die Kräfte bemeistern, die ihn aufwärts bringen. Versuchen wir einmal schematisch aufzuzeichnen, was da eigentlich vorliegt: Hier (es wird zu zeichnen begonnen) die Erde. Der Mensch, zunächst ein horizontales Wesen; er richtet sich auf, wird vertikal. Das ist eine Errungenschaft der menschlichen Natur selbst, sich in die Vertikale zu stellen. Nun, wer tut denn das eigentlich? Ich sagte: Es ist ein Ergebnis der menschlichen Natur selbst. Aber der Mensch hat Hilfe, Hilfe von allen Hierarchien, indem er seinen Lebenslauf durchläuft. Was kommt ihm denn zu Hilfe, wenn er sich zum Stehen, zum Gehen erhebt? Zu Hilfe kommen ihm die Kräfte, die aus der Erde heraus wirken gegen die Weiten des Weltenraums zu. Diese Kräfte stellen Kräfte der Erde dar. Heute sprechen die Physiker nur von solchen Kräften der Erde, die eben physikalische Kräfte sind: Anziehungskraft, Schwerkraft. Aber die Erde ist nicht bloß ein physikalischer Körper, sondern ein geistig-seelisches Wesen, und indem wir uns als Kind zum Aufrechtgehen aufrichten, da vereinigen wir uns mit den Willenskräften, die aus der Erde herausdringen. Der Wille der Erde durchdringt unser Sein. Wir lassen den Willen der Erde in uns einfließen und stellen uns in die Richtung des Willens der Erde aufrecht hinein. Verbündung mit dem Willen der Erde ist es. Aber dem Willen der Erde ist gegnerisch ein Wille, der vom Weltenall hereinwirkt; und der wirkt von allen Seiten herein. Indem wir uns aufrichten, wissen wir es zwar nicht, aber es ist der Fall. Es wirken überall, von allen Seiten, die Kräfte herein.

Wir stoßen, indem wir uns aufrichten, immer an solche Kräfte an, die von außen hereinkommen.

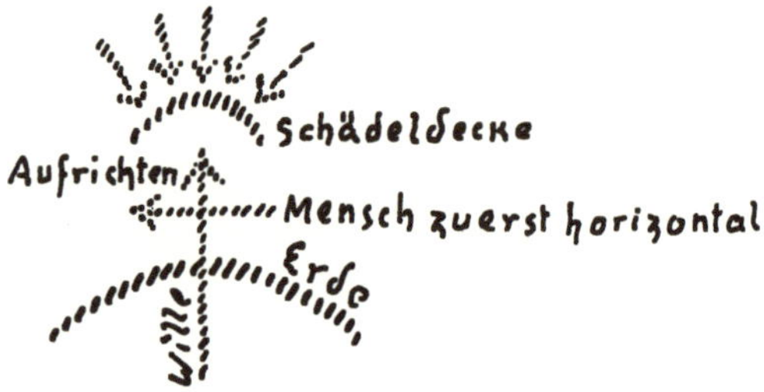

Heute hat das auf der Erde keine besondere Bedeutung mehr, aber auf dem alten Mond hatte es noch eine große, eine riesengroße Bedeutung. Nämlich auf dem Mond war es so, dass der Mensch in einer gewissen Weise von seiner ersten Kindheit an bis später eine andere Richtung angenommen hat, dass er sich in die Willensrichtung des Mondes hineinzustellen hatte. Dadurch hat er die erste Anlage bekommen zu der Schädeldecke. Heute haben wir sie schon ererbt, aber auf dem Mond mussten wir sie uns noch erwerben. Da arbeiteten wir in uns gegen die äußeren Willenskräfte. So etwa, wie eine Lokomotive arbeitet, wenn sie Schnee zurückschieben muss, so schob der Mensch die Willenskräfte des Kosmos zurück, und dadurch presste sich sein weicher Schädel zur Schädeldecke. Heute brauchen wir das nicht mehr, heute ist es Vererbung; wir brauchen nicht mehr die Schädelknochen zu bilden. Aber im Ätherleib, da bilden wir sie noch, indem wir uns aufrichten, da verdichtet sich das hier

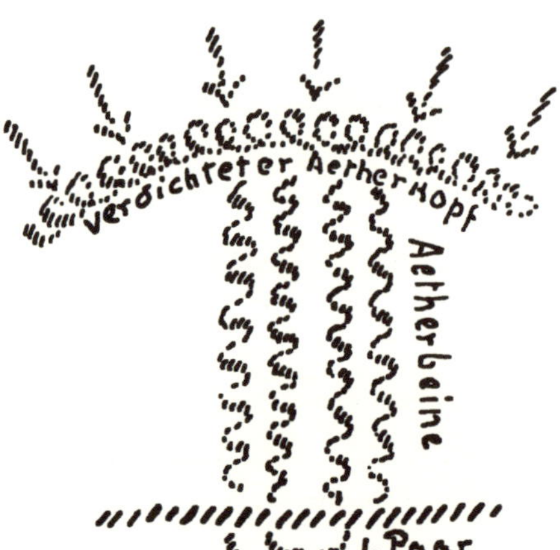

auf dem Kopfe noch, was Ergebnis ist des Kampfes zwischen den Kräften, die von der Erde ausstrahlen, und den Kräften, die von allen Seiten herankommen. Sodass wir sagen können: Wenn wir den Ätherleib betrachten, da finden wir noch, dass der Mensch mit den beiden Beinen gerade Linien aufrichtet und entgegenarbeitet den Kräften, die von außen kommen. Und der Ätherleib wird verdichtet, sodass wir sagen können: da entsteht diese Form. Wir richten uns auf. Die physischen Beine haben oben ihre Verbindung, die Ätherbeine gehen weiter hinauf. Dadurch verdichtet sich hier der Ätherleib des Kopfes, und durch die Bildung des Gehirns entsteht auch heute noch im Ätherleib der verdichtete Ätherkopf. Aber nicht nur geschieht das im Kindesalter, sondern, indem der Mensch sieben Lebensperioden durchmacht – vom ersten bis siebten Jahr, vom siebten bis vierzehnten Jahr und so weiter –, da bilden sich immer neue Linien, solche verschiedengeartete Kräfte, die nach oben gehen. Sodass, wenn wir das Alter erreicht haben, von dem wir ja schon sagen dürfen, dass wir durch dieses Alter wirklich im vollen Sinne des Wortes Mensch geworden sind, wenn wir das fünfzigste Lebensjahr überschritten haben – nicht wahr, das ist schon eine ganz respektable Menschheit –, dann haben wir zu den ersten starken Säulen, die wir während der ersten sieben Jahre gebaut haben, immer weitere Säulenpaare hinzugefügt. Im Ätherleib zeigen sie sich in verschiedenen Farben. Und jedesmal machen wir unsere Ätherdecke stärker, indem wir diese – man möchte sie «Lebenssäulen» nennen – indem wir diese Lebenssäulen ausbilden. Mit den ersten sieben Jahren ist das erste Paar abgeschlossen, mit dem vierzehnten Jahr das zweite Paar, mit dem einundzwanzigsten Jahr das dritte Paar, mit dem neunundvierzigsten Jahr endlich das siebente Paar. Und mit jedem Paar solcher Lebenssäulen tragen wir sicherer unsere ätherische Schädeldecke.»

Anhang 6

Im ersten Hochschulkurs, der vom 16. – 23.3.1921 in Stuttgart stattfand (GA 324) beschreibt Rudolf Steiner den *Zusammenhang zwischen Raumerleben (Bewusstsein) und Bewegung* wie folgt:

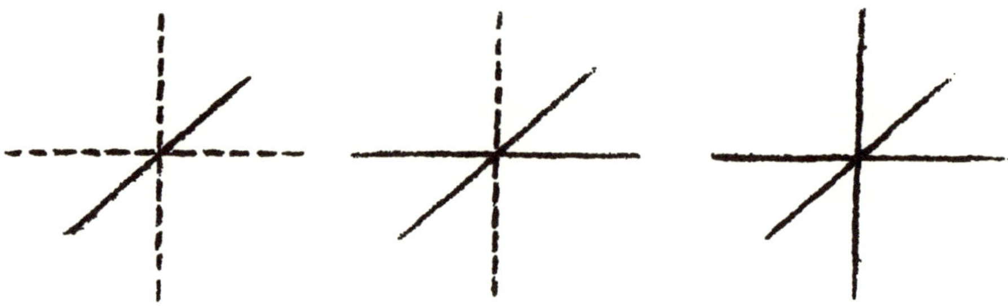

«Wir erleben also ... im Sehakt, der in ganz ausgesprochenem Maße angehört der Hauptes- oder Kopforganisation, eine fertige Zweidimensionalität und eine (willensmäßige) Betätigung zur Herstellung der dritten Dimension, der Tiefe. Wir erleben in demjenigen, was wir als den Ausdruck gebrauchten für das rhythmische System, wir erleben in der Arme- und Händebewegung die Dimensionalität so, dass wir in unserem eigenen Akt zwei Dimensionen voll erleben und die dritte Dimension noch ebenso fertig im Bewusstsein dasteht wie sonst die zwei zur Fläche sich bildenden Dimensionen für die Kopforganisation im Sehakt. Erst im eigentlichen Gliedmaßenorganismus, der also zum dritten System, zum Stoffwechselsystem des Menschen gehört – den erkennen wir nur, wenn wir die das Gehen begleitenden Stoffumsetzungen studieren – , *in diesem dritten System enthüllt sich uns alles dasjenige, was den Raum durchmisst nach seinen drei Dimensionen.*»

Anhang 7

Über die okkulte Bedeutung der Dimensionen des Raumes äußert sich Rudolf Steiner in einem Vortrag vom 21.11.1914 (GA 158, S. 117–126, 130) ausführlich in folgender Weise:

... «es ist eine Tatsache, dass sich im menschlichen Wahrnehmen eine ganze Symmetrie, ein *Links-Rechts* ausdrückt. Wenn der Mensch nämlich nicht zwei Ohren hätte, zwei Augen, zwei Nasen[-höhlen], so würde in Wahrheit seine Ich-Empfindung nicht zustande kommen. Auch zwei Hände braucht er dazu. Indem wir die Hände zusammenschlagen und eine Hand an der andern fühlen, kommt schon etwas von der Ich-Empfindung zustande. Etwas ganz Ähnliches aber tun wir, indem wir das Ergebnis der beiden Augen, der beiden Ohren in eine Einheit zusammenfügen. Wir nehmen die Welt immer von zwei Seiten her wahr, von links und von rechts, wenn es sich um die Sinneswahrnehmung handelt. Und nur dadurch, dass wir diese zwei Wahrnehmungsrichtungen haben von links und von rechts und diese zum Schnitt bringen, sind wir dieser Ich-Mensch, der wir sind. Sonst wären wir gar nicht dieser Ich-Mensch. Wenn wir zum Beispiel die Augen so hätten, dass sie in der Nähe der Ohren stehen würden und wir die Visierlinie nicht zusammenfügen könnten, so würden wir immer ein Wesen bleiben, das in der Gruppenseele befangen ist. Wir müssen, um ein Ich-Wesen zu sein, das Links und Rechts zum Schnitt bringen.»

Würde nun das «an unserer rechten Seite Wirkende geistig wahrgenommen, so würden wir das andere Wesen mit andern Eigenschaften wahrnehmen» ... «von links her kämpft die luziferische Wesenheit, von rechts her die ahrimanische Wesenheit.»

«Wenn wir mit dem linken Ohr hören und mit dem rechten Ohr hören, und dann die Impulse zusammenfügen zu einer Wahrnehmung, oder wenn wir mit der linken Hand wahrnehmen und mit der rechten Hand wahrnehmen und die Wahrnehmungen zusammenfügen, so setzen wir uns immer in die Fläche, die gerade an der Grenze des Kampfes zwischen Luzifer und Ahriman liegt. Wie des Messers Schneide, ja noch schärfer als des Messers Schneide ist der Spielraum, der uns in der Mitte gelassen ist. Unser Organismus gehört nicht uns, sondern er ist aufgeworfen durch den Kampf der luziferischen und ahrimanischen Mächte, aber auch derjenigen Mächte, die gleichartig sind mit Luzifer und Ahriman. Das aber ist etwas, was jetzt nicht weiter berührt werden soll. [...]

Durch die geistige Beobachtung der physiologischen und anatomischen Vorgänge muss man darauf kommen, wie Luzifer und Ahriman miteinander kämpfen, muss sich aber nicht der Meinung hingeben, dass durch diese Prozesse zwischen Luzifer und Ahriman das seelische Leben bewirkt wird. Das ist nicht richtig, denn das verläuft in der Seele selber. Und das verläuft im Grunde genommen in der Fläche, in der Ebene, nicht in dem Organismus darinnen, in dem räumlichen Organismus; es stuft sich ab, und die Betrachtung dieser Abstufung ist außerordentlich interessant. In bezug auf den Kopf des Menschen, da ist es so, dass Luzifer und Ahriman ziemlich gleiche Befestigungswerke links und rechts aufgeworfen haben. Die linke und rechte Kopfhälfte sind sehr ähnlich, da sind die Kräfte so, dass sie wenig ineinanderspielen können, dass sie die Fläche in der Mitte wenig berühren. In der Mitte ist die Fläche, links Luzifer, rechts Ahriman; aber weil linke und rechte Kopfhälfte so ähnlich gebildet sind, prallen sie aneinander ab: Luzifer und Ahriman, und der Mensch kann in der Mitte hier eine ruhige Tätigkeit entwickeln (siehe Zeichnung). Sein Denken wird recht wenig gestört durch den Einfluss von Luzifer und Ahriman, weil sie da aneinander abprallen.

Kommt man weiter nach unten, ist es schon nicht mehr so. Auf der einen Seite gelingt es Luzifer, den Magen aufzutürmen, auf der andern Seite gelingt es Ahriman, die Leber aufzutürmen. Und der Magen ist das Mittel, durch das Luzifer kämpft von links nach rechts, die Leber ist etwas, durch das Ahriman

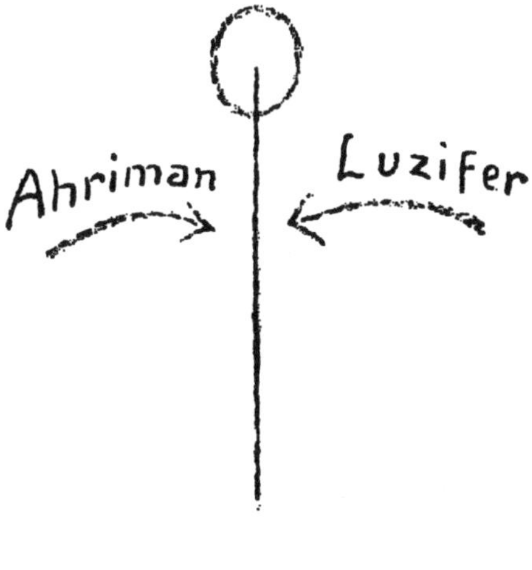

kämpft von rechts nach links. Das Verhältnis von Magen und Leber betrachtet man in der richtigen Weise, wenn man ins Auge fasst, dass es Luzifer gelingt, links den Magen aufzutürmen als eine Art Kampfmittel, und dass es rechts Ahriman gelingt, die Leber aufzutürmen. Das steht in einem fortwährenden Kampf, und die Wissenschaft würde gut tun, diesen Kampf zwischen Magen und Leber wirklich zu studieren. Und wenn die Lage des Herzens einmal ein wenig nach der linken Seite herüber tendiert, so ist diese Lage ein Ausdruck für das, wie auf der einen Seite Luzifer etwas für sich erhaschen will, während auf der andern Seite Ahriman etwas erhaschen will. Das ganze Links-Rechtsverhältnis ist ein Ausdruck für dasjenige, in welchem sich Luzifer und Ahriman im Menschen bekämpfen, nur dass beim Menschen, wie gesagt, das, was auf beiden Seiten der Fläche liegt, in gewisser Beziehung gleich ist. Aber wir sehen ja, eigentlich gleich ist es nur da oben; es hört auf, gleich zu sein, je weiter wir den Menschen nach unten verfolgen.

[...] Sobald man zur hellsichtigen Erkenntnis kommt [...] findet man, dass die linke Hälfte wesentlich heller wird als die rechte Hälfte. Die linke Hälfte sieht sich an viel mehr durchhellt, durchstrahlt, durchglitzert, durchglimmert; die rechte Hälfte viel mehr durchfinstert, durchdunkelt. So ist es mit Bezug auf den Links-Rechtsmenschen. [...]

Wenn Sie sich nun nicht das Links und Rechts denken, sondern das *Vorne und Rückwärts* am Menschen – den ganzen Menschen müssen Sie sich denken –, dann ist der Mensch auch nicht in der Richtung von vorne nach hinten dieses Raumeswesen (siehe Zeichnung), sondern gerade so, wie von links herüber und von rechts herüber Luzifer und Ahriman sich bekämpfen, und das Räumliche nur die Barrikaden sind, die sie aufgerichtet haben gegeneinander, kämpft auch von rückwärts Ahriman wieder gegen den Menschen und von vorne wiederum Luzifer. Von rückwärts schiebt sozusagen seine Tätigkeit Ahriman vor; von vorne schiebt seine Tätigkeit Luzifer dem Ahriman entgegen. Und der Mensch steht wieder mitten darinnen.

Allerdings kommen wir jetzt dazu, ausführen zu müssen, dass es in bezug auf diese Richtung vorne-rückwärts den beiden nicht so gelungen ist, ich möchte sagen, so nahe aneinander heranzukommen, dass sie nur *eine* Fläche bildeten. Hier ist es schon anders. Ahriman kommt nämlich nur bis zu einer Fläche, die Sie sich durch das Rückgrat legen können, und Luzifer kommt bis zu einer Fläche, die Sie sich durch das Brustbein legen können, etwa da, wo die Rippen zusammenstoßen. Und dazwischen ist ein Raum, durch den sie getrennt sind, wo ihre Wirkungen durcheinandergehen. Sie kämpfen da, man möchte sagen, nicht unmittelbar aneinanderstoßend, sondern sie senden ihre Geschosse durch diesen Raum hindurch. Aber Ahriman kommt nur bis zum Rückgrat und Luzifer nur bis dahin, wo die Rippen an das Brustbein anstoßen. Und wir stehen da drinnen, zwischen diesem Kampf von Luzifer und Ahriman. Also in bezug auf die Vorwärts- und Rückwärtsrichtung sind wir in der Tat ein solches Wesen, welches Raum hat. In bezug auf links und rechts haben wir keinen Raum.

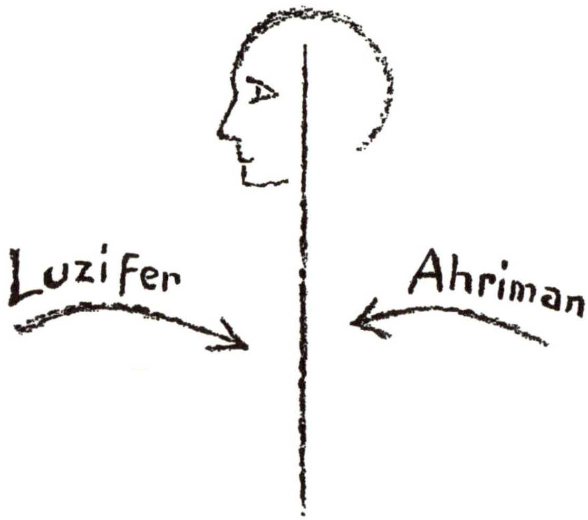

In der Richtung links-rechts kämpfen Luzifer und Ahriman vorzugsweise durch die *Gedanken*. Da schwirren die Gedanken von links und von rechts herüber und berühren sich in dieser Fläche. Es sind kosmische Gedankenbildungen, die da aneinanderstoßen und sich in der menschlichen Mittelfläche berühren. Vorne und rückwärts kämpfen Luzifer und Ahriman mehr mit *Gefühlen*, da wird der Kampf mehr durch die Gefühle geführt. Und weil hier die Kräfte nicht so recht aneinanderkommen, bleibt für uns in der Mitte ein Spielraum, in welchem wir mit unseren Gefühlen in uns selber sind. Wir spüren, wenn wir Gedanken haben, die von links und rechts einander bekämpfen, dass diese Gedanken eigentlich der Welt angehören. Mit den Gedanken denken wir die Dinge, die draußen sind. Wenn wir uns eigene Gedanken machen, so sind das Phantasmagorien, dann gehören sie eigentlich nicht mehr der Welt an. In unseren Gefühlen gehören wir uns selber an, weil Luzifer und Ahriman da nicht ganz aneinanderstoßen, weil wir da Spielraum haben zwischen den beiden Gebieten. Deshalb sind wir mit unseren Gefühlen so in uns selber. [...]

Es gibt noch eine dritte Richtung, das ist die *von oben nach unten*. Da müssen wir uns klar sein darüber, dass die Sache sich auch nicht so verhält, wie sie in der äußeren Phantasmagorie, der Maja aussieht. Da ist es so, dass von unten herauf Ahriman spielt, von oben herunter Luzifer. Und auch da haben die guten, fortschreitenden Götterwesen eine Barriere errichtet gegenüber Luzifer. Seine Wirkungen von oben nach unten werden sozusagen aufgehalten durch eine Fläche. Sie bekommen diese Fläche, wenn Sie ein Skelett nehmen und den Schädel herunternehmen. Da, wo der Schädel auf den Halswirbeln aufsitzt, müssen Sie sich eine Fläche denken. Diese unsichtbare horizontale Fläche, wo der Schädel aufsitzt auf dem Halswirbel, ist die Barriere. Wenn ein Mensch sich da hineinstellt, kann er die von oben nach unten gehenden luziferischen Wirkungen aufhalten. Luzifer kann nur von oben seine Geschosse hineinschicken; und das sind jetzt Willensgeschosse. Von links nach rechts Gedankengeschosse, von vorne nach rückwärts Gefühlsgeschosse, von oben nach unten und von unten nach oben gehen die Willensgeschosse.

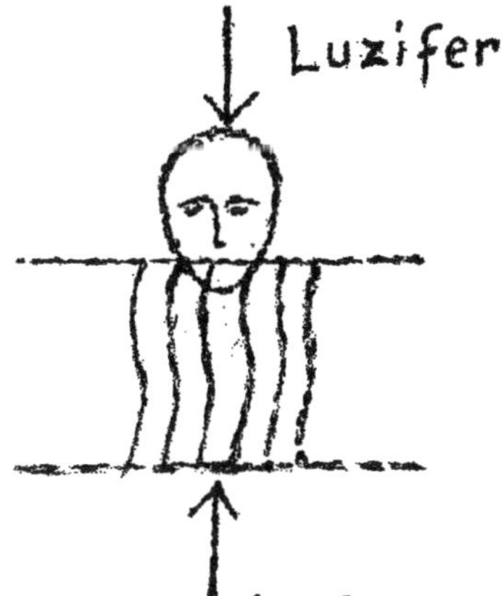

Aber auch hier ist ein Spielraum. Wenn Sie unten das Zwerchfell nehmen, so haben Sie ungefähr dem Zwerchfell entlang gehend die Fläche, die wieder aufgerichtet ist gegen den von unten nach oben drängenden Ahriman. Also mit seinem Wollen, mit seinen Willensgeschossen, mit seinem eigenen Wesen kann Ahriman nur von unten nach oben bis zum Zwerchfell gelangen. Weiter kann er nie mit seinen Geschossen wirken. Das ist unser eigener Spielraum, was darüber ist.

Nun sehen Sie, wie kompliziert eigentlich der Mensch ist. Nehmen Sie irgendein Stück der Menschennatur, ich will sagen, die linke Seite des Antlitzes. Als Gedankenwesen kann Luzifer diese linke Seite ganz durchdringen, auch noch als Gefühlswesen kann er sie in gewisser Weise durchdringen bis zu einer gewissen Fläche; als Willenswesen kann er sie wiederum durchdringen von oben nach unten. So können Sie von jeder Partie des Menschen durch diese Angaben herausfinden, wie Luzifer und Ahriman durch kosmische Gedanken-, Gefühls- oder Willensimpulse in dem Raumesmenschen darinnen wirken.

Aber klar muss man sich darüber sein, dass wir als Gedankenmensch eigentlich ein Flächenwesen sind. Als Gefühlsmensch haben wir einen gewissen Spielraum zwischen vorn und rückwärts, als Willensmensch haben wir einen gewissen Spielraum zwischen oben und unten, zwischen dieser Fläche hier – durch den oberen Halswirbel – und der Fläche des Zwerchfells. Und nur wenn Sie sich dasjenige aussondern, was gar nicht zum Menschen gehört, dann bekommen Sie die wahre Gestalt des Menschen. Die können Sie sich nun konstruieren.

Aber Sie sehen, dass der Mensch in Wirklichkeit von außen her zusammengefügt ist, dass er von außen her sein Gepräge erhält und dass wir ihn nicht verstehen, wenn wir einfach die Formen so nehmen, wie sie uns entgegentreten, sondern dass wir ihn erst dann verstehen, wenn wir wissen, wie er mit dem ganzen Geistig-Kosmischen zusammenhängt, wie da von rechts und links, von unten und oben, von vorne und rückwärts die luziferisch-ahrimanischen Kräfte an den Menschen herankommen und wie sie so sein Wesen als Raumeswesen prägen.»

Am Schluss dieses für unsere vorangegangenen Betrachtungen so aufschlussreichen Vortrages spricht dann Rudolf Steiner über das eigentliche, von Jahve geschaffene ICH, das dem menschlichen Körper eingehaucht wurde. Wo findet es Raum, wo kann es sich entwickeln? Rudolf Steiner kommt aus der Betrachtung des Dimensionalen zu dem überraschenden Ergebnis: Nur in dem Zwischenraum zwischen vorne-hinten, zwischen rechts-links, zwischen oben-unten, der im Brustraum von ahrimanischen und luziferischen Einwirkungen frei bleibt, nur in diesem kubusartigen Raum kann der Mensch sein ICH frei entfalten. Wörtlich heißt es:

«Wenn Sie zusammenhalten, was ich gesagt habe, so werden Sie finden, dass das nächste, wohin gehaucht wurde, diese Zwischenräume sind, wo sich von vorne und rückwärts, von oben und unten gleichsam als einen Kubus Jahve den Menschen schafft (siehe Zeichnung) und ihn so ausfüllt mit seinem eigenen Wesen, mit seinem Zauberhauche, dass dann im übrigen Menschen sich nun ausbreitet die Wirkung dieses Zauberhauches in die Regionen von Luzifer und Ahriman. Aber hier ist ein Zwischenraum, begrenzt von rechts und links, von oben und unten, von vorne und rückwärts, wo hinein unmittelbar als in den Raumesmenschen Jahves Hauch geht. Was ich gesagt habe, ist zunächst in bezug auf diesen physischen Raumesmenschen gesagt.»

Anhang 8/1

In einem Vortrag, der am 1. Oktober 1911 in Basel gehalten wurde und den Titel trägt *Die Ätherisation des Blutes* (GA 130) hat Rudolf Steiner die mit dem Herzen zusammenhängenden Ätherströmungen wie folgt beschrieben (S. 89 ff.):

«Wenn der Mensch heute im Wachzustand vor uns steht und das hellseherische Auge betrachtet ihn, so zeigt sich, dass fortwährend vom Herzen nach dem Kopfe gewisse Lichtstrahlen gehen. Wenn wir das schematisch zeichnen wollen, müssten wir das so machen, dass wir hier die Herzgegend zeichnen, dann gehen fortwährend Strömungen nach dem Gehirn hin und umspielen im Innern des Hauptes dasjenige Organ, das in der Anatomie beschrieben wird als Zirbeldrüse. Wie Lichtstrahlen geht es vom Herzen nach dem Kopfe herauf und umströmt die Zirbeldrüse. Diese Strömungen entstehen dadurch, dass das menschliche Blut, das eine physische Substanz, ein Stoff ist, sich fortwährend auflöst in ätherische Substanz, sodass in der Gegend des Herzens ein fortwährender Übergang des Blutes in feine ätherische Substanz stattfindet, und diese strömt nach dem Kopfe herauf und umspielt glimmernd die Zirbeldrüse. Dieser Vorgang, das Ätherischwerden des Blutes, zeigt sich immerwährend am wachenden Menschen. Jetzt ist es aber anders am schlafenden

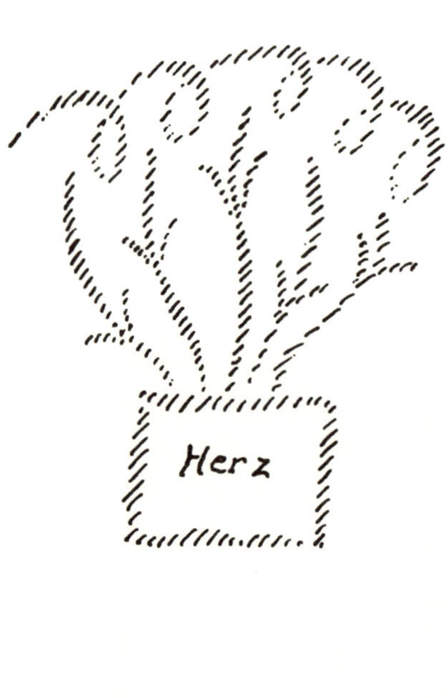

Menschen. Da ist es so, dass wenn wir hier die Gehirn-, hier die Herzgegend hätten, so würde für den okkulten Beobachter eine fortwährende Strömung von außen herein, auch von rückwärts herein zum Herzen wahrnehmbar sein. Diese Strömungen aber, die beim schlafenden Menschen von draußen, vom Weltenraum, aus dem Makrokosmos in das Innere dessen, was da im Bette liegt als physischer und Ätherleib, hereinströmen, die stellen, wenn man sie untersucht, in der Tat etwas sehr Merkwürdiges dar. Diese Strahlen sind recht verschieden bei den verschiedenen Menschen. Die schlafenden Menschen sind recht verschieden voneinander, und wenn die Menschen, die noch ein bisschen eitel sind, zuletzt immer wüssten, wie schlimm sie sich verraten für den okkulten Blick, wenn sie in öffentlichen Versammlungen einschlafen, würden sie es verhindern, weil das verräterisch wirkt.

In der Tat ist es so, dass sich im hohen Grade die moralischen Qualitäten zeigen in der eigenartigen Färbung dessen, was beim Schlafe in ihn einströmt, sodass der Mensch, der niedere moralische Grundsätze hat, eine ganz andere Strömung hat als ein Mensch mit hohen Grundsätzen. Da nützt es nichts, sich bei Tag zu verstellen. Den höheren Weltenmächten gegenüber kann man sich nicht verstellen. Es ist so, dass in einem, der nur ganz leise Neigung hat zu nicht ganz moralischen Grundsätzen, fortwährend einströmen so bräunlichrote und allerlei sonstige nach dem Rotbräunlichen hinneigende Strahlungen. Und lila-violette Strahlungen treten auf bei denjenigen, die hohe moralische Ideale haben. Es ist nun im Moment des Aufwachens oder des Einschlafens in der Gegend der Zirbeldrüse eine Art Kampf vorhanden zwischen dem, was von oben nach unten, und dem, was von unten nach oben strömt. Das intellektuelle Element strömt von unten nach oben in Form von Lichtwirkungen beim wachenden Menschen, und das, was eigentlich moralisch-ästhetischer Natur ist, das strömt von oben nach unten. Und im Moment des Aufwachens und des Einschlafens begegnen sich die nach aufwärts- und abwärtsgehenden Ströme, und da kann man beurteilen, ob jemand besonders gescheit ist und niedere Grundsätze hat, wo sich dann ein starker Kampf abspielt in der Nähe der Zirbeldrüse, oder ob er gute Grundsätze hat und einem entgegenströmt seine Intellektualität: dann zeigt sich ein ruhiges Ausbreiten einer glimmerigen Lichterscheinung um die Zirbeldrüse herum. Diese ist gleichsam eingebettet im Moment des Aufwachens oder Einschlafens in ein kleines Lichtmeer. Und darin, dass ein ruhiger Schein die Zirbeldrüse umgibt im Moment des Aufwachens und Einschlafens, zeigt sich die moralische Vornehmheit. So spiegelt sich im Menschen seine moralische Beschaffenheit. Und dieser ruhige Schein dehnt sich oftmals aus weit bis in die Herzgegend hinein. So zeigen sich im Menschen zwei Strömungen, die eine aus dem Makrokosmos, die andere, eine mikrokosmische.»

Im Anschluss an den zitierten Vortrag fand eine Fragenbeantwortung statt. Dabei wurde die Frage gestellt (S. 102):

«Was sind chemische Kräfte und Stoffe im Verhältnis zur geistigen Welt?»

Bei der Beantwortung dieser Frage hat Steiner also bereits 1911 erstmalig auf die damals noch unbekannten nuklearen Kräfte und deren «furchtbares» Zerstörungspotential öffentlich hingewiesen. Die Kernspaltung, die den Bau von Atombomben ermöglicht hat, wurde erst 1938 von O. Hahn und F. Straßmann entdeckt, Die Antwort auf die obige Frage lautet (S. 102/103):

«In der Welt sind eine Anzahl Substanzen, die verbindbar und trennbar sind. Was wir Chemismus nennen, ist hineinprojiziert in die physische Welt aus der Welt des Devachan, der Sphärenharmonie. Sodass in der Verbindung zweier Stoffe nach ihren Atomgewichten wir die Abschattung haben zweier Töne der Sphärenharmonie. Die chemische Verwandtschaft zweier Stoffe in der physischen Welt ist eine Abschattung aus der Welt der Sphärenharmonie. Die Zahlenverhältnisse der Chemie sind wirklich die Ausdrücke für die Zahlenverhältnisse der Sphärenharmonie. Diese letztere ist stumm geworden durch die Verdichtung der Materie. Würde man die Stoffe tatsächlich bis zur ätherischen Verdünnung bringen und die Atomzahlen als innerlich formendes Prinzip wahrnehmen können, so würde man die Sphärenharmonie hören. Man hat die physische, die astralische Welt, das untere Devachan und das obere Devachan. Wenn man nun einen Körper noch weiter hinunterdrückt als zur physischen Welt, dann kommt man in die unterphysische Welt, in die unterastralische Welt, das untere oder schlechte Unterdevachan und das untere oder schlechte Oberdevachan. Die schlechte Astralwelt ist das Gebiet des Luzifer, das schlechte untere Devachan ist das Gebiet des Ahriman und das schlechte obere Devachan ist das Gebiet der Asuras. Wenn man den Chemismus noch weiter hinunterstößt als unter den physischen Plan, in die schlechte untere devachanische Welt, entsteht Magnetismus, und wenn man das Licht ins Untermaterielle stößt, also um eine Stufe tiefer als die materielle Welt, entsteht die Elektrizität. Wenn wir das, was lebt in der Sphärenharmonie, noch weiter hinabstoßen bis zu den Asuras, dann gibt es eine noch furchtbarere Kraft, die nicht mehr lange wird geheim gehalten werden können. Man muss nur wünschen, dass wenn diese Kraft kommt, die wir uns viel, viel stärker vorstellen müssen als die stärksten elektrischen Entladungen, und die jedenfalls kommen wird – dann muss man wünschen, dass, bevor diese Kraft der Menschheit durch einen Erfinder gegeben wird, die Menschen nichts Unmoralisches mehr an sich haben werden!

Frage: Was ist Elektrizität?

Antwort: Elektrizität ist Licht in untermateriellem Zustand. Da ist das Licht in der schwersten Weise zusammengepresst. Dem Licht muss man auch Innerlichkeit zusprechen, es ist in jedem Punkte es selbst. Wärme kann sich in drei Richtungen des Raumes ausdehnen, beim Licht müssen wir von einer vierten sprechen: Es ist vierfach ausgedehnt; es hat Innerlichkeit als viertes.»

Zur Fragenbeantwortung:

Es spiegeln sich als <u>unterphysische</u> Welt

die Astralwelt	das Gebiet des Luzifer
unteres Devachan	das Gebiet des Ahriman
oberes Devachan	das Gebiet der Asuras

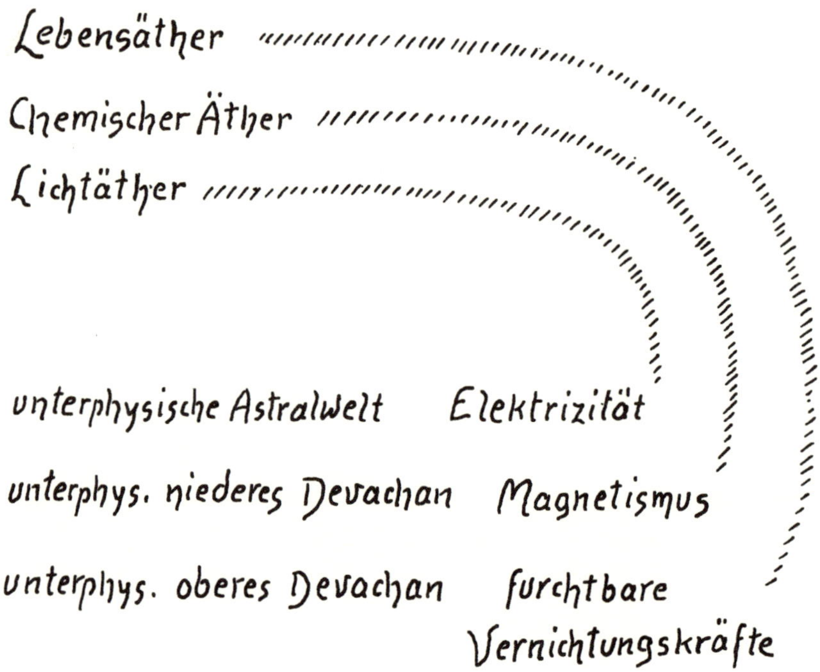

Anhang 8/2

Die zentrale Stellung des *Herzorgans* im menschlichen Organismus ergibt sich in der okkulten Forschung besonders dann, wenn sie das Verhalten der Aura dieses Organs im Vergleich mit der von anderen Organen, z.B. vom Gehirn, untersucht. In einem Vortrag in München (26.8.1911) (GA 129) schildert Steiner, wie das Gehirn zu einer Art Spiegelungsorgan für unser Bewusstsein und dadurch zur Grundlage für das Bewusstwerden unseres *seelischen* Erlebens wird, dass aber das «eigentliche Ich-Bewusstsein» nicht im Gehirn, sondern im Herzen zustande kommt. Wörtlich heißt es (S. 198 ff.):

«Bitte, fassen Sie diesen Vorgang ganz genau ins Auge. Von unten herauf strömt beim Menschen ätherisch-astralische Substanz. Diese ätherisch-astralische Substanz breitet sich im Gehirn so aus, dass sie dieses Gehirn erfüllt, aber vom Gehirn aufgehalten wird, ebenso wie der Lichtstrahl aufgehalten wird, der von innen auf den Spiegel fällt und zurückgeworfen wird. Und hier haben Sie die wahre Gestaltung der Spiegelung. Indem der astralische Stoff vom Gehirn aufgehalten wird, spiegelt er sich zurück, und das, was da hineingeht und sich zurückspiegelt, das sind Ihre Gedanken, das ist Ihr bewusstes Gefühl, ist dasjenige, was Sie als Ihr Seelenleben gewöhnlich erleben. Und nur dadurch, dass gleichsam dieser astralische Teil durch die das Gehirn durchströmenden Ätherteile zusammengeknüpft oder zusammengenäht wird, wodurch nämlich bewirkt wird, dass der innere astralische Teil sich mit der äußeren Astralität verbinden will, kommt ein äußeres Wissen, eine Erkenntnis der äußeren Welt zustande. Alles, was wir von der äußeren Welt wissen, alles das kommt in uns dadurch herein, dass die äußere Astralität durch die Ihnen so paradox geschilderte astrale Mütze oder Haube, die jeder aufhat, durch diesen Helm sich zusammenfügt mit der inneren Astralität. [...]

Wenn der Mensch sein Bewusstsein in sich walten fühlt, in sich walten weiß, dann muss er sich sagen: Dieses Bewusstsein umfasst eigentlich den allergeringsten Teil der Menschennatur. In mir wirkt fortwährend noch etwas ganz anderes. – Und da können wir das, was wir in bezug auf das Gehirn gesagt haben, ergänzen.

Wenn wir hellseherisch den Menschen in bezug auf seine anderen Regionen wiederum verfolgen, dann finden wir etwas höchst Eigentümliches. Während der ätherische und astralische Aurenteil bis zum Gehirn heraufgeht und da der astralische Aurenteil aufgehalten wird, der ätherische wie als Korona heraustritt, sehen wir, dass der *Ich-Teil des Menschen* als innerliche Aura schon aufgehalten wird in der Herzgegend. Die eigentliche innere Ich-Aura wird schon in der Herzgegend aufgehalten, dringt nur bis in die Herzgegend herauf und verbindet sich mit einem der äußeren Aurenteile der entsprechenden makrokosmischen Aurenteile. Im Herzen verschlingen sich in der Tat zwei Elemente, das eine Element, welches aus dem Makrokosmos hereinkommt und welches mit der Ich-Aura zusammengeknüpft wird, die von unten herauf kommt, aber schon beim Herzen sich staut, schon beim Herzen aufgehalten wird. So wie die astralische Aura im Gehirn aufgehalten wird, so wird die Ich-Aura im Herzen aufgehalten und berührt sich dort mit einem äußeren Ich-Auren-Element. Daher kommt *das eigentliche Ich-Bewusstsein* des Menschen im Grunde genommen den Tatsachen nach nicht im Gehirn zustande. Was ich Ihnen gesagt habe für den alten atlantischen Menschen, dass sein Ich hineingezogen ist, das haben wir noch genauer vorzustellen als ein Hineinziehen des äußeren makrokosmischen Ich, das seit der alten atlantischen Zeit nun vorgedrungen ist bis zum Herzen, sich da verbunden hat mit einer anderen Ich-Strömung, die von unten heraufströmt, und die im Herzen zusammenkommen, sodass wir im Herzen organisiert haben den Ort, wo durch das Werkzeug des Blutes das eigentliche Ich des Menschen, wie es in unserm Bewusstsein auftritt, zustande kommt.»

Anhang 9

In einem Vortragszyklus mit dem Titel *Wege zu einem neuen Baustil – Und der Bau wird Mensch* (GA 286) findet sich in dem in Dornach am 5. Juli 1914 gehaltenen Vortrag von Rudolf Steiner eine auf okkulten Beobachtungen beruhende Beschreibung der «gegenseitigen Verhältnisse» der drei Himmelskörper Sonne, Erde und Mond, die sich abbildhaft im *menschlichen Blutkreislauf* widerspiegeln. Wörtlich heißt es:

«Man sieht die Sonne, wenn man sie in Projektion anschaut, wie sie kreuzförmig in vier Partien, in vier Räume geteilt ist. Das Merkwürdige ist, dass man eine gewisse Strömung, könnte man sagen, bemerkt, wenn man vom ersten Anblick redet; aber wenn man nicht von dem ersten Anblick redet, sondern von dem, was sich der genaueren Betrachtung ergibt, dann kann man davon sprechen, dass man es zu tun hat mit Scharen hin- und herwandernder Wesenheiten. Und so kann man eine solche Strömung wandernder Wesenheiten sehen, aus einer gewissen, man möchte sagen, «Kammer» der Sonne (I) zur Erde hin, in die Erde eindringend, die Erde durchlebend mit Sonnenheit, das heißt mit der geistigen Kraft der Sonne, dann wieder zurückkehrend zur Sonne und in diese Kammer hier (III) zurückkehrend.

Dies ist also eine kosmische Realität. Aber man sieht noch mehr. Man sieht wiederum Strömungen, beziehungsweise etwas wie Wanderungen von Scharen geistiger Wesenheiten in der folgenden Art. Man sieht gleichsam in Strömen Wesenheiten umfluten und durchfluten den Mond. Diese Wesenheiten gehen aus von dieser Kammer der Sonne (IV), aber sie gehen auch nach der anderen Richtung und durchfluten in dieser Weise den Mond. (Es werden die beiden Strömungslinien von Kammer IV ausgehend, durch den Mond in Kammer IV zurückkehrend gezeichnet.)

Nun sehen Sie gleichsam beschäftigt bis jetzt die Bewohner dreier Sonnenorte (I, III, IV).

Aber es entsteht noch eine andere Wanderung oder Strömung. Während also diese Wesenheiten, nachdem sie den Mond durchflutet haben, und zwar in einer doppelten Strömung, immer wiederum in die Sonne, in die vierte Kammer, zurückkehren, bildet sich außerdem noch eine weitere Strömung, die darin besteht, dass gewisse Wesenheiten die Wanderung bis zum Mond nicht mitmachen, sondern, ehe sie beim Mond ankommen, den Weg wiederum zurück zur Sonne nehmen (es wird der Weg von IV nach II gezeichnet).

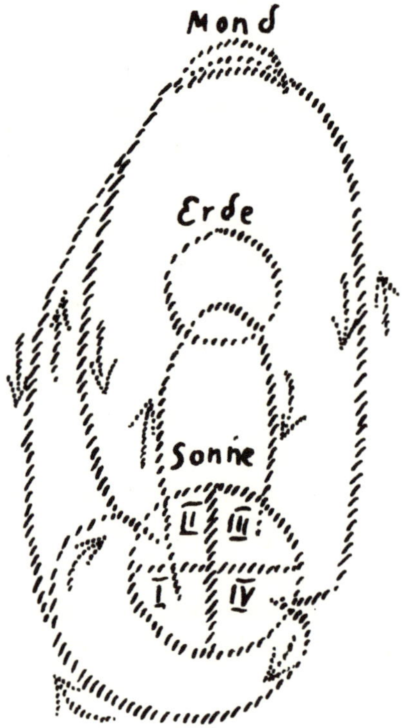

Von dieser Figur sieht man eine Art von Spiegelbild möchte ich sagen, im Weltenall. (Es wird die Bewegung von IV durch den Mond nach II gezeichnet.) Dieses Spiegelbild wollen wir zunächst außer Betracht lassen für das, was uns jetzt besonders interessiert.

Ich werde nun das, was ich hier aufgezeichnet habe, etwas anders zeichnen; ich werde Sie zunächst auf den Weg dieses Anderszeichnens bloß dadurch führen, dass ich das Kreuz in der Sonne etwas gedreht zeichnen werde ... (Lücke in der Nachschrift).

Die Sache ist ganz dieselbe, nur das Kreuz ist gedreht; dadurch sind die Linien etwas anders, aber es beginnen und münden die Linien in denselben Sonnenräumen (zu den bisherigen Strömungen werden ergänzend noch hinzugefügt die spiegelbildlichen Strömungen von Kammer IV zu II und

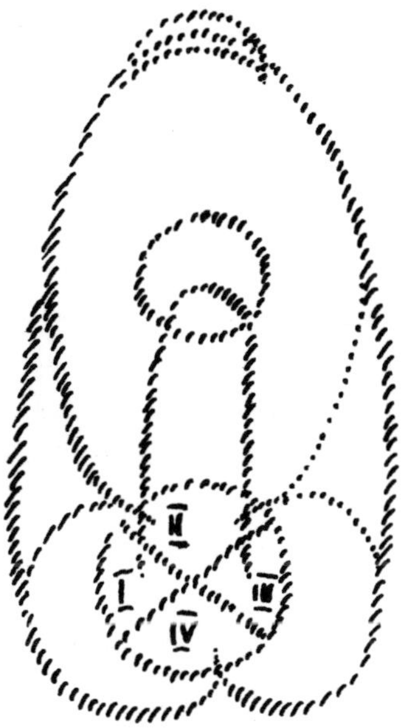

von Kammer IV durch den Mond zu Kammer II: punktierte Linien). Sie sehen, dass dieses Spiegelbild ergänzen würde die Figur, die da entstanden ist, die gleichsam in den Kosmos hineingezeichnet ist; Sie sehen, dass uns dieses Spiegelbild unsere Figur zu einer richtig symmetrischen ergänzen würde. Das heißt aber nichts anderes, meine lieben Freunde, als dass in einer wunderbaren Weise sich dem hellsichtigen Bewusstsein ein Formenzusammenhang, gleichsam eine in den Kosmos hinein-gezeichnete Figur enthüllt, welche darstellt die gegenseitigen Wirkungen von Sonne, Mond und Erde.

Nun will ich die Sache aber noch etwas anders zeichnen. Ich will einmal die Voraussetzung machen, dass das, was wir gewöhnt sind, Ahriman und Luzifer zu nennen, hier dazukommt und drückt und Unordnung hineinbringt. Und ich will jetzt das, was hier als Sonne ist, etwas unregelmäßiger zeichnen; ich will auch einmal etwas unregelmäßiger zeichnen, was ich als Erde gezeichnet habe; unregelmäßiger, was ich als Mond gezeichnet habe, und jetzt will ich wiederum die Verbindungen ziehen. Was habe ich Ihnen aber jetzt gezeichnet? Nichts anderes, als was ich vorher kosmisch gezeichnet habe, nur etwas verschoben durch Ahriman und Luzifer. Ich habe Ihnen jetzt gezeichnet den menschlichen Blutkreislauf: wie das Blut von der linken Herzkammer fließt durch den Körper: auf der einen Seite durch das Gehirn, auf der anderen

Seite durch den ganzen übrigen Körper, und zurückkommt als venöses Blut (in die rechte Vorkammer); dann hier den kleinen Kreislauf durch die rechte Herzkammer, durch die Lunge, zurückkommend zur sogenannten linken Vorkammer.

Sie sehen daraus, dass man ablesen kann aus dem Kosmos dasjenige, was der Mensch als Mikrokosmos ist, – nur dass über ihn Ahriman und Luzifer gekommen sind. So ist der Mensch mit dem Weltenall verbunden; so ist er ein wirklicher Ausdruck der großen kosmischen Zusammenhänge. Und Sie brauchen jetzt nur zu setzen: also ist im Menschen das Herz der Mikrokosmos für die Sonne, die Lunge der Mikrokosmos für die Erde – für diese Hierarchie der Kräfte –, und das Gehirn der Mikrokosmos für den Mond, und Sie haben einen vielsagenden bedeutungsvollen Zusammenhang.

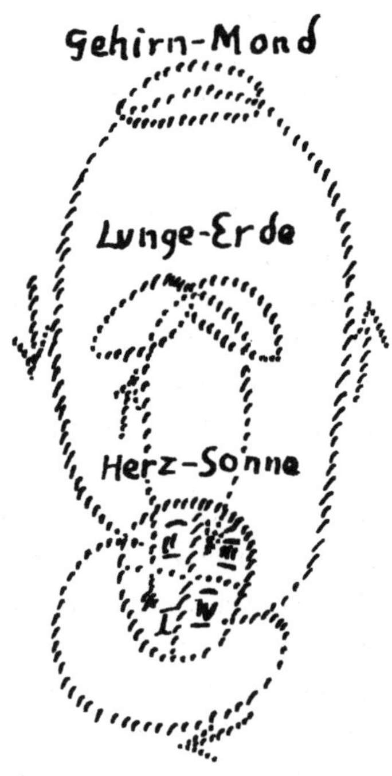

Anhang 10

Über die *Metamorphose des Kopfes aus dem Rumpforganismus* hat Rudolf Steiner in einem am 7.8.1916 in Dornach gehaltenen Vortrag (GA 170) einmal Folgendes ausgeführt:

«Erinnern wir uns ... an diese Grundwahrheit ... dass der Mensch im wesentlichen eine Doppelnatur genannt werden kann, und dass schon sein Äußeres zeigt, dass er eine Doppelnatur ist, indem der Kopf, das Haupt des Menschen, man möchte sagen, von einem ganz anderen Gesichtspunkte aus gebaut ist als der übrige Organismus. Wenn wir das Haupt eines Menschen betrachten, wie er es heute hat, so ist es im wesentlichen das Ergebnis dessen, was aus dem Leibe der vorhergehenden Inkarnation geworden ist. Und aus unserem jetzigen Leibe, mit Ausschluss des Hauptes, wird, wenn wir durch-gegangen sein werden durch den Zeitraum zwischen Tod und neuer Geburt, unser Haupt der nächsten Inkarnation. Sodass wir also schematisch den Fortgang des Menschen durch die Inkarnationen so zeichnen könnten: Der Mensch hat sein Haupt, er hat seinen übrigen Leib. Dasjenige, was jetzt sein Haupt ist,

verliert er im wesentlichen; was sein übriger Leib ist, das wird in der nächsten Inkarnation umgewandelt erscheinen als sein Haupt, und seinen Leib wird er wiederum von der Erde bekommen. Dieser Leib wird dann wieder Haupt in der nächsten Inkarnation, und seinen Leib bekommt er dann wiederum von den Vorfahren, von der Erde. Das Haupt geht immer verloren. Natürlich handelt es sich dabei um die Kräfte. Die Materie des übrigen Leibes geht selbstverständlich auch verloren. Aber nicht um diese äußere Materie handelt es sich – die ist eigentlich im wirklichsten Sinne eine Maja -, sondern um all die Kräfte, die in dem Leib mit Ausschluss des Kopfes sitzen; die werden umgewandelt während unseres Durchgangs durch die Zeit zwischen Tod und neuer Geburt in die Kräfte des Hauptes. Und jetzt haben wir wahrhaft in unserem Haupte diejenigen Kräfte, die in unserer vorhergehenden Inkarnation an unseren Leib gebunden waren.»

Anhang 11

Über das Problem der *Metamorphose von Gliedmaßen in Schädelknochen* hat Rudolf Steiner ausführlich im dritten naturwissenschaftlichen Kurs (GA 323) in einem Vortrag am 1.1.1921 in Stuttgart gesprochen. Es heißt dort (S. 26 f.):

«... man kommt dazu, in unseren Röhrenknochen [...] ein Gebilde zu sehen, dass umgedreht zum Schädelknochen wird. Es sei das hier nach innen bis zum Mark hin durch Rot charakterisiert, nach außen durch das Weiße (Abb. 4). Es wendet nach innen diejenige Struktur, diejenigen Kräfteverhältnisse, die wir untersuchen können; nach außen das, was wir sehen, wenn wir den Muskel abziehen vom Röhrenknochen. Denken Sie diesen Röhrenknochen aber nach demselben Prinzip, das ich Ihnen angegeben habe, umgedreht und seine anderen Spannungsverhältnisse geltend gemacht, dann können Sie ganz gut *das* bekommen (Abb. 5). Jetzt hat er innerlich dieses (weiß) und nach außen macht sich dasjenige, was ich durch Rot kennzeichnete, *so* geltend. So ist in der Tat das Verhältnis eines Schädelknochens zu einem Röhrenknochen. Und

Abb. 4

Abb. 5

in der Mitte drinnen steht der eigentliche Rückenknochen oder Wirbelknochen der Rückenmarksäule. Sie müssen einen Röhrenknochen umdrehen wie einen Handschuh nach seinen in ihm wirkenden Kräften, dann bekommen Sie den Schädelknochen heraus. Die Umwandlung des Schädelknochens aus dem Röhrenknochen ist nur zu verstehen, wenn Sie sich diese Umdrehung denken. Und Sie bekommen die ganze Bedeutung davon, wenn Sie sich vorstellen, dass das, was der Röhrenknochen nach außen wendet, beim Schädelknochen nach innen gewendet ist, dass der Schädelknochen einer Welt sich zuwendet, die im Inneren des Schädels liegt. Da ist eine Welt. Dahin ist der Schädelknochen orientiert, so wie der Röhrenknochen nach außen orientiert ist, nach der äußeren Welt. Beim Knochensystem kann man es besonders leicht anschaulich machen. Aber so ist der ganze menschliche Organismus orientiert, dass er zunächst eine Schädelorganisation und auf der anderen Seite eine Gliedmaßenorganisation hat so, dass die Schädelorganisation nach innen, die Gliedmaßenorganisation nach außen orientiert ist. Der Schädel fasst eine Welt nach innen, der Gliedmaßenmensch fasst eine Welt nach außen, und zwischen beiden ist wie eine Art von Ausgleichsystem dasjenige, was dem Rhythmus dient.»

Anhang 12

Eine großartige Zusammenfassung über das Geschehen in der nachtodlichen Zeit, insbesondere in Hinblick auf den *«Geistleib» des physischen Leibes* und dessen Metamorphosen bis zur neuen Geburt hat Rudolf Steiner in dem Vortragszyklus mit dem Titel *Der Mensch als Zusammenklang des schaffenden, bildenden und gestaltenden Weltenwortes* (GA 230) gegeben. Am 11.11.1923 führt er aus (S. 203ff.):

«Für den geistigen Blick der Imagination sieht der Mensch, wenn er durch die Pforte des Todes geschritten ist, eigentlich noch ähnlich aus, wie er hier auf Erden war. Denn das, was der Mensch hier auf Erden in sich trägt, das sind ja die Substanzen, die mehr oder weniger in körniger Form, sagen wir in atomistischer Form in ihm sitzen; aber die Gestalt des Menschen, die ist ja geistig. Wir müssen uns ja klar sein darüber: es ist einfach Unsinn, sich die Gestalt des Menschen physisch vorzustellen; wir müssen uns die *Gestalt des Menschen geistig* vorstellen. Das Physische darinnen, das ist gewissermaßen überall in kleinen Partikelchen drinnen.

Die Gestalt, die nur ein Kraftkörper ist, hält dies, was sonst in einen Haufen auseinanderfallen würde, gestaltmäßig zusammen. Wenn man einen jeden von Ihnen beim Schopfe fassen und ihm die Gestalt wegziehen könnte, dann fiele das Physische und auch das Ätherische wie ein Sandhaufen hinunter. Dass das kein Sandhaufen ist, dass das verteilt ist und Gestalt annimmt, das rührt ja von nichts Physischem her, das rührt von Geistigem her. Der Mensch geht ja als Geistiges hier in der physischen Welt herum. Es ist Unsinn, dass der Mensch bloß ein physisches Wesen ist; seine Gestalt ist rein geistig. Das Physische ist annähernd ausgedrückt ein Haufen von Bröselchen.

Diese Gestalt aber, die hat der Mensch noch, wenn er durch die Pforte des Todes gegangen ist. Man sieht sie schimmernd, schillernd, in Farben glänzend. Nur dass der Mensch zuerst dasjenige verliert, was die Gestalt seines Hauptes ist; dann schmilzt allmählich das andere ab. Und es ist der Mensch vollständig metamorphosiert, wie zu einer Art Abbild des Kosmos geworden in der Zeit, in der er zwischen dem Tod und einer neuen Geburt in die Region der Seraphim, Cherubim und Throne kommt.

So sieht man also, wenn man den Menschen verfolgt zwischen dem Tod und einer neuen Geburt, ihn zunächst, ich möchte sagen weiter weben, indem er seine Gestalt nach und nach verliert von oben nach unten. Aber indem sozusagen das Letzte von unten verloren geht, hat sich schon etwas gebildet, was, ich möchte sagen eine wunderbare Geistgestalt ist, die in sich wie ein Abbild ist der ganzen Weltensphäre und die zu gleicher Zeit das Vorbild ist des künftigen Kopfes, den der Mensch an sich tragen wird. Da ist der Mensch eingewoben in eine Tätigkeit, an der sich nicht nur die Wesen der unteren Hierarchien, sondern die Wesen der höchsten Hierarchien, der Seraphim, Cherubim und Throne beteiligen.

Was geschieht da? Da geschieht eigentlich das Wunderbarste, was man sich überhaupt vorstellen kann als Mensch. Denn da geht dasjenige, was der Mensch als unterer Mensch hier im Leben gewesen ist, in die Kopfbildung über. Wenn wir hier auf Erden herumgehen, da haben wir ja nur unsern armen Kopf als das Organ des Vorstellens, als das Organ, das Gedanken trägt. Aber Gedanken sind auch die Begleiter unserer Brust, Gedanken sind die Begleiter namentlich unserer Gliedmaßen. Aber in dem Augenblicke, wo wir nun nicht bloß mit dem Kopf denken, sondern mit den Gliedmaßen zum Beispiel anfangen zu denken, in diesem Augenblicke geht uns die ganze Realität des Karmas auf. Wir wissen nichts von unserm Karma, weil wir immer nur mit diesem eigentlich oberflächlichsten Organ, mit dem Gehirn denken. In dem Augenblicke, wo wir mit den Fingern zu denken beginnen – und man kann gerade mit den Fingern, mit den Zehen viel heller denken, wenn man sich dazu aufgeschwungen hat, als mit den Nerven des Kopfes –, in dem Augenblicke, wo wir mit dem, was nicht ganz Materie geworden ist, mit dem unteren Menschen anfangen zu denken, sind unsere Gedanken die Gedanken unseres Karmas. Wenn wir mit der Hand nicht bloß greifen, sondern denken, dann verfolgen wir mit der Hand denkend unser Karma. Und insbesondere mit den Füßen, wenn wir nicht bloß gehen, sondern wenn wir mit den Füßen denken, verfolgen wir mit besonderer Klarheit unser Karma. Dass der Mensch auf Erden so borniert ist – verzeihen Sie, es fällt mir halt kein anderes Wort ein –, das rührt ja davon her, dass er all sein Denken in diese Region des Kopfes einschließt. Aber man kann mit dem ganzen Menschen denken. Und wenn man mit dem ganzen Menschen denkt, so ist hier für die mittlere Partie eine ganze Kosmologie, eine wunderbare Weltenweisheit unser eigen. Und für die unteren Partien und für die Gliedmaßen überhaupt ist das Karma unser eigen. [Siehe Zeichnung: Seite 239.]

Wir tun ja schon viel, wenn wir hier auf Erden einen gehenden Menschen betrachten und nicht ganz stumpf sind, sondern die Schönheit des Schrittes, das Charakteristische des Schrittes verfolgen, und wenn wir zum Beispiel seine Hände auf uns wirken lassen und diese Hände interpretieren und finden, dass die wunderbarsten Zeugnisse für das Menscheninnere in jeder Fingerbewegung liegen. Aber das ist ja nur der kleinste Teil dessen, was mit dem gehenden, mit dem greifenden, mit dem Finger bewegenden Menschen sich mitbewegt. Da bewegt sich ja sein ganzer moralischer Mensch, da bewegt sich sein Schicksal mit, da bewegt sich alles dasjenige mit, was er geistig ist. Und wenn wir, nachdem der Mensch durch die Pforte des Todes geschritten ist, verfolgen können, wie die Gestalt da abschmilzt – es schmilzt zuerst das ab, was an die physische Gestalt erinnert –, dann kommt dasjenige zur Erscheinung, was allerdings mehr der physischen Gestaltung ähnlich ist, aber durch seine innere Natur, durch seine innere Wesenheit ankündigt, dass es eigentlich die Gestalt des Moralischen ist. Und so wird der Mensch, indem er sich der Mitternachtsstunde des Daseins nähert, indem er in die Sphäre der Seraphim, Cherubim und Throne kommt. Und dann sehen wir, wie da die wunderbare Metamorphose vor sich geht, wie da, ich kann sagen, abschmilzt die Gestalt. Aber das ist nicht das eigentlich Wichtige. Es sieht aus, wie wenn sie abschmelzen würde, aber in Wahrheit arbeiten da die geistigen Wesenheiten der höheren Welten mit dem Menschen zusammen, mit denjenigen Menschen, die selber an sich arbeiten, aber auch mit denen, die karmisch verbunden sind – ein Mensch arbeitet an dem anderen aus der früheren Gestalt des Menschen, aus der Gestalt des vorhergehenden Erdenlebens dasjenige aus, was dann die Gestalt der nächsten Inkarnation, zunächst geistig, wird.

Diese *Geistgestalt*, die verbindet sich dann erst mit dem, was im physischen Leben als Embryo dem Menschen gegeben wird. Aber da oben in der geistigen Welt, da wandelt sich Fuß und Bein um zum Kiefer des Kopfes. Da wandelt sich der Arm und die Hand um zu dem Jochknochen des Kopfes. Da wandelt sich der ganze untere Mensch um in das, was jetzt Geistanlage für den späteren Kopf wird. Das ist, sage ich, das Wunderbarste, das man aus der Welt heraus erkennend erleben kann, wie da diese Metamorphose geschieht: wie gewissermaßen zuerst ein Abbild der ganzen Welt geschaffen wird, und wie das hinein-differenziert wird in die Gestalt, an der alles Moralische haftet – nachdem aber alles das abgenommen worden ist, was ich gesagt habe -, wie sich das, was da war, umwandelt in das, was da wird. Und dann sieht man den Menschen als Geistgestalt weiterwandeln, wiederum zurück in die Region der zweiten Hierarchie, in die Region der dritten Hierarchie. Und jetzt muss dieser umgewandelten Geistgestalt gewissermaßen das angesetzt werden – denn sie ist im Grunde nur die Anlage für den künftigen Kopf -, was Brustorgane werden, was Gliedmaßenorgane, Stoffwechselorgane werden. Das muss angesetzt werden. Woher kommen die geistigen Impulse zu diesem Ansetzen?

Ja, die haben die Wesenheiten der zweiten und der dritten Hierarchie gnadevoll aufgesammelt, als der Mensch auf der ersten Hälfte des Weges war. Sie haben sie seinem Moralischen abgenommen; sie bringen sie jetzt wiederum herab und formen daraus die Anlage für den rhythmischen und für den Stoffwechsel-Gliedmaßenmenschen. Dann erhält der Mensch in dieser späteren Zeit des Daseins zwischen dem Tod und einer neuen Geburt die Ingredienzien, die geistigen Ingredienzien für den physischen Organismus. In das Embryonale fährt hinein diese Geistgestalt und trägt hinein das, was nun physische Kräfte, ätherische Kräfte werden, die aber nur das physische Abbild sind von dem, was wir aus dem früheren Leben mittragen als Menschenunverständnis und Menschenhass, aus dem unsere Gliedmaßen geistig gebildet worden sind.

Wenn man solche Anschauungen haben will, muss man sich eigentlich eine ganz andere Art des Empfindens aneignen, als man sie für die physische Welt braucht. Denn man muss hinschauen können auf das, was am Menschen in der angedeuteten Weise aus dem Geiste heraus physisch wird, und man muss ertragen können, dass in den Knochen Kälte, moralische Kälte im physischen Abbild lebt, dass im Blute moralischer Hass im physischen Abbild lebt. Man muss gewissermaßen wiederum lernen, ganz objektiv auf diese Dinge hinzuschauen.

Allerdings, wenn man in diese Dinge so hineinblickt, dann merkt man im Grunde genommen erst den Unterschied zwischen dem Menscheninnern und dem, was äußere Natur ist.

Gedenken Sie doch der Tatsache, die ich erwähnte, dass wir in den Blüten des Pflanzenreiches etwas erblicken wie das auseinandergelegte Gewissen des Menschen. Das, was da draußen ist, ist gewissermaßen das Bild unseres Seelischen. Was wir zunächst in unserm Innern haben, das sind Kräfte, die nur der äußeren Natur nicht verwandt ausschauen. Der Knochen kann nur dadurch Knochen sein, dass er den kohlensauren und den phosphorsauren Kalk, wenn sie mineralisch auftreten, hasst, sich vor ihnen zurückzieht, sich in sich selber zusammenzieht und etwas anderes wird, als was kohlensaurer und phosphorsaurer Kalk draußen in der Natur sind. Und man muss sich zu der Anschauung aufschwingen können, dass, damit der Mensch eine physische Gestalt haben kann, eben in seinem Physischen Hass und Kälte sein müssen.

Sehen Sie, da gewinnen unsere Worte, ich möchte sagen eine innere Bedeutung. Wenn unsere Knochen eine bestimmte Härte haben, ist es gut für sie; sie haben diese Härte als ein physisches Abbild der geistigen Kälte. Wenn unsere Seele eine gewisse Härte hat, ist es für das soziale Leben nicht gut. Das physische Wesen des Menschen muss eben anders sein als sein Seelisches. Darin besteht gerade die Möglichkeit, dass der Mensch Mensch ist, dass sein physisches Wesen anders ist als sein Seelisch-Geistiges. Dieses physische Wesen des Menschen ist auch anders als die umliegende physische Natur. Darauf beruht die Notwendigkeit der Umwandelung, von der ich Ihnen gesprochen habe.

Aber Sie sehen, diese wichtige Ergänzung zu dem, was ich einstmals in dem Kursus, der über Kosmologie, Philosophie und Religion handelte, gesagt habe, diese notwendige Ergänzung für die Verbindung des Menschen mit den Hierarchien, die mussten wir einmal anbringen. Wir konnten sie aber nur anbringen, wenn wir gerade solche Ausgangspunkte gewonnen hatten, wie diejenigen der letzten Vorträge sind. Geradeso, wie man mit dem geistigen Blick durchschaut, was die einzelnen Wesen des mineralischen, tierischen, pflanzlichen Reiches hier auf der Erde sind, so schaut man hinein in die Arbeit der

Hierarchien, die von Zeit zu Zeit ebenso verläuft, wie von Zeit zu Zeit hier unten das physische Naturgeschehen und die Menschenarbeit verlaufen.

Und wenn man so das Leben zwischen dem Tod und einer neuen Geburt, das heißt das Leben in der geistigen Welt anschaut, darin kann man in einer ebensolchen Weise in Einzelheiten beschreiben, was der Mensch durchmacht zwischen dem Tod und einer neuen Geburt, wie man biographisch beschreiben kann, was er hier auf der Erde zwischen Geburt und Tod durchmacht. Und so müsste eigentlich, ich möchte sagen gehofft werden, dass alles das, was an Menschenunverstand und Menschenhass durch die Menschen, wenn sie durch die Pforte des Todes gehen, hinaufgetragen wird in die geistige Welt, dass das auch wiederum dem Menschen mitgegeben wird; das heißt, dass daraus, es veredelnd, Menschengestalten geschaffen werden.

Nun hat sich aber im Laufe von langen Jahrhunderten für die gegenwärtige Entwickelung der Erdenmenschheit etwas sehr Sonderbares ergeben. Es konnten in der geistigen Welt nicht alle Menschenunverständnis- und Menschenhasseskräfte für neue Menschenbildungen, für neue Menschengestalten aufgebraucht werden. Es blieb ein Rest. Und dieser Rest ist im Laufe der letzten Jahrhunderte auf die Erde heruntergeströmt, sodass in der geistigen Erdenatmosphäre, ich möchte sagen im Astrallicht der Erde, sich als Einschlag befindet eine Summe von Impulsen von außer dem Menschen vorhandenen Menschenhass und Menschenverachtung. Die sind nicht menschliche Gestalten geworden; die strömen im Astrallicht um die Erde herum. Die wirken in die Menschen herein, aber jetzt nicht in dasjenige, was der einzelne Mensch ist; sie wirken in das herein, was die Menschen miteinander auf der Erde formen. Sie wirken in die Zivilisation herein. Und innerhalb der Zivilisation haben sie das angerichtet, was mich in die Notwendigkeit versetzt hat, im Frühling 1914 in Wien davon zu sprechen dass unsere gegenwärtige Zivilisation durchsetzt ist von einem geistigen Karzinom, von einer geistigen Krebskrankheit, von geistigen Geschwüren.»

Anhang 13

Es ist erstaunlich, wie exakt Rudolf Steiner die Entwicklungsphasen der frühen Embryonalentwicklung und deren Beziehungen zu den Wesensgliedern des Menschen aus seiner okkulten Forschung heraus beschrieben hat, obwohl damals die zeitlichen und morphologischen Verhältnisse der menschlichen *Frühentwicklung* so detailliert noch gar nicht bekannt waren.

In den Vorträgen über *Die Theosophie des Rosenkreuzers* (GA 99, S. 53/54) heißt es:

«Zwar ist dieser Mensch, der aus Ich, Astralleib und Ätherleib besteht, durchaus vom Moment der Empfängnis an in der Nähe der Mutter, die den befruchteten Menschenkeim in sich hat; aber er wirkt von außen ein. In dieser Zeit, etwa in der dritten Woche, fängt dieser Astral- und Ätherleib gleichsam den Menschenkeim ab und beginnt nun mit zu arbeiten an dem Menschen; bis dahin geht die Entwicklung des physischen Menschenleibes vor sich ohne den Einfluss von Astral- und Ätherleib; von da ab wirken sie an der Entwicklung des Kindes mit und gliedern selbst die weitere Ausgestaltung des Menschenkeimes.»

In einem späteren Vortrag vom 7. Juni 1909 in Budapest beschreibt Rudolf Steiner (GA 109) weitere Details sowie auch exakt den Zeitpunkt, in dem das Ich des Menschen erstmalig in die Embryonalentwicklung eingreift. Wörtlich heißt es dort:

«Und dasjenige, was heruntersteigt, sich heruntersenkt, ist im allgemeinen von Anfang an gebunden an das Ergebnis der Befruchtung. Durchaus ist es nicht so, dass erst nach einer gewissen Zeit irgendeine Individualität sich damit verbindet. Vom Moment der Befruchtung an ist diese heruntersteigende Individualität mit dem Resultat der physischen Fortpflanzung zusammengehörig. Ausnahmen gibt es allerdings auch da. In den ersten Tagen nach der Befruchtung wirkt freilich diese geistige Individualität, die herunterkommt, noch nicht auf die Entwicklung des physischen Menschen ein, aber sie ist sozusagen dabei, sie ist schon mit dem sich entwickelnden Embryo verbunden. Das Eingreifen geschieht etwa vom *achtzehnten, neunzehnten, zwanzigsten und einundzwanzigsten Tage* nach der Befruchtung; da arbeitet dann schon mit dem werdenden Menschen das, was heruntergestiegen ist aus einer höheren Welt.»

Anhang 14

Im sogenannten Jungmedizinerkurs führt Rudolf Steiner am 21.4.1924 (GA 316, S. 147) über das Verhältnis des sich inkarnierenden Menschwesens zu den *embryonalen Hüllenorganen* Folgendes aus:

«... sodass man, wenn man den physischen Embryo hat, sagen muss: Dieses Physische im Embryo, das ist allerdings wunderbar ausgebildet, aber daran hat der vorirdische Mensch zunächst den wenigsten Anteil. – Dagegen hat der Mensch, der vorirdische Mensch, den größten Anteil an alldem, was rundherum ist. Da drinnen lebt der vorirdische Mensch, in dem, was im Physischen eigentlich abgebaut wird und als Abgebautes, Chorion, Amnion und so weiter, weggeht. Da drinnen lebt der vorirdische Mensch.»

Anschließend wird dargestellt, dass sowohl der Embryo als auch der Organismus in den ersten sieben Jahren nur ein «Modell» darstellen, das der «vorirdische Mensch» umarbeiten muss.

«Er [der vorirdische Mensch] möchte eigentliche ein mehr Kugeliges gestalten und einen kugelig organisierten Menschen hervorrufen. Das wird umgearbeitet nach dem Modell. Und so arbeitet das Vorirdische diesen zweiten physischen Menschen, der dann vom siebenten bis vierzehnten Jahre da ist, heraus aus den vorirdischen Kräften, zunächst aber, indem er sich an das Modell hält, das von den Vererbungskräften herkommt.»

Der Embryonalkörper wird also zunächst aus den Vererbungskräften (Eltern, Großeltern usw.) gebildet – sozusagen als Modell. Das Gebiss der ersten Dentition stellt also noch nicht wirklich Eigenes dar. Erst bei der zweiten Dentition werden die Zähne aus den ureigenen Kräften des «vorirdischen Menschen» gebildet.

Anhang 15

Über die *funktionelle Bedeutung der gesamten «Kopforganisation»* für den übrigen Körper hat Rudolf Steiner im sogenannten Jungmediziner-Kurs (GA 316) im 4. Vortrag (24.4.1924) sehr aufschlussreiche okkulte Forschungsergebnisse mitgeteilt. Es heißt dort (S. 200 ff.):

«Sehen Sie, blickt man so hin in die Welt, dann muss man diese Dinge wirklich gemütvoll auffassen. Da bekommt man einen Sinn dafür, dass ja im menschlichen Lebenslauf auf Erden hier die Tendenz eintritt, dass die Individualität, die herüberkommt von vorigen Erdenleben, das erfasst, was aus der Vererbungsströmung nun wie ein Modell da ist. Ich habe Ihnen ja schon von dem Kampfe gesprochen, der da besteht zwischen dem, was da geformt wird nach dem Modell als der zweite Menschenleib gegenüber dem ersten modellhaften Menschenleib. Weiß man, dass man einen Menschen vor sich hat, der da eigentlich an die Oberfläche sich arbeitet, dann weiß man, dass an diesem Menschen arbeitet, was aus früheren Inkarnationen herüberkommt. Und es ist wirklich so: Der diese Dinge mit seinem Herzen, mit seiner Seele durchdringende Mensch hat am meisten Gelegenheit, im kranken Menschen dasjenige, was aus früheren Inkarnationen herüberkommt, wahrzunehmen oder wenigstens ahnend zu empfinden. Denn worauf beruht das eigentlich, was in der Krankheit zutage tritt? Beim gesunden Menschen ist das eigentlich so: Da ist die Kopforganisation, die eigentlich äußerlich schon abgetrennt ist von der übrigen Organisation in seiner Gestaltung. Der Kopf ist ein Knochengehäuse, in das das Gehirn eingeschlossen ist. Was Fortsetzung des Kopfes ist, ist auch in Knochen eingeschlossen. Es ist für sich da, und dann schließt sich das andere an, was zum Menschen gehört. Aber in der feineren Organisation des Menschen ist etwas da, was abgrenzt voneinander diese beiden Partien. Sehen Sie, man kann nicht durch die äußere Anatomie und durch die äußere Physiologie das so leicht nachweisen, aber es ist ungeheuer viel zu beachten in dem, was in der Umwandlung der Nahrungsstoffe zum Beispiel darin besteht, dass diese Nahrungsstoffe in ihrer innerlichen Struktur nicht so, wie sie sind, in die Kopfesorganisation, nicht einmal in die Nervenorganisation hineingehen. Es ist eine Grenze scharf fixiert, die nicht überschritten werden kann. Von wem nicht überschritten werden darf? Nun, sehen Sie, in der Kopfesorganisation wirkt von Anfang der menschlichen Erdenentwickelung an am stärksten dasjenige, was von früheren Erdenleben an Kraft sich durch die Zeit zwischen Tod und neuer Geburt erhalten hat. Vom Kopfe geht das aus, was als Individualitätskraft des Kindes wirkt. Aber es darf nicht ungesiebt in die übrige Körperorganisation hinunter. Es muss ein *Sieb* da sein, eine Zwischenschichte. Es ist nicht äußerlich sichtbar, aber es ist in der Organisation da. Es geht nichts ungesiebt hinunter. Es darf nicht die Lunge als organisches Glied oder die Leber als organisches Glied unmittelbar ergriffen werden von dem, was aus früheren Inkarnationen an Kräften herüberkommt; die vertragen das nicht. Und es entsteht eigentlich im Menschen ein Furchtbares, wenn man sich sagen muss, an seine Leber kommt heran ganz ungesiebt die Kraft aus früheren Erdenleben. Das, was menschliche Individualität ist, das wandelt ja um in der Zeit zwischen Tod und neuer Geburt die Kräfte, die in Lunge und Leber, im Gliedmaßen-Stoffwechselsystem, zum Teil auch im rhythmischen System liegen, um in Kopfesorganisation. Die Gliedmaßen-Stoffwechselorganisation wird erst wieder angegliedert von außen her. Da darf erst wieder die menschliche Individualität, die ewig ist, hinein, wenn der Mensch durch die Todespforte gegangen ist, wenn das Physisch-Stoffliche davon abfällt und nur die Kräfte von Lunge und Leber durch die Todespforte gegangen sind, sodass Schädigung im Menschen entsteht während des Erdenlebens, wenn die Individualität hineinkommt in gewisse Organe, an die sie nicht herankommen sollte.

Deshalb sagt man sich gewissen Krankheitszuständen gegenüber mit einer solchen inneren Hingabe: Ach, da wirkt, weil keine richtige Trennung da ist, die Individualität aus dem vorigen Erdenleben auf das Organ, das jetzt nur von diesem Erdenleben beeinflusst werden sollte. – Deshalb sehen Sie im kranken Menschen herüberwirken die Individualität aus früheren Erdenleben. Diese Individualität, die sich selbst nur im Moralischen, im Schicksalsmäßigen ausleben sollte, die stehen bleiben sollte bei dem, was der Mensch tut und erfährt, und die nicht berühren sollte die Organisation in dem hauptsächlich irdischen Teile des Menschen, die wirkt teils in seinem Stoffwechsel-Gliedmaßensystem, teils in seinem rhythmischen System, teils in seinem Sinnes-Nervensystem, weil die Grenze schadhaft geworden ist. Sehen Sie, da entsteht ein Sich-Verhalten zum Menschen dadurch, dass man weiß: in der kranken Lunge wirkt die Individualität des Menschen. Wenn ich einen Lungenschwindsüchtigen ansehe, komme ich in ein ganz konkretes Mitleiden dadurch, dass unsere Zeit so materialistisch ist, den Menschen in der äußeren Welt ablenkt davon, wie sich sein Karma schicksalsmäßig ausleben sollte, ihn moralisch zurückstößt mit unserem ganzen ungeistigen Leben in seine eigene Körperlichkeit. Die Individualität, statt dass sie in das Moralische überginge, stößt unsere Zeit zurück, sie wird organisch, ergreift die Organe, ergreift vor allen Dingen die Lunge, die das ins Innere Gerichtete ist des Stoffwechsel-Gliedmaßensystems, das seinerseits nach außen gerichtet ist. Es ergreift die Körperlichkeit unmittelbar die aus früheren Inkarnationen hereinspielende Individualität. Solche Dinge sind nicht dadurch so wichtig, dass man über sie theoretisiert, sondern dass man sich in der ganzen Stimmung in sie hineinversetzen kann, und dann entsteht eben das, was Heilwille ist und was sich in der richtigen Weise dann verbindet mit dem Heilbedürfnis des Menschen. Es ist eigentlich nach unserer heutigen materialistischen Kultur der heilende Mensch außerordentlich scharf getrennt von dem Menschen, der das Heilen sucht. Er kommt nicht heran, weil man mehr braucht zum Herankommen, weil man ein Gefühl haben muss für dasjenige, was als Ewiges im Menschen lebt. Und aus diesem Gefühl heraus entwickelt sich das rechte Verhältnis zwischen dem Heiler und dem zu Heilenden, und dann geht einem der Sinn dafür auf, wie man wirklich individualisieren muss; denn jeder Mensch hat sein eigenes Karma. Man muss individualisieren im Heilverfahren.»

Anhang 16

Die menschlichen Leiber, die nach dem Tode übrig bleiben und sich, stofflich gesehen, auflösen, haben nach Steiners okkulten Beobachtungen für das Leben der Erde eine große Bedeutung. Sie *führen der Erde «Auffrischungskräfte»* zu, ohne die sie längst unbewohnbar geworden wäre. In einem Vortrag am 5.10.1919 in Dornach (GA 191, S. 60 ff.) führt Steiner z.B. aus:

«Die gewöhnliche Naturwissenschaft, die sieht den Menschen allein bis zu seinem Tode. Dann verfolgt sie das Übriggebliebene, das hier auf der Erde Übriggebliebene, den Leib, verfolgt ihn, wie er verbrannt wird oder wie er der Erde mitgeteilt wird, zu Staub wird. Nun könnten Sie untersuchen, welche Bestandteile in diesem Menschenstaube sind, der zurückgeblieben ist von einem menschlichen Organismus. Dann wird die Naturwissenschaft sagen: Da zerfällt die menschliche Substanz, teilt sich der Erde mit. – Ja, das ist nicht einmal eine Viertels-, nicht einmal eine Achtelswahrheit, das ist gar keine Wahrheit, wenn man das ausspricht. Denn das, was da der Erde mitgeteilt ist, gleichgültig ob durch das Verbrennen oder durch das Beerdigen, das hat menschliche Form gehabt, menschliche Form auch dadurch gehabt, dass vor der Geburt beziehungsweise vor der Konzeption ein geistig-seelisches Wesen heruntergestiegen ist aus den geistigen Welten, gearbeitet hat bis zum Tode hin in diesem physischen Leibe. Dann teilen Sie diesen physischen Leib der Erde mit. Da arbeitet das, was Menschenform ist, in der Erde weiter, ganz gleichgültig, ob es verbrannt oder beerdigt worden ist, es arbeitet an der Erde mit. Die Erde bekommt fortwährend dasjenige mitgeteilt, was sie nicht haben würde, wenn ihr nicht Menschenleiber nach dem Tode der Menschen mitgeteilt würden. Das ist etwas für die Erde, dass ihr Menschenleiber nach dem Tode mitgeteilt werden. Die Erde hätte sonst nur Substanzen, die irdisch sind, wenn ihr nicht Menschenleiber mitgeteilt würden.

Aber diesen Menschenleib hat bewohnt ein seelisch-geistiges Wesen, das vor der Geburt beziehungsweise vor der Konzeption herabgestiegen ist aus seelisch-geistigen Welten und die Struktur verliehen hat diesem Menschenleibe. Diese Struktur bleibt als ein Wesentliches in jedem Stäubchen, geht in die Erde oder in die Atmosphäre beim Verbrennen, gleichgültig wie, eben über, und die Erde empfängt mit diesem Menschenleib dasjenige, was heruntergestiegen ist aus den geistigen Welten. Das ist nicht ohne Bedeutung. Das ist nicht etwa bloß eine gewöhnliche Wahrheit, sondern das hat sogar eine sehr, sehr große Bedeutung. Denn unsere Erde ist nicht mehr in Entwickelung, und es wäre längst so, dass kein Mensch sie heute mehr, vielleicht auch keine Tiere – die Tiere vielleicht – bewohnen könnten, wenn ihr nicht fortwährend Auffrischungskräfte geistig-seelischer Art durch die Menschenleiber zukämen. Dass die Erde heute noch ein für Menschen bewohnbarer Weltenort ist, das ist dem Umstande verdankt, dass ihr fortwährend Menschenleiber mitgeteilt werden. Diese frischen die Erdenkräfte immer wiederum auf. Seit der Mitte der atlantischen Zeit ist die Erde bereits im Verdorren. Sie hat keine Aufgangskräfte mehr; die hatte sie in der alten polarischen, lemurischen und so weiter Zeit. Aber seit der Mitte der atlantischen Zeit hat die Erde aus sich selbst nur verdorrende Kräfte und wird nur aufgefrischt für weiteres Bestehen dadurch, dass ihr die *Formkräfte* der Menschenleiber mitgeteilt werden. Die wirken in der Erde weiter. Die nur machen die Erde noch für die Menschen bewohnbar.

Daraus können Sie erkennen, dass der Mensch auf der einen Seite, wie ich Ihnen erzählt habe, die inneren Kräfte des Planeten in sich wirksam hat, die Kräfte der Atmosphäre. Aber er gibt wiederum geistig-seelische Kräfte an die Erde zurück, er versorgt auch die Erde mit geistig-seelischen Kräften. Er trägt, indem er geboren wird, die geistig-seelischen Kräfte aus dem geistigen Weltenall in die Erde herein, braucht sie so lange, als er sie nötig hat, bis zu seinem Tode, übergibt sie dann in Formkräften der Erde und ist so der Mitbauer der zukünftigen Erde. Die äußere naturwissenschaftliche Weltanschauung würde, wenn sie gefragt würde, was der Mensch für die Erde bedeutet, etwa sagen: Nun, wenn der Mensch niemals auf der Erde entstanden wäre, so wäre alles auch so gekommen, wie es ist; der Mensch wäre nur nicht da. Die Häuser wären natürlich auch nicht da. Städte wären nicht da und so weiter, also dasjenige, was der Mensch durch seine Kultur hervorbringt, das wäre nicht da; aber sonst wäre alles da, nur der Mensch wäre nicht da. – Geistige Wissenschaft lehrt uns, dass der Mensch nicht bloß ein Zuschauer hier auf der Erde ist, sondern dass er durch sein Dasein ein Mitbauer, ein Mitgestalter der Erde ist, und dass noch durch den Leib, den er der Erde übergibt, er der Erde ein Vermittler wird zwischen der geistigen Welt und dieser physischen Erdenwelt.»

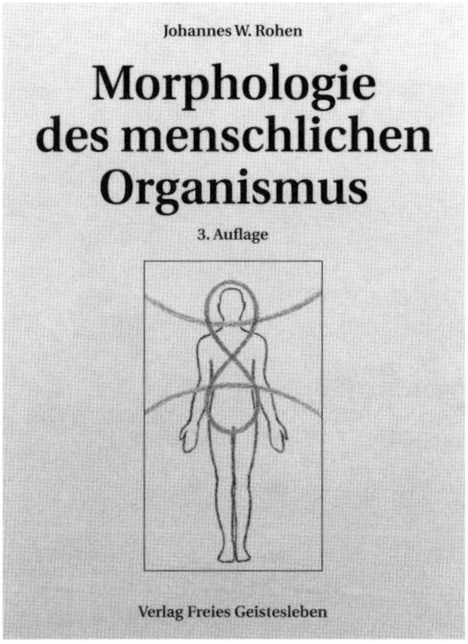

Johannes W. Rohen

Morphologie des menschlichen Organismus
Eine goetheanistische Gestaltlehre des Menschen
436 Seiten mit 273 teils farbigen Abbildungen, gebunden

Johannes W. Rohen stellt erstmals die inneren Zusammenhänge des menschlichen Organismus umfassend dar. Aufbauend auf der funktionellen Dreigliederung des menschlichen Organismus werden alle Organsysteme, z.T. auch unter Einbeziehung phylogenetischer Entwicklungsprozesse, in ihrer dreigliedrigen Funktionsdynamik beschrieben und zueinander in Beziehung gesetzt, sodass ihre Wesenszüge und Qualitäten erlebbar werden.

«Insgesamt ein mutiges und wegweisendes Buch ein Grundlagenbuch, das gefehlt hat.»
Naturheilpraxis

«Das fachlich hochqualifizierte Werk ist kein Fachbuch im üblichen Sinn. Es zielt weit über die Fachdisziplin der Anatomie hinaus.»
Die Drei

Verlag Freies Geistesleben